A mi tío Paco, maestro,
que despertó en mi el afan de enseñar

Metodología y Diseño de Estudios para la Evaluación de Políticas Públicas

Metodología y Diseño de Estudios para la Evaluación de Políticas Públicas

J. Ignacio García Pérez
(Coord.)

Instituto de Estadística de Andalucía
CONSEJERÍA DE ECONOMÍA Y HACIENDA

Antoni Bosch editor

Publicado por Antoni Bosch, editor
Palafolls, 28 – 08017 Barcelona – España
Tel. (+34) 93 206 07 30
e-mail: info@antonibosch.com
www.antonibosch.com

ISBN: 978-84-95348-45-6
Depósito legal: M. 45.929-2011

Diseño de la cubierta: Compañía de diseño
Fotocomposición: Foinsa-Edifilm, S.L.
Impresión: Impulso Global Solutions

Impreso en España
Printed in Spain

ÍNDICE

PRÓLOGO

La necesidad de evaluar los servicios y políticas públicas es, hoy por hoy, una exigencia ciudadana, pero también una necesidad política y de gestión. En el marco actual, donde se conjugan procesos de globalización de la economía con los de descentralización político-administrativa del poder, se reclama más eficacia y responsabilidad en la gestión y ejecución de los presupuestos públicos. La evaluación cobra así una relevancia especial, permitiendo, tanto a la Administración como a los ciudadanos y empresas, saber cómo se actúa y con qué resultados para poder, en consecuencia, introducir mejoras en las acciones emprendidas.

Pero la evaluación de políticas no es sólo importante por la información que suministra a todos aquellos interesados en conocer los resultados de las políticas públicas, sino por su efecto de retroalimentación en el proceso de elaboración de las propias políticas, donde sus conclusiones y recomendaciones sirven de base para planificaciones futuras, en un intento de racionalizar la toma de decisiones.

El análisis de los resultados de las evaluaciones permite a los órganos decisores introducir modificaciones en los programas con el fin de conseguir los objetivos propuestos o, incluso, cambiar estos objetivos si las necesidades de la población a la que va dirigida la intervención o el contexto socio-económico han evolucionado en otra dirección distinta a la prevista. La evaluación, por lo tanto, ayuda a los responsables de la puesta en marcha de las actuaciones públicas a mejorar la calidad de los servicios prestados, contribuyendo de este modo a avanzar en la elaboración de nuevas y más eficientes estrategias de desarrollo socioeconómico.

En algunos casos la insuficiencia en las estadísticas públicas disponibles de datos de referencia adecuados para la construcción de sistemas de indicadores de seguimiento y evaluación ha dificultado en cierta medida la evaluación de los planes y programas públicos y ha condicionado su alcance. Aun así, las evaluaciones realizadas, centradas en valorar programas concretos, han servido para introducir racionalidad en la valoración de la utilidad de determinadas acciones llevadas a cabo, pero sobre todo han favorecido la percepción de la evaluación como instrumento para la mejora de la calidad, mitigando su rol de herramienta de control frente a las posibilidades que ofrece como instrumento al servicio de los gestores públicos y decisores políticos, con lo que se ha contribuido a la creación de un clima favorable para la implantación de una cultura evaluadora en la Administración.

Enmarcado en la necesidad de avanzar en la disponibilidad de estadísticas para la realización de estudios de evaluación causal, se desarrolló por un equipo de profesores del Departamento de Economía de la Universidad Pablo de Olavide, un proyecto de investigación que ha profundizado en el diseño y adaptación de muestras y bases de datos para la construcción de indicadores que permitan la evaluación de políticas públicas, particularizando en las técnicas de estimación de efectos causales y en los requisitos básicos del diseño de bases de datos para la evaluación microeconómica de políticas.

La estrategia tradicional del análisis económico para la evaluación cuantitativa del efecto de una determinada política pública ha sido a través de la estimación de modelos teóricos de elección individual. La evaluación de una determinada política o cambio de política se ha realizado tradicionalmente en base a la simulación de sus efectos sobre los parámetros de decisión antes estimados.

En los últimos años, no obstante, se han desarrollado nuevas metodologías que buscan la identificación de los efectos causales de una política pública en la disponibilidad de los datos necesarios y adecuados para contestar a la pregunta concreta y no tanto en la necesidad de un modelo teórico muy sofisticado.

El objetivo concreto de cualquier estudio enmarcado en este nuevo enfoque causal es la de evaluar el impacto de una política existente mediante la comparación de la distribución de una variable dependiente concreta para los individuos afectados por esa política (grupo tratado) frente a la de los individuos no tratados (grupo de control). La clave para el éxito en esta evaluación es la elección adecuada de los grupos de tratamiento y de control, de manera que la pertenencia a uno u otro sean el resultado únicamente de un proceso aleatorio no dependiente de sus características individuales observadas o no. El principal objetivo de este tipo de evaluaciones de política está en entender el origen de la variación en los datos que permite la identificación del efecto causal de dicha política. Por tanto, un paso fundamental previo a cualquier evaluación microeconómica de politices públicas es verificar que los datos a utilizar cumplen una serie de requisitos fundamentales de diseño que solo entidades como los Institutos de Estadística pueden cumplir. Uno de los objetivos del presente libro es precisamente documentar estos requisitos que una base de datos debe cumplir para ser utilizada de cara a hacer un ejercicio de evaluación causal.

Con frecuencia es necesario evaluar los efectos causales de un tratamiento (por ejemplo, la participación en un programa público de formación para desempleados) sobre cierta variable de interés (por ejemplo, empleo o rentas salariales). Sin embargo, la simple comparación entre individuos sometidos al tratamiento e individuos no sometidos a él generalmente está sesgada por problemas de selección endógena. Los métodos de inferencia causal estudian cómo estimar efectos causales en estas situaciones y suelen utilizarse para evaluar los efectos de políticas públicas. La primera parte del presente libro analiza la metodología econométrica de inferencia causal así como los principales resultados de la literatura empírica donde se aplica dicha metodología.

Un objetivo complementario es documentar los requisitos técnicos básicos que debe cumplir una base de datos para poder ser utilizada en un procedimiento de evaluación del efecto causal de una política pública. La evaluación cuantitativa y en base a procedimientos rigurosos es algo imprescindible en la actuación pública de cualquier gobierno responsable. Hoy día esta evaluación es más factible dado que la disponibilidad de datos a nivel individual es cada vez mayor. En la primera parte de este volumen se presentan las principales técnicas econométricas para llevar a cabo esta evaluación así como se describen los requisitos técnicos de los datos a utilizar y del procedimiento para su tratamiento. En una segunda parte se presentan parte de los trabajos presentados en el marco de las dos jornadas anuales de evaluación de políticas públicas organizadas en la Universidad Pablo de Olavide. Este libro trata de explicar de manera exhaustiva como poder llevar a cabo estas evaluaciones con los procedimientos que hoy día se están utilizando en el resto del mundo y que, como se demuestra en la colección de estudios presentados también aquí, ofrecen resultados tan rigurosos y claros como los obtenidos en ellos, tanto para España como para EEUU y otros países europeos. Este libro será, sin duda, de indudable interés para cualquier persona interesada en las técnicas de análisis causal. Los nuevos grados y postgrados que busquen la especialización del estudiante en aspectos concretos de la evaluación de políticas públicas encontrarán en este libro un instrumento riguroso y a la vez ilustrativo de estas técnicas que ayudará al alumno, además, a comprender como cómo diseñar encuestas y organizar las bases de datos necesarias para su desarrollo.

J. Ignacio Conde Ruiz
Director Departamento Política Económica
Oficina Económica del Presidente del Gobierno

I Evaluación de políticas públicas: Introducción

J. Ignacio García Pérez
Marisa Hidalgo Hidalgo
Universidad Pablo de Olavide (Sevilla)

Las crecientes limitaciones en la disponibilidad de recursos públicos, así como el cuestionamiento del gasto público con fines sociales, han puesto en primer plano el objetivo de distribuir más eficientemente dichos recursos. Pero la mejora de las políticas públicas y de su eficiencia pasa necesariamente por analizar previamente los efectos de dichas políticas. Países anglosajones (EEUU, Canadá ó Reino Unido) y nórdicos (Suecia ó Dinamarca) han iniciado ya este proceso (Fay, 1996; Larsson, 2003, Sianesi, 2004). Sin duda, este asunto es y será objeto de especial atención por parte de los gestores públicos de las distintas administraciones del Estado.

Por otra parte, el análisis empírico está cada vez más extendido en el ámbito de la investigación económica. La creciente disponibilidad de bases de datos microeconómicas ha hecho avanzar considerablemente la literatura empírica, tanto en aspectos metodológicos como propiamente aplicados. El trabajo empírico que realizan los economistas puede ser dividido en dos grandes grupos: análisis descriptivo e inferencia causal. El análisis descriptivo trata de establecer y documentar hechos sobre los mercados y/o los individuos analizados que necesitan, para su total comprensión, del uso del razonamiento teórico y que, una vez interpretados correctamente, ofrecen información muy valiosa sobre el funcionamiento de la economía. Por otro lado, el análisis de inferencia causal trata de determinar los efectos de una determinada intervención o política pública, de cara a confirmar las predicciones teóricas sobre el comportamiento individual o de los mercados.

Una de las estrategias tradicionales del análisis económico para la evaluación cuantitativa del efecto de una determinada política pública ha sido el llamado "Enfoque Estructural". En el marco de un modelo teórico de elección individual y dados unos datos que permiten su estimación empírica, se realiza la evaluación de una determinada política o un cambio de ésta en base a la simulación de sus efectos sobre los parámetros de decisión antes estimados. Éste tipo de análisis es muy útil para evaluar los efectos de posibles cambios de los parámetros de las políticas (por ejemplo, la duración o el tamaño de un subsidio).

En los últimos veinte años, el "Enfoque Causal" o de "efectos de un tratamiento" se ha convertido en un complemento sustancial al anterior. Esto se debe a que ofrece una estrategia de identificación de los efectos causales de una política pública a partir, sobre todo, de datos adecuados para contestar a cada pregunta concreta, más que del soporte estricto de un determinado modelo económico. Este enfoque, más concentrado en los datos y menos necesitado de modelos teóricos o econométricos muy sofisticados, ha generado contribuciones notables en la evaluación de políticas tan relevantes como la formación, los subsidios a la contratación, los efectos de cambios fiscales sobre la oferta de trabajo o la inversión, etc.

Así, la evaluación de políticas públicas constituye hoy un campo de indudable crecimiento, donde el interés científico se ha centrado en campos tan diversos como las finanzas públicas, las políticas de empleo y formación o las subvenciones públicas. Existen numerosos ejemplos en la literatura reciente sobre este tipo de evaluaciones. En particular, sobre el mercado de trabajo han aparecido numerosas contribuciones muy importantes para el desarrollo de esta técnica de evaluación (Card y Krueger, 1994; Ham y LaLonde, 1996; Angrist y Krueger, 1999; Abadie, Angrist e Inbens, 2001).

La pregunta habitual en este tipo de evaluaciones es parecida a la siguiente: ¿Mejora la participación en un programa específico los resultados de los individuos que participan en dicho programa en relación con los resultados que se hubieran observado en esos mismos individuos si no hubiesen participado en el mismo programa específico? Sin embargo, la simple comparación entre individuos sometidos al tratamiento ("grupo de tratamiento") e individuos no sometidos a él ("grupo de control") está generalmente sesgada a causa de diferencias no aleatorias entre ambos tipos de individuos que introducen un problema de selección endógena. Los métodos de inferencia causal estudian cómo estimar el efecto causal del programa en estas situaciones.

El problema fundamental de la evaluación de políticas es un problema de identificación. Para ilustrar dicho problema, definamos la variable Y como el resultado de interés (por ejemplo, el salario), que tiene dos valores "potenciales". En concreto, Y_1 sería el resultado para un individuo sometido al tratamiento; e Y_0 sería el resultado para ese mismo individuo si no se sometiera al tratamiento. Parece natural, en este contexto, definir el efecto causal del tratamiento para el individuo en cuestión como la diferencia entre los dos resultados potenciales, $(Y_1 - Y_0)$. El problema es que no observamos ambos resultados para el mismo individuo, sino únicamente uno de ellos (Y_1 si el individuo se somete efectivamente al tratamiento e Y_0 en caso contrario). Por tanto, no es posible calcular $Y_1 - Y_0$ para un mismo individuo.

Podría pensarse que este problema de identificación quedaría resuelto comparando los resultados observados de la variable de interés Y, entre individuos tratados (aquellos para los que se observa Y_1) y no tratados (aquellos para los que se observa Y_0). Sin embargo, dicha comparación tampoco proporcionaría información sobre el efecto causal del tratamiento, debido al llamado "problema de autoselección". Por ejemplo, los individuos que participan en programas de formación laboral, pueden tener, ya antes de participar en el programa, salarios menores que los que no participan en dicho programa de formación. Por tanto, la diferencia de salarios entre individuos tratados y no tratados resultaría no sólo del tratamiento, sino también de las distintas características de ambos tipos de individuos.

Así por tanto, si los individuos que son candidatos a participar en un programa son asignados aleatoriamente al programa (grupo de tratamiento) o no (grupo de control), como es el caso en los experimentos con un buen diseño y una buena implementación, los posibles resultados del programa serán independientes del mecanismo de asignación, lo que nos permitirá identificar el efecto promedio del tratamiento.

Ahora bien, los datos experimentales son costosos, y no siempre se pueden implementar experimentos (por ejemplo, en caso de que el programa sea un derecho universal, como recibir el subsidio de paro), o diseñar correctamente. Por lo tanto, una alternativa a los análisis experimentales es la utilización de métodos no-experimentales.

El punto clave para usar métodos no experimentales para evaluar el impacto de una determinada política económica es cómo construir un "grupo de comparación" con individuos a los que no se aplica dicha política pero que guardan gran similitud con los individuos a los que se aplica dicha política. El resultado obtenido para la variable de interés por los individuos pertenecientes a este grupo de control se utiliza entonces como medida del resultado atribuible a los participantes en ausencia de política.

Para controlar adecuadamente las diferencias entre el grupo de control y el de tratamiento anteriores a la implementación de la política, se utilizan normalmente modelos estadísticos. Obviamente, el principal problema es que sólo pueden controlarse las diferencias en características observables. Sin embargo, hay un importante número de inobservables (motivación, habilidad, etc.) que pueden afectar a los resultados de la evaluación en la medida en que afecten de manera distinta a los individuos tratados y a los no tratados.

Los sesgos de selección pueden surgir por distintas causas. Como se sugería antes, se pueden deber a decisiones de los propios individuos que solicitan participar en el programa. También se pueden deber a sesgos en las decisiones de selección de los responsables de dichos programas. Para solventar todos estos problemas de selección, existe una amplia variedad de técnicas econométricas desarrolladas en los últimos años. Entre éstas, destacan el uso de variables instrumentales, la modelización del proceso de selección (Heckman, 1979) o el aprovechamiento de la existencia de experimentos naturales, como el usado por Angrist (1990) para evaluar el efecto del servicio militar usando la participación o no en la Guerra de Vietnam. Cabe destacar además la aplicación cada vez más frecuente de métodos consistentes en desarrollar muestras que emparejan participantes y no participantes en una determinada política en base a sus características observables. Este método, conocido como "propensity score", fue desarrollado por Donald Rubin y ha sido muy utilizado en investigaciones empíricas sobre temas de salud (Rubin, 1973). En los últimos años, esta técnica se ha convertido en la más popular en la literatura económica de evaluación, en especial la dedicada a temas de mercado de trabajo (Dehejia y Wahaba, 1999).

Este libro abunda en cuestiones empíricas y metodológicas relativas a la evaluación de políticas públicas. Así, el siguiente capítulo presenta un análisis de las contribuciones más destacadas tanto en lo que respecta a las distintas metodologías econométricas como a las principales aplicaciones empíricas y los resultados obtenidos en la evaluación microeconómica de políticas públicas. La discusión de este capítulo sobre diseño del muestreo, así como el tipo de información que se requiere para identificar el efecto causal con las distintas metodologías, puede ayudar a establecer qué tipo de datos se necesitan en cada caso. Como Angrist y Krueger (1999) señalan, el futuro del trabajo de investigación aplicado en economía pasa por la "industria incipiente" de generación de bases de datos microeconómicos (basados en registros individuales) que permitan responder a preguntas o predicciones formuladas por los modelos teóricos y que aún no tienen suficiente evidencia empírica que las documente.

El creciente énfasis en datos cuasi-experimentales en el análisis empírico ha hecho ganar importancia al desarrollo de bases de datos para determinados colectivos de la población y/o en determinados períodos para llevar a cabo análisis de inferencia causal en torno a ciertas variables. Con frecuencia, dicho análisis requiere muestras muy grandes, en la medida en que sólo pueda explotarse en la estimación una parte de la variación en las variables de interés, que corresponde a una submuestra de la muestra total. El conocimiento exhaustivo de las bases de datos disponibles es esencial para el economista aplicado, al igual que lo es el conocimiento de la metodología o de los modelos teóricos. Concretamente, es imprescindible un amplio conocimiento de la población representada en cada base de datos, del diseño de la muestra (encuesta o registro administrativo), de la tasa de respuesta, de las variables disponibles, del tamaño de la muestra, de la frecuencia de la misma, o , en fin, de los cambios metodológicos de la misma a lo largo del tiempo.

Además, en general, el diseño de las bases de datos disponibles tiene una motivación muy diferente a la del investigador interesado en inferencia causal acerca de una determinada política. En consecuencia, no es extraño que la base de datos utilizada carezca de parte de la información relevante para dicho trabajo de inferencia causal. La falta de dicha información relevante puede deberse al diseño de la base de datos o a la omisión deliberada de dicha información por razones de confidencialidad o de ética profesional en la elaboración de dicha base de datos. Por eso, es cada vez más común que el propio investigador construya los datos necesarios para su investigación mediante el enlace, cuando sea posible, de distintas bases de datos ya existentes, o mediante la realización de encuestas propias que son combinadas con bases de datos ya existentes.

Una fuente de información cada vez más usual son las bases de datos administrativas, esto es, las fuentes de información recogidas por unidades de la administración pública con objetivos propios, es decir, no académicos, pero que pueden ser utilizadas para hacer análisis de inferencia causal. Los ejemplos más usuales de estas bases de datos son los registros de la Seguridad Social, los registros de las oficinas públicas de empleo (pago de prestaciones, cursos de formación, contratos registrados, etc.), los registros de personal de compañías importantes o los registros de las Universidades sobre sus alumnos. La principal ventaja de estas bases de datos es su gran tamaño, lo que permite abordar preguntas muy concretas basándose en submuestras correspondientes a colectivos muy concretos sin riesgo de falta de representatividad en dichos colectivos. Otro aspecto reseñable es que cubren mucha información relevante para analizar decisiones económicas a nivel individual. Por ello, las bases de datos administrativas cumplen una función muy importante en el análisis causal aunque, a veces no proporcionen muestras completamente aleatorias de la población objeto de estudio.

Como ocurre con otras bases de datos procedentes de encuestas, su origen, generalmente ajeno al interés de investigación, repercute a menudo en la falta de disponibilidad de ciertas variables relevantes para el análisis causal (por ejemplo, los registros de la Seguridad Social en España no tienen información sobre el nivel educativo de los trabajadores). Este problema se soluciona frecuentemente uniendo dichos registros con fuentes de información alternativas, normalmente basadas en encuestas o en otras fuentes administrativas complementarias. Para preservar el problema de la confidencialidad, el enlace de bases de datos se lleva a cabo mediante protocolos que preservan todos los requerimientos legales (ver Duncan y Pearson, 1991). Una estrategia usual, cuando no es posible enlazar bases de datos con información complementaria para individuos comunes, consiste en trabajar de manera separada con ellas y basar la explotación conjunta en la comparación de varios momentos de las distribuciones sujeto de estudio, sin necesidad de que las dos bases de datos estén juntas de cara al análisis multivariante a realizar. A veces, basta disponer de estimaciones separadas de varios momentos de las distribuciones objeto de interés y relacionar econométricamente los mismos momentos obtenidos de manera separada (ver, por ejemplo Arellano y Meguir, 1992 o Angrist y Krueger, 1992, 1995).

Al final del Capítulo II, se aborda el análisis Coste-Beneficio de las políticas públicas. Aunque este tipo de análisis no se relaciona estrictamente con la medición de los efectos, permite que las autoridades responsables midan la eficiencia de los programas comparando intervenciones alternativas en función del coste de producir un resultado determinado. De hecho, esta evaluación puede alterar enormemente la cuantificación del impacto y por tanto las implicaciones de la política. Por ello, en el análisis de evaluación de políticas se debería incluir siempre el análisis coste-beneficio (un estudio más completo del análisis coste-beneficio y eficacia en función de los costos se encuentra en el *Handbook on Economic Analysis of Investment Operations,* Banco Mundial, 1996). Con el análisis coste-beneficio se intenta medir, en términos monetarios, la eficiencia económica de los costes de un programa frente a sus beneficios. Sin embargo, para muchos proyectos, especialmente en los sectores sociales, no es posible medir todos los beneficios en términos monetarios.

Además de las principales técnicas y metodologías econométricas para realizar inferencia causal y evaluación de políticas públicas, el capítulo II acompaña cada técnica o metodología de ilustraciones basadas en las contribuciones empíricas más relevantes, para EE.UU. y para algunos países europeos. La discusión más extensa se concentra en los métodos observacionales (matching o emparejamiento, diferencias en diferencias y variables instrumentales), en cuanto que son los de mayor aplicabilidad a la mayor parte de las bases de datos disponibles.

En el Capítulo III se entra de lleno en la descripción de los problemas concretos determinados por los datos en el diseño e implementación de los estudios de evaluación de políticas públicas. Para ello, se describe exhaustivamente el plan de análisis de evaluación de un programa público, poniendo especial énfasis en los problemas de implementación y diseño de las bases de datos necesarias para dicha evaluación.

El Capítulo IV y los siguientes presentan algunos de los trabajos de investigación presentados en las dos jornadas de evaluación de políticas públicas organizadas en el marco del proyecto de investigación desarrollado por el Departamento de Economía de la Universidad Pablo de Olavide y del cual surge el presente libro. Se trata de estudios empíricos donde se evalúan distintas políticas en mercados de trabajo concretos, básicamente en EE.UU., España y algún otro país europeo.

La utilización de los datos y los métodos de recogida en las evaluaciones de políticas en EE.UU. ha experimentado fuertes cambios en los últimos años. El Capítulo IV trata de dar respuesta a las siguientes tres grandes preguntas relacionadas con la recogida de datos en evaluaciones de políticas: ¿Cuáles son las principales ventajas/desventajas de escoger entre las diferentes fuentes de datos? ¿Cuál es la evidencia en EE.UU. respecto a la exactitud de los datos sobre empleo y salarios de diferentes fuentes de datos y cuáles son las implicaciones para la evaluación de políticas? ¿Cuáles son las últimas tendencias en recogida de datos en EE.UU. y hasta qué punto suponen una mejora en la evaluación de políticas? En este capítulo se mostrará que el grado en que nuevos datos se traducen en mejoras en las evaluaciones dependerá de cómo los investigadores continúan desarrollando técnicas de análisis para explotar de forma efectiva estos datos nuevos.

Los capítulos V y VI analizan políticas activas de empleo. El Capítulo V presenta el diseño no-experimental de la evaluación de la efectividad de cuatro políticas activas de ocupación que se ofrecieron en Rumanía en 1999. Estas políticas son: (1) un programa de formación, (2) un programa de apoyo a la auto-ocupación, (3) un programa de creación de trabajo público, y (4) un programa de intermediación laboral. En este capítulo se emplearon datos obtenidos mediante una encuesta que los autores diseñaron exclusivamente para esta evaluación. La metodología utilizada para identificar al grupo de comparación adecuado para cada política consiste en el "matching". Utilizando dicho método, los autores seleccionan cuatro subgrupos de no-usuarios (uno para cada política) que después del "matching" se parecen mucho a los usuarios en las características laborales y personales antes de participar en el programa. Entre las principales conclusiones está que tres de los cuatro programas (el programa de formación, el de apoyo a la auto-ocupación, y el de intermediación laboral) consiguieron mejorar la situación laboral de sus usuarios. En cambio, dicho estudio encuentra que el programa de creación de trabajo público no mejoró la situación laboral de sus usuarios.

El objetivo del Capítulo VI consiste en el estudio de los servicios de recolocación desarrollados por una de las empresas punteras del sector en España, Creade. Para ello utiliza datos administrativos de dos fuentes diferentes: INEM y Creade. En este capítulo se plantean diversos métodos de estimación no paramétricos para la evaluación de este tipo de políticas. Cada uno de ellos presenta ventajas e inconvenientes en cuanto a la cantidad y calidad de los emparejamientos. La variable objeto de estudio es el tiempo que un candidato tarda en acceder a un nuevo empleo. El número de días que se reduce el desempleo constituye una variable fundamental para las Administraciones Públicas por lo que representa en la partida de gastos por prestaciones de desempleo. Utilizando este indicador como variable de estudio, las estimaciones sugieren que estos servicios no generan efectos positivos salvo para las mujeres. Esta reacción se debe a lo que el autor denomina el efecto "salario reserva". Los trabajadores que reciben los servicios de recolocación se hacen más exigentes en el proceso de selección del nuevo puesto de trabajo.

Los capítulos VII y VIII tratan sobre políticas de estabilidad en el empleo. En el Capítulo VII se analizan de qué modo las experiencias de empleo por medio de Empresas de Trabajo Temporal (ETTs) influyen en las carreras laborales de los trabajadores. Para ello, los autores llevan a cabo una evaluación por medio de técnicas de matching del efecto causal que presenta la contratación vía ETTs sobre la probabilidad de alcanzar un contrato indefinido en el futuro. La base de datos utilizada es el Registro de Contratos del Instituto Nacional de Empleo, mediante el cual los autores comparan dos grupos de trabajadores: uno de ellos compuesto por individuos contratados por ETTs (grupo de tratamiento) y el otro compuesto por individuos contratados temporalmente de forma directa (grupo de control). Los resultados obtenidos muestran que los trabajadores que fueron cedidos a empresas clientes sufren una probabilidad significativamente inferior (entre un 15 y un 27%) de alcanzar un contrato indefinido que los contratados temporales directos.

En el Capítulo VIII se evalúa el impacto de las políticas regionales que subvencionan los nuevos contratos indefinidos tomando una muestra de trabajadores con contratos temporales y desempleados para la economía española. En concreto, se estudia la probabilidad de entrada a un contrato indefinido tanto desde el desempleo como desde un contrato temporal a partir de una nueva base de datos procedente de los registros de la Seguridad Social en España denominada la "Muestra Continua de Vidas Laborales", que se utiliza por primera vez para realizar ejercicios de evaluación de políticas públicas en el mercado de trabajo español. En cuanto a la metodología empleada, los autores parten de los modelos de duración para identificar el efecto de la política sobre la probabilidad de transitar a un contrato indefinido. Por otra parte, dado que su base de datos ofrece información longitudinal y su variable de política tiene variabilidad individual, regional y temporal aplicarán el método de triples diferencias para identificar el efecto medio de la política. Sus principales resultados son que, en media, esta política tiene efectos positivos, pero pequeños, en la probabilidad de transición a un contrato permanente, tanto desde el desempleo como desde un contrato temporal. No obstante, la incidencia de esta política difiere notablemente entre hombres y mujeres y en menor medida entre los grupos de edad. Es mayor para las mujeres mientras que para los hombres esta política no tiene impacto positivo relevante.

Los capítulos IX y X realizan evaluaciones de políticas educativas. En el Capítulo IX se obtienen estimaciones de rendimientos educativos. Asimismo se contrasta su heterogeneidad, bajo distintos supuestos, y usando una muestra de corte transversal de una encuesta muy interesante de datos españoles (*Encuesta de Conciencia y Biografía de Clase*, 1991). Los métodos utilizados son de estimación semiparamétrica. El principal resultado que presenta este capítulo es que puede haber grupos de la población para los cuales los efectos marginales del tratamiento son negativos. En este caso, estos individuos no se beneficiarán, en términos de salarios, de un aumento en sus niveles educativos. Esto es algo que se debe tener en cuenta a la hora de evaluar políticas que obligan a los individuos a adquirir un determinado nivel de educación. Una aplicación al análisis de la reforma educativa, que tuvo lugar en España en 1970, sugiere que aquellos individuos que estudiaron antes de la reforma, y que tienen una mayor probabilidad *a priori* de seguir estudiando a partir del nivel educativo bajo (a partir de los 14 años), se hubieran beneficiado, en términos de salarios obtenidos, de esta reforma.

El Capítulo X realiza una estimación de los efectos a corto, medio y largo plazo de diferentes tipos de Formación Subvencionada por el Gobierno sobre el empleo, desempleo e ingresos de los participantes en Alemania del Este y el Oeste. Estos programas difieren considerablemente tanto en la forma y la intensidad de la inversión en capital humano así como en su respectiva duración. La base de datos empleada en este estudio combina tres fuentes diferentes: una muestra de empleados, el registro de pago de subsidios y los datos de participantes en formación. Estos datos administrativos que usan los autores son particularmente ricos lo que les permite corregir por la selección por métodos de emparejamiento que tienen en cuenta múltiples tratamientos y que miden interesantes variables de resultado en base mensual para un período de ocho años después de la entrada en el programa. Para una muestra de desempleados del este y oeste de Alemania que entraron en programas de formación en 1993 y 1994 los autores encuentran que todos los tipos de formación que evalúan tienen efectos negativos a corto plazo sobre el empleo cuya magnitud y duración están directamente relacionadas a la duración del programa tanto para el Este como el Oeste de Alemania. Sin embargo, a largo plazo todos los tipos de programa parecen incrementar las tasas de empleo en aproximadamente 10 puntos porcentuales. Esto se mantiene no sólo para los participantes en mejora de la formación sino también para los participantes de otros programas si hubieran participado en la mejora de la formación.

Por último, el Capítulo XI utiliza una muestra que enlaza datos de una encuesta de empleo con datos administrativos de deuda de los hogares para estimar el impacto causal de acceso al mercado de crédito sobre la formación de nuevos hogares entre los jóvenes. Para identificar cambios exógenos en el acceso al crédito utiliza una reforma en un programa portugués denominado *"Crédito Bonificado"* y que proporciona subsidios directos al endeudamiento de jóvenes con rentas medias y medias-bajas. Se encuentran dos resultados principales. El acceso al mercado de crédito aumenta la probabilidad de formar un hogar entre 31 y 54 puntos porcentuales. Asimismo, encuentran que las diferencias en el acceso al crédito pueden explicar en torno al 20% de la variación en tasas de salida del hogar. Los resultados también sugieren que los jóvenes se aseguran contra variaciones en el coste del crédito extendiendo la estancia en el hogar paterno.

II Inferencia causal y evaluación de políticas públicas: Metodología y aplicaciones

Cesar Alonso-Borrego
Raquel Carrasco
Universidad Carlos III (Madrid)

II.1 Introducción

El sector público suele dedicar gran cantidad de recursos a financiar programas sociales, como por ejemplo programas de formación para trabajadores desempleados o desfavorecidos, o mejoras educativas. En general, dichos programas tienen como finalidad influir positivamente sobre las perspectivas económicas y sociales de determinados colectivos.. El objetivo de la evaluación de políticas consiste en estudiar la efectividad de dichas intervenciones públicas y diseñar políticas más eficaces y rentables desde el punto de vista social. Para ello, es crucial poder dar respuesta a la siguiente pregunta: ¿cuál es el efecto causal de una determinada política pública (o "tratamiento") sobre la variable de interés?

Para dar respuesta a dicha pregunta, cabría pensar que bastaría comparar individuos sometidos al tratamiento con aquellos no sometidos a él. Sin embargo, dicha comparación está generalmente sesgada por problemas de selección endógena. Es decir, es posible que los individuos tratados y no tratados (por ejemplo, los que realizan cursos de formación en el empleo y los que no) difieran en los valores de la variables de interés (por ejemplo, el salario) por razones que ajenas y previas al tratamiento (es decir, al hecho de haber realizado un curso de formación o de no haberlo realizado). Los métodos de inferencia causal estudian cómo estimar efectos causales en estas situaciones con objeto de evaluar los efectos de una determinada política pública. En las siguientes secciones se analizará la metodología econométrica de inferencia causal, así como la evidencia empírica más relevante.

II.1.1 Evaluación de políticas públicas: El problema de identificación

En la literatura de evaluación de políticas, se entiende por tratamiento la participación en alguno de los programas asociados a dichas políticas, mientras que por efecto causal se entiende la variación de la variable de interés que se debe exclusivamente al tratamiento, y no a otros factores. El concepto de causalidad es clave en este contexto. Para definirlo apropiadamente, debemos introducir algo de notación. Sea D_i una variable que indica si el individuo i ha recibido el tratamiento (por ejemplo, participación en un programa de formación), en cuyo caso tomará el valor 1, mientras que tomará el valor en caso contrario. Al colectivo de individuos que no han recibido el tratamiento se les denomina grupo de control. Sea Y_i el valor de la variable de interés para el individuo i (por ejemplo, el salario). Para definir causalidad, utilizaremos el concepto de resultados potenciales. Así, sea Y_{0i} el resultado potencial en ausencia del tratamiento para el individuo i, es decir,el resultado que el individuo i alcanzaría si no se viera sometido al tratamiento (por ejemplo, su salario potencial sin realizar el curso de formación). Asimismo, sea Y_{1i} el resultado potencial en presencia del tratamiento para el individuo i, es decir, el resultado que el individuo i alcanzaría si se viera sometido al tratamiento (por ejemplo, su salario potencial si realizara el curso de formación).

Dichos resultados potenciales se refieren a situaciones contra factuales. Para un individuo que de hecho no haya participado en el programa de formación, Y_{1i} representa el salario hipotético que hubiera obtenido si hubiera participado. Igualmente, para un participante en el programa, representa el salario que hubiera obtenido en caso de no haber participado en el programa. Sin embargo, para cada individuo no observamos ambos resultados potenciales (Y_{1i}, Y_{0i}), sino que únicamente observamos el resultado realizado, Y_i que podemos expresar como:

$$Y_i = D_i \cdot Y_{1i} + (1 - D_i) \cdot Y_{0i}.$$

Una vez definidos los resultados potenciales, el efecto causal del tratamiento para el individuo i se define de forma natural como la diferencia entre ambos resultados potenciales,

$$Y_{1i} - Y_{0i}.$$

De esta forma, queda patente el problema fundamental de identificación (conocido como el problema de evaluación): dado que para el mismo individuo no podemos observar Y_{1i} e Y_{0i}, no es posible calcular, para cada individuo, el efecto causal definido previamente.

El anterior problema se podría solucionar si hubiera homogeneidad entre todos los individuos. En ese caso, si por ejemplo (Y_{1i}, Y_{0i}) fuera constante entre individuos, se podría calcular la diferencia ($Y_{1i} - Y_{0i}$) para cada individuo mediante la comparación de los resultados objeto de estudio entre un individuo tratado y otro no tratado. Sin embargo, en general, habrá un alto grado de heterogeneidad en las respuestas y de características los individuos que participan y que no participan en programas públicos, por lo que no está garantizado que la anterior diferencia refleje exclusivamente el efecto de la política.

A pesar de que no es posible calcular efectos individuales del tratamiento, bajo ciertas condiciones se pueden estimar efectos medios. Por ejemplo, es posible estimar el llamado efecto medio del tratamiento (*Average Treatment Effect*, ATE):

$$\alpha_{ATE} = E[Y_1 - Y_0],$$

donde E representa el operador esperanza matemática.

También es posible estimar otro tipo de efectos medios, como por ejemplo el efecto medio sobre los individuos tratados, también llamado efecto medio del tratamiento seleccionado (SATE):

$$\alpha_{SATE} = E[Y_1 - Y_0 \mid D = 1].$$

En cualquier caso, la comparación de los resultados de interés, , para individuos tratados y no tratados, no proporciona en general la respuesta que buscamos como evaluadores de políticas públicas, esto es, el efecto causal del tratamiento. La razón es que existe un sesgo de selección, es decir, los individuos no se distribuyen aleatoriamente entre tratados y no tratados, sino que suelen existir características inobservables para el analista que influyen en el hecho de recibir o no tratamiento, y que también tienen un efecto directo sobre el resultado de interés. En términos de la comparación de resultados medios para individuos tratados y no tratados, podemos ver fácilmente que:

$$\begin{aligned} E[Y \mid D=1] - E[Y \mid D=0] &= E[Y_1 \mid D=1] - E[Y_0 \mid D=0] \\ &= E[Y_1 - Y_0 \mid D=1] + \{E[Y_0 \mid D=1] - E[Y_0 \mid D=0]\}. \end{aligned}$$

El problema es que, en general, el término que hay entre llaves no será igual a cero, debido a problemas de selección. Por ejemplo, en el caso de participación en programas de formación, la mayoría de las veces los participantes en los mismos suelen ser individuos que están en una situación laboral más desfavorable, por lo que podemos esperar que, incluso en ausencia de la participación en el programa, los salarios hipotéticos de los participantes fueran menores que los de los no participantes. Por ello, la simple comparación entre las ganancias de los individuos tratados y no tratados no aportará información sobre el efecto del tratamiento.

La *Inferencia Causal* es una rama de la Estadística que estudia la obtención de efectos causales, tanto a partir de datos experimentales como no experimentales. Para ello, básicamente, se utilizará la información sobre el mecanismo de asignación de los individuos al tratamiento.

II.1.2 Experimentos aleatorizados

En la literatura de estimación de efectos causales de un tratamiento, se considera que la situación ideal para un investigador es contar con datos procedentes de un experimento aleatorizado. Se trata de experimentos controlados en los que la asignación o no al tratamiento se decide aleatoriamente por el investigador. Esta situación, por construcción, asegura que los resultados potenciales no se ven contaminados por factores distintos al tratamiento. De hecho, en un experimento aleatorio ideal no es necesario controlar por el efecto de otras variables observables, a no ser que estemos interesados en obtener efectos diferenciados para grupos específicos de individuos.

No obstante, con este tipo de datos es importante controlar la validez de las estimaciones obtenidas. Dicha validez se clasifica en dos grupos:

— Validez Interna: Significa que es posible estimar el efecto del tratamiento para nuestra muestra particular. La validez interna no se cumplirá cuando existan diferencias entre individuos tratados y no tratados que afecten al resultado de interés y que no seamos capaces de controlar.

— Validez externa: Significa que es posible extrapolar nuestras estimaciones a otras poblaciones. La validez externa no se cumplirá cuando fuera del marco concreto de la evaluación el tratamiento tenga un efecto diferente.

En los experimentos aleatorios, las amenazas más comunes a la validez interna del mismo son la falta de aleatoriedad, la falta de cumplimiento con las normas o el protocolo del experimento, y el desgaste muestral no aleatorio (*attrition*), que se produce cuando un grupo de individuos deja de participar en el experimento por razones que están relacionadas con el resultado de interés (y por tanto, el desgaste es no aleatorio). Supongamos un experimento que trata de evaluar el efecto de programas de formación en el empleo sobre los salarios. Si un grupo de individuos abandonase aleatoriamente la muestra, este desgaste muestral no generaría problemas de sesgo. Sin embargo, si por ejemplo aquellos individuos de mayor salario abandonan voluntariamente la muestra, este desgaste muestral no aleatorio sí tendría efectos sobre el resultado de evaluación de la política en cuestión. En lo que respecta a la validez externa del experimento, las posibles fuentes de incumplimiento provienen de la no representatividad de la muestra y de la no representatividad del programa.

II.1.3 Estudios observacionales

En muchas ocasiones, no se dispone de datos procedentes de experimentos aleatorizados, lo que puede estar motivado por el elevado coste de acometer dicho experimento o por la prohibición legal de tratar de manera discriminatoria (asignando o no al tratamiento) a individuos que son iguales en lo que respecta a sus características relevantes. En todo caso, en ausencia de datos experimentales, los investigadores deben basar sus inferencias en datos observacionales, dando lugar a los llamados estudios observacionales. En este tipo de estudios, esperamos que los individuos tratados y no tratados difieran en características que afectan a la variable de interés, además de en su exposición o no al tratamiento. Si dichas características son observables, es posible tenerlas en cuenta de forma relativamente sencilla. Esta situación se conoce como "selección basada en observables" y da lugar a estimadores basados en el matching o emparejamiento y a estimadores basados en métodos de regresión.

No obstante, en muchas ocasiones tenemos buenas razones para pensar que los individuos tratados y no tratados son diferentes también en características inobservables para el analista. Dicha situación también puede solventarse si suponemos, por ejemplo, que observamos a los individuos tratados antes y después del tratamiento. En estas circunstancias, podríamos utilizar la información previa al tratamiento de los individuos tratados, construyendo el grupo de comparación a partir de dicha información previa y comparando a los individuos con ellos mismos después del tratamiento. El problema es que dicha comparación puede estar de nuevo contaminada por el efecto de determinados acontecimientos que se produzcan entre los dos periodos, antes y después de que se lleve a cabo el tratamiento. No obstante, se podría utilizar el grupo de individuos no sometidos al tratamiento para identificar la variación temporal en el resultado de interés que no es debida al tratamiento. El estimador de diferencias-en-diferencias se basa en esta idea.

En otras circunstancias, es posible identificar el efecto causal del tratamiento utilizando alguna variable determinada exógenamente (llamada normalmente instrumento) que no está directamente relacionada con el resultado potencial, pero sí con la probabilidad de ser tratado. Los métodos de Variables Instrumentales utilizan esta idea para identificar el efecto del tratamiento para una determinada subpoblación de individuos.

El problema de todos estos estudios no experimentales es que requieren hacer uso de modelos econométricos, tanto para caracterizar la participación en el tratamiento como para estimar el efecto del mismo. Si alguno de estos modelos está incorrectamente especificado, el estimador del efecto del tratamiento será inconsistente. En las siguientes secciones desarrollaremos en más detalle cada uno de estos métodos.

II.2 Experimentos aleatorizados

En un experimento aleatorizado, el mecanismo que se utiliza para asignar a los individuos al grupo de tratamiento y al grupo de control es aleatorio. La aleatorización permite evitar el sesgo de selección endógena. Dado que el mecanismo de asignación es aleatorio, los resultados potenciales son independientes del mecanismo de asignación, porque la aleatorización en la asignación garantiza que las características de tratados y no tratados son virtualmente idénticas. Esto significa que, dado que el tratamiento es independiente de los resultados potenciales, se cumplirá que

$$E[Y_0 \mid D=1]=E[Y_0 \mid D=0],$$

por lo que ya no existe sesgo de selección, siendo posible calcular el efecto medio del tratamiento comparando las medias de los tratados y de los no tratados. Es importante destacar que, aunque nuestra discusión se centra en el cálculo de efectos medios, la aleatorización también permite identificar toda la distribución marginal de los resultados potenciales. Ello permitiría comparar el efecto del tratamiento no sólo en la media, sino también en cualquier otra característica de la distribución.

Para estimar el efecto del tratamiento, dado que la asignación al mismo es aleatoria, únicamente hay que calcular medias muestrales, análogas a las medias poblacionales de interés. Así por ejemplo, se puede utilizar la diferencia muestral media entre los resultados de individuos tratados ($\overline{Y}_1$) y no tratados ($\overline{Y}_0$):

$$\hat{\alpha}=\overline{Y}_1-\overline{Y}_0,$$

Una cuestión relevante en este contexto es cómo realizar un contraste de diferencias de medias. Dado que el coste de los experimentos aleatorizados es habitualmente muy elevado, éstos se suelen realizar sobre muestras pequeñas, con lo que los contrastes basados en resultados asintóticos no son muy adecuados. Por ello, se suele utilizar el llamado Contraste Exacto de Fisher, más adecuado para tamaños muestrales pequeños.

II.2.1 Contribuciones empíricas

La mayor parte de las contribuciones relevantes están centradas en la evaluación de la efectividad de programas de formación para individuos económicamente desfavorecidos, referidos además a EE.UU., en donde hay una gran tradición de programas piloto para la evaluación de políticas públicas desde principios de los años 70.

Entre los experimentos de mayor relevancia en economía, uno de los más antiguos es el de Impuesto Negativo sobre la Renta (NIT, *Negative Income Tax*). Estos experimentos se implementaron entre 1968 y 1982 por parte del gobierno federal de los EE.UU., y probablemente supusieron la investigación de políticas sociales públicas más ambiciosa hasta ese momento. Su objetivo principal era determinar los efectos sobre la oferta de trabajo de individuos desfavorecidos, cuya renta está por debajo del mínimo exento, de recibir un impuesto negativo sobre la renta, como alternativa de gasto social frente las transferencias ligadas a otros programas sociales. En el período señalado se realizaron cuatro experimentos distintos, cada uno de ellos muy localizado en determinadas áreas del país y dirigidas a colectivos desfavorecidos pero con distintas características. En particular, tan sólo uno de ellos se concentró en zonas rurales, y todos difieren en el grupo de tratamiento en características raciales, grado de pobreza y cuantía del impuesto negativo aplicado. Robins (1985) proporciona una panorámica de los principales resultados sobre la oferta de trabajo, medida bien en términos de horas anuales trabajadas, bien en términos de tasa de empleo, de los cuatro experimentos de NIT que se llevaron a cabo. Todos ellos muestran de forma consistente un efecto negativo sobre la oferta de trabajo, que se mantiene para los distintos colectivos considerados según raza (negros, hispanos, blancos) y otras características (edad, estado civil, sexo, etc.).

LaLonde (1986) explota datos de un experimento aleatorizado procedentes de un programa nacional de formación para trabajadores no cualificados desfavorecidos desarrollado en 1975, conocido como NSW. El seguimiento de tratados y no tratados dentro del programa se realiza en base a entrevistas regulares y permite evaluar la efectividad del programa comparando la evolución posterior al tratamiento de las ganancias salariales medias de tratados y no tratados. Además, LaLonde encuentra enormes diferencias al comparar los resultados de la evaluación con los que se obtienen mediante los métodos econométricos usuales cuando los datos de que se dispone no proceden de un experimento aleatorizado. Bloom y otros (1997) evalúan la efectividad del programa nacional JTPA, aplicado en EE.UU. diez años después del programa NSW, para el caso de colectivos desfavorecidos de adultos y de jóvenes que han abandonado de forma temprana el sistema educativo. Para ello, cuentan con una gran muestra de datos de un experimento aleatorizado y evalúan el efecto sobre las ganancias del programa de formación. Al igual que en otros trabajos, encuentran que el impacto del programa es positivo pero de reducida magnitud en el caso de los adultos, y no significativo para los colectivos de jóvenes. Estos resultados están en línea con los obtenidos por Couch (1992) para datos experimentales del programa de formación NSW.

La comparación entre las ganancias, o entre las tasas de empleo o desempleo, etc., de tratados y no tratados a partir de datos experimentales permite estimar consistentemente el efecto medio del tratamiento, dado que el experimento aleatorizado garantiza que las características de tratados y no tratados son virtualmente idénticas. Sin embargo, no ocurre lo mismo si se pretenden comparar las historias laborales de tratados y no tratados con posterioridad al programa de formación, como en Ham y LaLonde (1996). La razón es que, aunque la asignación al programa sea aleatoria, la dinámica posterior de empleo y desempleo de individuos tratados se verá modificada como consecuencia del programa de formación, y diferirá por tanto de la dinámica para individuos no tratados. Por ello, aunque se disponga de datos experimentales, la evaluación del programa en términos de duraciones de empleo y desempleo precisa de un modelo estadístico formal que tenga en cuenta el problema de selección inducido por el propio programa de formación.

Otro marco de aplicación relevante se refiere a la evaluación de la incidencia de mayores recursos públicos en el rendimiento escolar. Cabe citar dos trabajos referidos a EE.UU. de Angrist y Lavy (1999) y Krueger (1999). Ambos trabajos se centran en el efecto del tamaño de la clase sobre el rendimiento, medido por la calificación obtenida en ciertos exámenes estandarizados.

En concreto, Krueger (1999) explota datos del experimento aleatorizado STAR (Student Teacher Achievement Ratio) realizado en el estado de Tenessee (EE.UU.) a cerca de 20000 estudiantes. Aunque la asignación inicial de los estudiantes por tamaño de clase es puramente aleatoria, la muestra disponible presenta, como en cualquier experimento, importantes desviaciones respecto al diseño ideal. En este sentido, este trabajo es una excelente ilustración de los problemas que surgen en este contexto por la pérdida de aleatoriedad y los procedimientos que se aplican para minimizar los sesgos resultantes. En particular, existe un problema de desgaste muestral que es claramente no aleatorio, dado que mientras la mayoría de los alumnos asignados a clases pequeñas tienden a continuar en éstas, algunos alumnos asignados a clases grandes abandonan el centro debido al descontento de sus padres. Además, se producen trasvases no aleatorios de alumnos que distorsionan el tamaño real de las clases, comprometiendo los resultados del experimento. Por un lado, durante la duración del experimento tienen lugar trasvases de alumnos de clases grandes a pequeñas (a través de una realeatorización) debido a las quejas de sus padres. Por otro lado, algunos alumnos con problemas de comportamiento son trasvasados entre clases grandes y pequeñas.

El estudio muestra un mayor rendimiento de los alumnos asignados a clases de tamaño reducido, en contraposición a otros estudios previos basados en los mismos datos. Asimismo, se encuentra que el desgaste muestral, la re-aleatorización y los trasvases no aleatorios no afectan a los resultados principales. En contraposición, los estudios previos que explotaban estos datos realizaban generalmente una mera comparación de medias entre grupos sin tener en cuenta que el cambio temporal en la composición de los estudiantes distorsiona dicha comparación.

II.3 Estudios observacionales I: Matching y regresión

El principal problema de los estudios observacionales es que la selección de los individuos que van a ser sometidos al tratamiento no es aleatoria. Por tanto, los individuos tratados y no tratados pueden diferir en otras características, diferentes de la asignación o no al tratamiento. Si no se tienen en cuenta dichas características, se podría estar atribuyendo espuriamente al tratamiento un efecto sobre la variable de interés que realmente es debido a la influencia de otras características. Por tanto, para poder obtener efectos causales, es necesario controlar por las diferencias entre individuos tratados y no tratados.

A este respecto, cabe señalar que no siempre es posible controlar por todos los factores relevantes, por dos razones principales. En primer lugar, es posible que los datos disponibles no contengan algunas variables que determinan que el individuo sea elegible para el programa. En segundo lugar, en ausencia de un experimento aleatorizado es posible que las fuentes de datos de los individuos tratados y de los individuos no tratados que desean utilizarse como grupo de control sean distintas, afectando a la definición de las variables que reflejan las diferencias entre individuos.

II.3.1 Identificación: Selección en base a observables

En ausencia de datos experimentales, no se suele cumplir la independencia entre los resultados potenciales (Y_{1i}, Y_{0i}) y la variable que indica si el individuo ha sido sometido o no al tratamiento, D_i. Decimos que hay selección en base a observables si existe un vector de variables X tal que el tratamiento es independiente de los resultados potenciales condicionando en dichas variables. En este caso, de forma análoga a lo que ocurría en el caso de un experimento aleatorio, por independencia condicional entre el tratamiento y los resultados potenciales tendremos que:

$$E[Y_1 - Y_0 \mid X] = E[Y_1 - Y_0 \mid X, D=1] = E[Y \mid X, D=1 - E[Y \mid X, D=0]$$

Bajo selección en observables, es posible calcular también los efectos del tratamiento sin condicionar en dichas variables. Para ello, debemos calcular los efectos de interés integrando sobre la distribución de dichas variables observables, Por tanto, tenemos que el efecto medio de interés definido previamente tiene la siguiente expresión:

$$\begin{aligned}\alpha_{ATE} &= E[Y_1 - Y_0] = \int E[Y_1 - Y_0 \mid X]dP(X) \\ &= \int (E[Y \mid X, D=1] - E[Y \mid X, D=0])dP(X).\end{aligned}$$

Igualmente, condicionando en la asignación al tratamiento, tenemos que el efecto medio del tratamiento para los individuos tratados es:

$$\alpha_{SATE} = E[Y_1 - Y_0 \mid D=1] = \int (E[Y \mid X, D=1] - E[Y \mid X, D=0])dP(X \mid D=1).$$

II.3.2 Estimadores de matching: Matching en variables observables

Cuando es un vector *X* de una única variable y toma un número pequeño de valores discretos, es sencillo construir estimadores de los efectos medios del tratamiento basados en las ecuaciones (matchte) y (sate). Simplemente, habría que calcular medias muestrales por celdas definidas en términos de los valores que tome la variable *X*. Supongamos que *X* toma *J* valores diferentes $\{X^1, ..., X^j, ... X^J\}$. Denotemos por n^j el número de observaciones en la celda *j*. Sea n_1^j el número de observaciones correspondientes a individuos sometidos al tratamiento en la celda *j*, y sea n_0^j el número de observaciones correspondientes a individuos no tratados en la celda *j*. Finalmente, sea $\overline{Y}_1^j$ el resultado medio para los individuos tratados en la celda *j* e $\overline{Y}_0^j$ el resultado medio para los individuos no tratados en la celda *j*. Entonces, podemos calcular los efectos de interés de la siguiente forma:

$$\hat{\alpha}_{ATE} = \sum_{j=1}^{J} (\overline{Y}_1^j - \overline{Y}_0^j) \cdot (\frac{n^j}{n})$$

$$\hat{\alpha}_{SATE} = \sum_{j=1}^{J} (\overline{Y}_1^j - \overline{Y}_0^j) \cdot (\frac{n_1^j}{n_1})$$

Sin embargo, cuando *X* es una variable continua, la estrategia de estimación es algo más complicada. Una posibilidad consiste en dividir el soporte de *X* en un número finito de celdas y aplicar el mismo método que aplicaríamos si X fuera discreta. Este procedimiento se conoce como subclasificación.

Otra posibilidad es utilizar el llamado método de matching o emparejamiento. Dicho método consiste en emparejar el resultado de cada individuo tratado con el resultado de un individuo no tratado que tenga valores de la variable cercanos a los valores que dicha variable toma para el individuo sometido al tratamiento. Por ejemplo, cuando X es continua podemos estimar α_{SATE} como:

$$\hat{\alpha}_{SATE} = \frac{1}{n_1} \sum_{D=1} Y_i - Y_{m(i)},$$

donde $Y_{m(i)}$ es el resultado de un individuo no tratado que tiene valores de las variables cercanos a los de un individuo tratado, $X_i \approx X_{m(i)}$.

Ambos métodos son sencillos de aplicar cuando X contiene sólo una o dos variables. Sin embargo, si la dimensionalidad del vector X es grande, estos métodos no se pueden aplicar. En esos casos, la subclasificación podría dar lugar a celdas de X sin observaciones y, de igual forma, puede ser difícil encontrar para cada individuo tratado un individuo no tratado con valores de X similares. Como se verá más adelante, el método del *propensity score* trata de reducir la dimensionalidad de las variables contenidas en X a una única dimensión.

Dehejia y Wahba (2002) discuten tres cuestiones que afectan a la implementación del matching: si hacer o no matching con reemplazamiento de las observaciones del grupo de comparación, cuántas observaciones utilizar para emparejar cada individuo tratado, y qué procedimiento concreto de matching utilizar. En la disyuntiva entre hacer o no reemplazamiento de las observaciones del grupo de comparación, hay un compromiso entre la minimización del sesgo que se consigue con el reemplazamiento y la precisión de las estimaciones. En todo caso, al no reemplazar las observaciones, además del sesgo, surge el problema de que el orden en que se emparejan los individuos tratados no es trivial de cara a los resultados finales de la evaluación del tratamiento. La elección del número de observaciones que se emparejan con cada individuo tratado tiene también implicaciones en términos de sesgo (que se minimiza al emparejar con una sola observación) frente a precisión (que mejora aumentando el número de observaciones de comparación para cada tratado). Esta elección afecta de alguna manera al método concreto de matching a utilizar. En general, la respuesta a estas cuestiones depende de las características de los datos, y especialmente del grado de solapamiento entre tratados y no tratados de acuerdo con el *propensity score*. Si dicho solapamiento es muy limitado, será difícil conseguir un emparejamiento razonable sin reemplazamiento, y un matching con reemplazamiento sería en tal caso más recomendable. En cualquier caso, el rango para el que puede estimarse el efecto del tratamiento estará siempre sujeto a aquellos valores de los *propensity scores* para los que existan individuos no tratados comparables con los tratados.

II.3.3 Métodos de *propensity score*

Bajo selección en observables, llamamos propensity score a la probabilidad de recibir tratamiento, condicional a ciertas variables observables X tales que, condicionando en ellas, el tratamiento es independiente de los resultados potenciales, es decir,

$$P(X) = \Pr(D = 1 \mid X).$$

Bajo ciertas condiciones (véanse Rosenbaum y Rubin, 1983 y Heckman, Ichimura y Todd, 1997), se puede demostrar que condicionar en el *propensity score* es suficiente para tener independencia entre el indicador del tratamiento y los resultados potenciales. Este resultado sugiere aplicar un procedimiento en dos etapas para estimar los efectos causales bajo selección en observables. En una primera etapa se estima el *propensity score* que caracteriza la probabilidad de participar en el programa, mientras que en una segunda se realiza el matching o la subclasificación en función de los valores del *propensity score.* Una de las principales ventajas de estos métodos es que la comparación de los individuos del grupo de no tratados respecto a los tratados se basa en la distribución conjunta de todas las variables observables, en vez de en la distribución marginal de cada variable observable por separado. Esto evita el riesgo de descartar observaciones del grupo de comparación por el mero hecho de que difieran respecto al grupo de tratados en el valor de una única variable.

Dehejia y Wahba (1999, 2002) muestran las ventajas del *propensity score* para determinar qué individuos del grupo de no tratados son relevantes para comparar con los tratados, permitiendo acometer de forma más sencilla el problema de evaluación. El *propensity score* puede estimarse por medio de un modelo *logit* u otro modelo de elección binaria. Además, el carácter restrictivo vinculado a la necesidad de parametrizar el *propensity score* se resuelve en gran medida gracias a la posibilidad de introducir potencias e interacciones de las variables observables. En este sentido, la sensibilidad de los resultados a la parametrización es mucho menor en el caso del *propensity score* que si optamos por parametrizar la ecuación (2). La especificación del modelo de elección binariadescansa en la independencia entre las variables que afectan al *propensity score* y la asignación o no al tratamiento, de manera que la distribución de dichas variables debe ser la misma para los individuos tratados que para los individuos del grupo de comparación. Así, para determinar la forma funcional en que aparecen las variables en el *propensity score*, se parte de una especificación funcional para las variables (generalmente, la lineal), se estima el modelo de elección binaria, se dividen los valores ajustados del *propensity score* en estratos, y se contrasta si existen diferencias entre los grupos de tratamiento y de control dentro de cada estrato mediante contrastes de igualdad de distribuciones. En caso de no existir diferencias significativas, se acepta la especificación. De lo contrario, se añaden potencias de orden superior en las variables e interacciones entre éstas hasta que no se rechaza que las distribuciones entre ambos grupos son iguales. Una vez determinada la especificación, las observaciones se ordenan en orden ascendente de acuerdo con el valor estimado del *propensity score*, descartándose aquellas observaciones de no tratados con valores estimados del *propensity score* demasiado extremos. Con las observaciones que quedan, se procede a emparejar (con reemplazamiento) a cada individuo tratado con aquel individuo no tratado cuyo valor estimado del *propensity score* esté más próximo, descartándose las observaciones de no tratados que queden sin emparejar.

Por supuesto, como Dehejia y Wahba (1999) mencionan, es posible que la calidad de los datos del grupo de comparación limite enormemente las posibilidades de estimar el efecto del tratamiento. En particular, es posible que sólo unas pocas observaciones del grupo de comparación sean relevantes a pesar de que el tamaño de este grupo sea grande. Además, es posible que algunas variables importantes para determinar la asignación al tratamiento no se observen, en cuyo caso los métodos de *propensity score* no son útiles para estimar el efecto del tratamiento. Sin embargo, incluso en estas situaciones, estos métodos permiten establecer tanto la calidad del grupo de comparación como las posibilidades de estimar el efecto del tratamiento. En este sentido, el *propensity score* estimado puede servir como mínimo como un estadístico descriptivo del grado de coherencia entre el grupo de tratados y el grupo de comparación.

II.3.4 Métodos de regresión

Es posible interpretar la evaluación de políticas cuando existe selección en base a observables en términos de un modelo de regresión. Una regresión de Y sobre D y sobre X tendrá una interpretación causal si el tratamiento es exógeno una vez que se condiciona en las variables X. En este caso, una regresión por Mínimos Cuadrados Ordinarios (MCO) proporciona una buena aproximación a la función de respuesta causal media.

En concreto, si especificamos la esperanza condicional de Y dado D y X como una regresión lineal de Y sobre D, y X la interacción entre ambas, $D \times X$, tenemos

$$E(Y \mid D,X)=\beta D+\gamma X+\delta(D\times X)$$

y

$$E(Y \mid D=1,X)-E(Y \mid D=0,X)=\beta+\delta X$$

Por tanto, parámetros de interés como el efecto medio del tratamiento y el efecto medio seleccionado del tratamiento pueden estimarse sencillamente utilizando la regresión lineal:

$$\alpha_{ATE}=\beta+\delta E(X)$$
$$\alpha_{SATE}=\beta+\delta E(X \mid D=1)$$

Por supuesto, el estimador por MCO proporcionará una información pobre sobre los parámetros de interés en la medida en que la función $E(Y \mid D,X)$ no esté bien aproximada a través de una forma funcional lineal. En ese caso, se podrían estimar $E(Y \mid D=1,X)$ y $E(Y \mid D=0,X)$ mediante técnicas no paramétricas.

II.3.5 Contribuciones empíricas

LaLonde (1986) compara las ganancias de individuos que participan en un programa de formación con las ganancias de individuos no tratados pertenecientes a un grupo experimental de control por un lado y grupos de comparación no experimentales, por otro. El efecto estimado del tratamiento comparando datos experimentales del grupo de tratamiento y del grupo de control es sustancialmente diferente de la estimación de dicho efecto causal cuando el grupo de no tratados no está obtenido a partir de un experimento aleatorizado y utiliza técnicas de matching, entre otras. LaLonde concluye que es indispensable contar con datos de experimentos aleatorizados para identificar apropiadamente el efecto causal del programa de formación. Este resultado negativo acerca de los estudios observacionales es investigado por Dehejia y Wahba (1999), que encuentran enormes diferencias en la distribución de las variables observables del grupo de tratamiento y de los grupos de comparación no experimentales. Además, encuentran que las evaluaciones del programa de formación basadas en el propensity score se asemejan mucho más a las obtenidas con los datos experimentales.

Heckman, Ichimura y Todd (1997) aplican una extensión del método de matching que requiere condiciones más débiles para estimar consistentemente el efecto causal del programa nacional de formación JTPA, mencionado anteriormente, sobre las ganancias. Un aspecto central para resolver el problema de evaluación mediante procedimientos de matching es el *propensity score* $P(X)$. Los autores muestran que, en contra de la propuesta de Ashenfelter y Card (1985) para un programa de formación similar, las variables asociadas a la búsqueda de empleo (fundamentalmente, las historias recientes de empleo y desempleo) son mejores predictores de la participación en programas de formación laboral que variables demográficas (edad, educación, raza) y que la historia previa de ganancias salariales.

II.4 Estudios observacionales II: Estimadores de diferencias-en-diferencias

En la sección anterior, hemos presentado cómo controlar por diferencias observables entre los individuos tratados y no tratados. Sin embargo, en la mayoría de los casos, existen buenas razones para pensar que ambos tipos de individuos también se diferencian en características inobservables que están correlacionadas con los resultados potenciales, incluso una vez que se controla por diferencias en características observables. En ese caso, los individuos tratados y no tratados dejan de ser directamente comparables. Este problema ha sido señalado, entre otros, por Heckman, Ichimura y Todd (1997).

La posible solución a este problema pasa por disponer de datos de la variable de interés antes y después de que el tratamiento se lleve a cabo. De esta forma, podemos comparar los resultados de los individuos tratados una vez recibido el tratamiento con los resultados de estos mismos individuos antes de recibir el tratamiento. El problema de esta comparación es que puede estar contaminada por tendencias temporales en la variable de interés o por el efecto de otro tipo de circunstancias que hayan ocurrido entre ambos periodos. No obstante, si existen individuos no tratados, éstos pueden utilizarse para identificar aquella variación temporal en la variable de interés que no es debida a la exposición al tratamiento. El estimador de diferencias-en-diferencias (DED) se basa en esta idea.

Igual que en las secciones anteriores, se define el efecto causal de un tratamiento en términos de la diferencia entre dos resultados potenciales. Pero ahora tenemos además una dimensión temporal en nuestros datos, por lo que los resultados potenciales también estarán indexados con un indicador de tiempo. Así, el efecto causal del tratamiento para el individuo i en el momento t quedará definido como $Y_{1i}(t)-Y_{0i}(t)$. De nuevo, el problema de identificación es que para cada individuo i y en cada periodo de tiempo t no observamos los dos resultados potenciales, por lo que no se puede calcular la anterior expresión para cada individuo. Por ello trataremos de estimar efectos medios del tratamiento.

El caso ideal para aplicar el método de DED es el que corresponde a una reforma no anticipada (es decir, un experimento natural) que afecta a ciertos subgrupos de la población objeto de estudio pero no al resto de la población. En tal caso, los individuos afectados son el grupo de tratamiento, mientras que el resto de individuos no afectados por la reforma constituyen el grupo de control. En el caso más simple, supongamos que hay dos períodos de tiempo y dos grupos, un grupo 1 de control compuesto por aquellos a los que no afecta el cambio de política y un grupo 0 de tratamiento (o experimental), que contiene a aquellos que sí se ven afectados.

Sean $\overline{Y}_1(0)$ e $\overline{Y}_1(1)$ las medias de Y para el grupo de control en los períodos anterior y posterior a la aplicación del tratamiento, e $\overline{Y}_0(0)$ e $\overline{Y}_0(1)$ los análogos para el grupo de tratamiento.

Si los datos se pudieran generar verdaderamente a partir de un experimento puro, entonces podríamos medir el efecto del tratamiento ignorando el primer período (previo al cambio de política) y comparando a los individuos del grupo de tratamiento con los del grupo de control una vez producido el cambio de política. Es decir, evaluaríamos el efecto del cambio de política calculando la diferencia de medias entre el grupo de tratamiento y el grupo de control después del cambio de política, $(\overline{Y}_0(1)-\overline{Y}_1(1))$. En la práctica, con datos no experimentales, este estimador tiene el problema de que parte de la diferencia entre la media del grupo de tratamiento y la media del grupo de control después del cambio de política puede deberse a diferencias sistemáticas e inobservables entre ambos grupos que no tienen nada que ver con el cambio de política.

Una medida interesante podría ser el efecto del cambio de política sobre el grupo de tratamiento, $(\overline{Y}_0(1)-\overline{Y}_0(0))$. El problema de esta medida es que la media del grupo de tratamiento puede cambiar a lo largo del tiempo (entre ambos períodos) por razones diferentes al cambio exógeno de política económica.

La medida apropiada para capturar el efecto del tratamiento (esto es, del cambio de política económica) consiste en comparar los cambios acaecidos en los grupos de tratamiento y de control, respectivamente, de manera que podamos controlar tanto las diferencias ex ante existentes entre ambos grupos como cambios acaecidos ajenos al cambio de política, es decir, $(\overline{Y}_0(1)-\overline{Y}_0(0))-(\overline{Y}_1(1)-\overline{Y}_1(0))$.

El estimador de DED puede obtenerse también mediante una ecuación de regresión. Consideremos las variables binarias D, que toma el valor 1 si el individuo pertenece al grupo de tratamiento y 0 en otro caso, y S, que toma el valor 1 para el segundo período (después del cambio) y 0 para el primero (antes del cambio). En su versión más simple, la ecuación para analizar el impacto de un cambio de política es

$$Y = \beta_0 + \delta_0 S + \beta_1 D + \delta_1 \, (S \times D) + u,$$

El coeficiente de interés, δ_1, está asociado a la interacción entre ambas variables binarias, D y S (cuyo producto no es más que una nueva variable binaria que es igual a 1 para los elementos del grupo de tratamiento en el segundo período).Es fácil comprobar que el estimador MCO de δ_1 se puede expresar como

$$\hat{\delta}_1 = (\overline{Y}_0(1) - \overline{Y}_0(0)) - (\overline{Y}_1(1) - \overline{Y}_1(0))$$

Por supuesto, para que el estimador DED evalúe consistentemente el efecto del cambio de política, es necesario que dicho cambio de política no esté sistemáticamente relacionado con otros factores inobservables (contenidos en u) que afecten a Y.

II.4.1 Contribuciones empíricas

Ashenfelter y Card (1985) evalúan el programa de formación laboral CETA, desarrollado en EE.UU. en 1976. Al no disponer de datos experimentales de tratados y no tratados, construyen un grupo de comparación y utilizan la información sobre salarios anterior al programa de formación para predecir las historias salariales de los tratados. Con ello, aplican un procedimiento de DED para evaluar el efecto del programa de formación comparando los salarios predichos de los tratados con los salarios observados de los no tratados, antes y después de recibir la formación. Para resolver el problema de no aleatoriedad de los individuos en cada grupo, se aplica un procedimiento en dos etapas en el que se corrige por la probabilidad de recibir formación basada en las historias salariales. Los autores encuentran una escasa robustez de la estimación del efecto causal a cambios en la especificación de la probabilidad de participación en el programa.

Card (1990) analiza el impacto en el mercado laboral de Miami, particularmente en el segmento de baja cualificación, de la entrada masiva de unos 120.000 inmigrantes cubanos en el verano de 1980. Dado el carácter no experimental de los datos, el autor establece una comparación de la evolución del mercado laboral antes y después de dicho suceso en otras cuatro ciudades estadounidenses que presentaban igualmente una proporción grande de negros e hispanos y un patrón de crecimiento económico similar a Miami en el momento del suceso. Los resultados sugieren que el efecto de esta llegada masiva fue relativamente pequeño, lo que puede deberse a que dicha llegada masiva previno la llegada de emigrantes domésticos que hubieran acudido en otro caso.

Card y Krueger (1994) analizan el impacto de un incremento en el salario mínimo legal en New Jersey, para lo que comparan el efecto sobre el empleo en restaurantes de comida rápida utilizando un estimador de DED que compara el empleo de establecimientos de dicha ciudad con el de establecimientos similares en

Pennsylvania antes y después de la reforma. Los resultados principales no muestran un efecto negativo significativo de dicha reforma sobre el empleo.

Meyer, Viscusi y Durbin (1995) evaluaron la importancia de los subsidios por enfermedad (que representan un porcentaje del salario hasta un tope máximo) en el tiempo de baja laboral aprovechando un experimento natural que tuvo lugar en Kentucky (EE.UU.). En julio de 1980, dicho Estado aumentó el tope máximo del subsidio por accidente o enfermedad laboral, lo que afectaba tan sólo a aquellos trabajadores con salarios altos que alcanzaban dicho tope. Este cambio de política disminuyó el coste de oportunidad de estar de baja laboral para los trabajadores de sueldos altos, pero no alteró las condiciones de aquellos cuyos salarios estaban por debajo del tope máximo. Esto permite implementar un estimador de DED para evaluar el efecto del subsidio por enfermedad, en el que además se puede controlar por la posible heterogeneidad individual utilizando características personales, características de la empresa y causas declaradas de la baja. Los principales resultados mostraron que el tiempo de baja para el colectivo de trabajadores con salarios altos aumentó como consecuencia de la reforma, mientras que se mantuvo invariante para los trabajadores de salarios más bajos que no se vieron afectados por la reforma. Puede por tanto concluirse que los subsidios por enfermedad tienen un importante efecto desfavorable en los incentivos de los trabajadores.

II.5 Estudios observacionales III: Variables instrumentales

En muchas ocasiones, los investigadores cuentan con alguna variable instrumental que ayuda a identificar el efecto causal de interés introduciendo selección exógena en el tratamiento. Dicha variable instrumental surge con frecuencia, en este contexto de evaluación de políticas públicas, de la existencia de un experimento natural en la que cierta variable relevante, al ser fijado su valor de forma administrativa, puede considerarse exógena.

En ese caso, los modelos de Variables Instrumentales (VI) proporcionan una estrategia de identificación alternativa. Estos métodos son particularmente adecuados para analizar experimentos sociales, ya que cuando las unidades experimentales son seres humanos, es difícil e incluso éticamente cuestionable realizar experimentos aleatorizados, o incluso forzar a que se cumplan los protocolos o las normas de los experimentos.

La estrategia de identificación en este caso es la siguiente. Supongamos que contamos con datos no experimentales y con información sobre características de los individuos, X, pero que condicionando en dichas características no se cumple la condición de independencia entre los resultados potenciales y el indicador del tratamiento, *D*. Para simplificar, supongamos que tenemos en mente el siguiente modelo estadístico:

$$Y = \alpha + \beta D + \varepsilon$$

Si los datos fueran experimentales o procedieran de un experimento aleatorizado, la estimación por MCO de la anterior ecuación daría lugar a estimaciones consistentes del parámetro β y, por tanto, obtendríamos así el efecto causal del tratamiento. Sin embargo, si existe correlación entre la variable *D* y el término de error ε, o dicho de otra forma, si no se cumple la condición de independencia entre el resultado potencial y el efecto del tratamiento, la estimación por MCO dará lugar a estimaciones sesgadas del parámetro de interés. Una solución a este problema podría ser encontrar otra variable, *Z*, que sí satisface la anterior condición de independencia condicional y, además, está correlacionada con el tratamiento, *D*.

Suponiendo que el efecto causal sea homogéneo, es decir, el mismo para todos los individuos, es posible identificar el efecto del tratamiento como se hace tradicionalmente en modelos con variables explicativas endógenas. El parámetro de interés vendrá dado en la población por la siguiente expresión:

$$\beta = \frac{Cov(Y,Z)}{Cov(D,Z)}$$

y una estimación consistente del mismo vendrá dada por el análogo muestral de la expresión anterior. En el caso en el que sea una variable binaria, se puede computar fácilmente como:

$$\hat{\beta}_{WALD} = \frac{\overline{Y}_1 - \overline{Y}_0}{\overline{D}_1 - \overline{D}_0}$$

donde $\overline{Y}_1$ y $\overline{D}_1$ son las medias de *Y* y *D* para $Z = 1$, mientras que $\overline{Y}_0$ y $\overline{D}_0$ y son las correspondientes medias para $Z = 0$. La expresión anterior se conoce en la literatura como Estimador de Wald.

Si por el contrario el efecto del tratamiento es heterogéneo entre individuos, la disponibilidad de variables instrumentales no es suficiente para identificar el efecto causal. Un supuesto adicional que ayuda a identificar dicho efecto es el supuesto de monotonicidad: cualquier individuo que estuviera dispuesto a ser tratado si fuera asignado al grupo de control, también debería someterse al tratamiento en caso de ser asignado al grupo de tratamiento. Bajo dichas condiciones, se puede identificar el llamado efecto medio local del tratamiento (LATE), que es el efecto medio para aquellos individuos cuyo valor *D* de cambiaría si lo hiciese el valor de *Z* (véase Angrist, 1990).

II.5.1 Contribuciones empíricas

Angrist (1990) evalúa el efecto causal sobre las ganancias salariales de haber prestado el servicio militar en el ejército de los EE.UU. durante la guerra de Vietnam. El problema aquí radica en que el hecho de ser veterano del ejército en dicho periodo es endógeno, al estar potencialmente correlacionado con componentes no observables de la ecuación de salarios, como la capacidad y otros. Sin embargo, es posible cuantificar el efecto causal utilizando como instrumento el suceso exógeno vinculado al alistamiento obligatorio por sorteo. Angrist calcula estimadores de Wald para ajustar las diferencias salariales de acuerdo con el resultado del sorteo debido a que algunos individuos con alistamiento obligatorio por sorteo no acudieron a filas, y a que otros no sujetos a alistamiento obligatorio se alistaron voluntariamente. Los resultados sugieren que el salario de los veteranos es en promedio un 15% menor que el de los no veteranos.

Angrist y Lavy (1999) evalúan el efecto causal del número de alumnos por clase en el rendimiento escolar en los colegios públicos de Israel. Para identificar dicho efecto, aplican un procedimiento de variables instrumentales utilizando las reglas administrativas exógenas que determinan el número máximo de alumnos en los centros. Los resultados indican que la reducción del número de alumnos por clase tiene un efecto sustancial en el rendimiento.

Edin, Fredriksson y Åslund (2003) proporcionan una interesante contribución acerca del efecto causal sobre las ganancias de los inmigrantes en Suecia del hecho de que vivan concentrados en enclaves étnicos. Un cambio en la política de inmigración sueca para solicitantes de asilo, que pasó a determinar exógenamente la asignación del lugar de residencia inicial de estos inmigrantes, proporciona un experimento natural. Dicho experimento natural permite utilizar la residencia asignada por parte de las autoridades como instrumento para resolver el problema de endogeneidad que supone la elección residencial de los individuos (que en un 48% cambian luego de residencia). Al utilizar la asignación administrativa del lugar de residencia para controlar por la endogeneidad de la elección residencial observada, se encuentra que la concentración étnica aumenta las ganancias de los inmigrantes menos cualificados alrededor de un 13%.

II.6 Otros enfoques

II.6.1 Efectos del tratamiento sobre distribuciones

Aunque la mayoría de los estudios existentes se centran en estimar diferencias en resultados medios, muchos investigadores se han interesado también en estudiar métodos para estimar el efecto de un tratamiento sobre toda la distribución de resultados. Estimar dichos efectos sobre distribuciones es relativamente sencillo utilizando datos experimentales, ya que únicamente se necesita comparar las distribuciones de los resultados potenciales. Para estimar efectos sobre toda la distribución cuando se dispone de datos observacionales se pueden utilizar métodos de variables instrumentales.

En cualquier caso, es posible estudiar los efectos del tratamiento sobre diferentes cuantiles de la distribución del resultado de interés utilizando técnicas de regresión sobre cuantiles (véase Koenker y Bassett, 1978). Supongamos que el cuantil de la distribución de dado y un conjunto de variables es lineal:

$$Q_\theta(Y \mid D,X)=\alpha_\theta \cdot D+X\beta_\theta$$

Cuando el tratamiento es aleatorizado o hay selección en base a observables, es el efecto del tratamiento sobre el cuantil También es posible adaptar el modelo de regresión cuantílica al caso de variables instrumentales (véase Abadie, Angrist and Imbens, 1999).

II.6.2 Modelos de regresión discontinua

En algunas ocasiones, la asignación al tratamiento se determina de acuerdo con que las características del individuo excedan o no un cierto valor. Por ejemplo, la concesión de becas a estudiantes se suele hacer utilizando información sobre calificaciones previas de los mismos, que obviamente están correlacionadas con el resultado de interés (que pueden ser las calificaciones futuras). Por ello, de nuevo la simple comparación de resultados entre individuos tratados y no tratados no permite identificar adecuadamente los efectos causales del tratamiento. Sin embargo, si la correlación entre este tipo de variable y el resultado de interés es suave, se puede utilizar la discontinuidad creada por el tratamiento en el punto de corte para estimar el efecto del tratamiento en el resultado.

Consideremos el siguiente ejemplo. Supongamos que el tratamiento, D, consiste en la concesión de una beca en el momento de la admisión a la universidad siempre que la nota media de selectividad, X, esté por encima de cierto valor, Nuestro interés se centra en estudiar el efecto de dichas becas sobre las calificaciones obtenidas en la carrera. Sean Y_1 e Y_0 las calificaciones potenciales si el individuo recibe y no recibe la beca, respectivamente. Como siempre, no observamos ambos resultados potenciales para ambos individuos, sino que únicamente se observa el resultado Y, que es igual a Y_1 en caso de haber recibido beca, e igual a Y_0 en caso contrario. Por supuesto, ambos resultados potenciales, Y_1 e Y_0 están correlacionados con X: en media, los estudiantes con mejores calificaciones en selectividad, son también los que obtienen mejores resultados en la universidad.

Para simplificar, supongamos que la media de Y_0 dado X es lineal:

$$E(Y_0 \mid X) = \mu + \beta X$$

Asimismo, supongamos que el efecto medio del tratamiento no depende de X:

$$E(Y_1 - Y_0 \mid X) = \alpha$$

Por tanto, tendremos que:

$$E(Y_1 \mid X) = \alpha + E(Y_0 \mid X) = \alpha + \mu + \beta X$$

Puesto que D está determinado dado X (ya que será igual a 1 siempre que X sea mayor que $\overline{X}$ y será igual a 0 en caso contrario), tendremos que

$$\begin{aligned} E(Y \mid X, D) &= D \cdot E(Y_1 \mid X) + (1-D) \cdot E(Y_0 \mid X) \\ &= \mu + \alpha D + \beta X \\ &= (\mu + \beta \overline{X}) + \alpha D + \beta (X - \overline{X}). \end{aligned}$$

Por tanto, para estimar el efecto del tratamiento α, bastaría con regresar Y sobre D y sobre X, siendo el efecto de interés el coeficiente α asociado a D. De forma equivalente, de acuerdo con la última línea de la expresión anterior, podríamos regresar Y sobre D y sobre y $\overline{X}$ y $X - \overline{X}$.

II.6.3 Cotas no paramétricas

En caso de que no sea posible aplicar ninguno de los métodos anteriores, aún es posible obtener algún tipo de efecto causal de un tratamiento siempre que la variable de interés esté acotada, es decir, cuando tenga un límite superior e inferior. En ese caso, es posible también poner cotas al efecto del tratamiento.

Por ejemplo, supongamos que la variable dependiente de interés es binaria, y por tanto su cota inferior es 0 y su cota superior es 1. En este caso, sabemos que el efecto medio del tratamiento estará entre cero y uno, por lo que será posible estimar las cotas. No obstante, el problema con las cotas es que en muchas ocasiones son demasiado anchas y, por tanto, poco informativas (aunque siempre es posible hacer algún tipo de supuesto para reducir los intervalos).

II.6.4 Enfoque estructural

Frente a la literatura descrita de efectos de tratamiento, centrada en la idea de comparar un grupo de tratamiento y un grupo de control, el enfoque estructural se centra en la formulación de un modelo de comportamiento económico, de manera que los parámetros estructurales de dicho modelo son primitivas de las funciones de comportamiento de los agentes económicos implicados (véase Heckman y Vytlacil, 2005). Para poder evaluar el impacto de políticas públicas en el marco de modelos estructurales, es necesario recurrir a supuestos de exogeneidad y de invarianza ante cambios de política de determinados parámetros estructurales, de manera que los experimentos contra factuales que pueden realizarse sean inmunes a la llamada "crítica de Lucas".

La estrategia de evaluación de cambios de política se basa en simular el efecto sobre la función de comportamiento formulada ante cambios exógenos en ciertos parámetros cuyos valores dependen del contexto institucional en el que los agentes toman sus decisiones. El gran atractivo de estos modelos, que consiste en que los parámetros tienen interpretación económica clara, bien como parámetros de las funciones de comportamiento de los agentes, bien como parámetros que determinan el marco institucional relevante. Sin embargo, éste es también su aspecto más criticable, en la medida en que su validez está sujeta al cumplimiento de las hipótesis de formas funcionales, exogeneidad, e invarianza ante cambios de política. Asimismo, la identificación de los parámetros de estos modelos requiere generalmente supuestos muy restrictivos.

II.6.5 Contribuciones empíricas

Uno de los primeros trabajos que basan la estrategia de identificación y estimación del efecto causal en el diseño de regresión discontinua es Angrist y Krueger (1991). A la hora de evaluar el rendimiento de los años completados de educación sobre las ganancias laborales, debe tenerse en cuenta la potencial endogeneidad de la educación debido a la omisión de variables correlacionadas con la educación, como la capacidad, , así como el hecho de que en general no existen características observadas del individuo que sean instrumentos válidos. Sin embargo, existe una regla en la mayoría de los países, asociada a la edad de escolaridad obligatoria. En particular, las leyes educativas en EE.UU. exigen permanecer en la escuela hasta cumplir una determinada edad (16 ó 17 años, dependiendo del Estado). La regla asociada a estas leyes permite explotar un experimento natural para estimar el impacto de la educación obligatoria, basándose en que aquellos nacidos en los primeros meses del año empiezan su escolarización a mayor edad que los nacidos en los últimos meses. Por ello, para aquellos que desean abandonar la escuela cuando alcanzan la edad límite de escolaridad obligatoria, los nacidos en el primer trimestre del año tendrán menos estudios que los nacidos en el último trimestre del año. Por tanto, es posible estimar el efecto causal de la educación obligatoria o, en otras palabras, si aquellos que se ven obligados a permanecer más tiempo en la escuela a consecuencia de la escolarización obligatoria ganan más debido a su mayor nivel de educación. Los estimadores basados en el trimestre de nacimiento muestran un efecto de la educación ligeramente mayor que los estimadores MCO convencionales.

Van der Klaauw (2002) evalúa el efecto de las ayudas de estudio concedidas por los centros universitarios en la elección de centro por parte de los estudiantes utilizando datos de solicitudes y admisiones de un centro universitario de EE.UU. Es evidente que la política de ayuda financiera está positivamente relacionada con el curriculum del estudiante. Además, hay información que no es observable para el centro, como las alternativas efectivamente disponibles para el estudiante (tanto en otros centros universitarios como en el mercado de trabajo). Sin embargo, es posible hacer uso de la regla de pre-clasificación para asignar ayudas de estudio que aplica el centro, que establece niveles de ayuda (y por tanto, discontinuidades en la regla de determinación de becas) en función de la calificación obtenida en pruebas estándar de conocimientos. Los resultados basados en regresión discontinua muestran que la política de ayudas ofrecidas por el centro universitario es un instrumento efectivo para captar mejores estudiantes por los que compiten con otros centros.

La estrategia de Angrist y Lavy (1999), que utilizan un procedimiento de variables instrumentales basado en la regla exógena asociada al máximo número de alumnos por centro, está basado de hecho en el diseño de regresión discontinua. Dicha regla induce una discontinuidad en las reglas de asignación de tamaño de las clases. En concreto, en cualquier colegio público, ninguna clase de un determinado curso puede tener más de 40 alumnos. Ello supone por ejemplo que si en un colegio un curso tiene 41 alumnos, habría que crear dos clases, con un tamaño medio de 20.5 alumnos. En el caso de un colegio con un curso de 80 alumnos, habría dos clases, pero si el número de alumnos pasara a ser 81, habría tres clases con un promedio de 27 alumnos. Por tanto, la regla de tamaño genera una discontinuidad que genera enormes variaciones en el promedio de alumnos por clase. Por tanto, para evaluar el efecto sobre el rendimiento académico del tamaño de la clase, la regla de tamaño puede usarse como instrumento.

En relación con la estrategia de establecer cotas no paramétricas, Manski (1995) trata de acotar el efecto de tener una estructura familiar estable sobre la obtención del título de bachillerato entre estudiantes. En este caso, sería un indicador de graduación en el instituto, y sería un indicador de vivir en una familia donde el padre y la madre estaban presentes cuando el individuo tenía 14 años.

Hotz, Mullin y Sanders (1997) estudian las perspectivas relativas de futuras adolescentes que se quedan embarazadas. Dada la evidente endogeneidad (respecto a las variables asociadas a las perspectivas futuras) del suceso de que la adolescente esté embarazada, es necesario contar con un instrumento adecuado. Los autores proponen el aborto por causas naturales como instrumento, pero encuentran que dicha variable no es exógena en todos los casos y es por tanto un instrumento contaminado. La razón es que malos hábitos de salud como fumar y beber aumentan significativamente el riesgo. Esto supone que los abortos por causas naturales pueden clasificarse como no aleatorios (asociados a malos hábitos) o aleatorios. Para este último caso, es posible explotar la exogeneidad del instrumento y establecer cotas al efecto causal. El precio que se paga al recurrir a cotas es la pérdida de precisión, que se refleja en la falta de evidencia concluyente acerca del efecto del embarazo sobre la obtención del grado de secundaria. Sin embargo, un resultado robusto es que las adolescentes embarazadas tienden a trabajar en promedio más horas y obtienen mayores ganancias en su primera edad adulta, si bien en algunos casos los resultados no están en contradicción con los estimadores convencionales de mínimos cuadrados y de variables instrumentales.

Entre las aplicaciones del enfoque estructural, cabe citar algunas contribuciones para evaluar el efecto del impuesto negativo sobre la renta (NIT). Aunque los datos con que se evalúa el efecto del NIT son datos experimentales, el enfoque estructural viene motivado en este contexto por varias razones. En primer lugar, la diferencia de medias entre tratados y no tratados no puede extrapolarse a una población diferente (que por ejemplo, tenga una distribución de la renta distinta y una proporción de familias por debajo de la línea de pobreza diferente) o a programas de NIT alternativos con distintos tipos impositivos y subsidios. En segundo lugar, como ocurre en la mayoría de los experimentos, pero muy especialmente en este caso, es posible que algunos individuos tratados y no tratados se beneficien simultáneamente de otros programas públicos, lo que puede contaminar la evaluación del programa, particularmente si ésta se basa en una comparación de medias entre tratados y no tratados. En tercer lugar, la variable respuesta de interés (oferta de trabajo) está potencialmente sujeta a censura o truncamiento por razones de restricciones mínimas y máximas en las horas de jornada laboral, de manera que la oferta de trabajo efectiva puede diferir de la oferta de trabajo ideal en ausencia de dichas restricciones. La idea principal es partir de un modelo de oferta de trabajo microfundamentado en el que las horas trabajadas son función del salario neto de impuestos y de otras rentas no salariales. No obstante, Burtless y Hausman (1978) señalan que dicho salario neto tiene un carácter no lineal, inducido por el hecho de que el salario después de impuestos depende de la oferta de horas trabajadas (y es por tanto endógeno). Por ello, la decisión de oferta de trabajo depende de todo el conjunto presupuestario a que se enfrenta el individuo, que se caracteriza por segmentos lineales con diversos puntos de esquina, y que es no convexo para familias sometidas al experimento.

Burtless y Hausman (1978) modelizan el conjunto presupuestario completo para cada individuo y, con objeto de imponer las mínimas restricciones sobre las elasticidades de oferta de trabajo, se apoyan en la teoría de la dualidad, que permite relacionar la oferta de horas con la función de utilidad indirecta subyacente sin necesidad de especificar la función de utilidad a priori. Para ello, necesitan especificar una función de oferta de trabajo suficientemente general e imponer las condiciones de Slutsky. Hecho esto, es posible recuperar los parámetros de la función de utilidad indirecta y por tanto disponer del mapa de preferencias del individuo con objeto de simular el efecto de programas alternativos dado dicho mapa de preferencias. Dichas simulaciones se basan en la invarianza de las preferencias ante cambios en las características del programa del NIT. Por otro lado, los autores deben tratar el hecho de que para individuos con valores idénticos de todas las variables observables se observa una oferta de trabajo diferente. Para reflejar estas diferencias, los autores deben introducir términos inobservables justificados por dos aspectos. En primer lugar, la posible desviación entre horas de trabajo deseadas y observadas puede deberse a errores de medida y, sobre todo, a variaciones inesperadas en las horas trabajadas por diversas razones (despidos involuntarios, horas extraordinarias o reducción de jornada forzosas, etc.). En segundo lugar, por diferencias en las preferencias que no vienen reflejadas por las variables observables, para lo que se permite un término constante distinto para cada individuo. Los resultados principales sugieren una elasticidad de las horas trabajadas respecto al salario neto insignificante (de manera que cambios marginales en el tipo del NIT no tienen efecto) y una elasticidad renta de las horas trabajadas de un 5% (de manera que la cuantía del subsidio sí tiene efecto). Moffitt (1979) aplica un modelo más sencillo a los mismos datos, abordando de manera diferente la no linealidad del conjunto presupuestario, utilizando el tipo medio relevante para cada individuo en vez del tipo marginal (no lineal), y obteniendo resultados similares.

II.7 Análisis coste-beneficio

Con independencia de los datos disponibles, y por tanto del procedimiento empleado para identificar el efecto causal, el análisis coste-beneficio tiene una gran importancia para los expertos de política económica. En concreto, los resultados del análisis deben contribuir a dilucidar si la política económica aplicada es útil o debe cambiarse. En este último caso, los resultados pueden sugerir diseños alternativos para nuevos programas. No obstante, el hecho de que el efecto causal sea positivo es una condición necesaria pero no suficiente para que un determinado programa sea recomendable.

Además de ello, un aspecto primordial para el experto en política económica es la rentabilidad social del programa. Generalmente, los resultados asociados al efecto causal proporcionan los beneficios (que pueden medirse a corto plazo y proyectarse a un más largo plazo), que idealmente deben confrontarse a los costes para concluir en qué medida el programa es socialmente rentable. Una de las primeras tareas es considerar el efecto causal neto, es decir, excluyendo todo aquel beneficio para los tratados, como los subsidios, que sea un coste para el resto de la sociedad.

En todo caso, no siempre es fácil evaluar los costes totales ni los beneficios totales de un determinado programa. Dicha tarea requiere a menudo supuestos muy fuertes y por ello discutibles. En consecuencia, no son muchos los trabajos que, además de medir el efecto causal, evalúan los beneficios netos de un determinado programa. A continuación nos centraremos en algunos de los escasos trabajos empíricos antes citados que evalúan dichos beneficios netos.

En el caso de Bloom y otros (1997), el coste del programa por individuo viene dado por el coste unitario de los servicios de formación ofrecidos. Además, se concluía que el principal beneficio esperado del programa de formación JTPA era un aumento de las ganancias de los tratados, si bien sólo el aumento salarial neto de subsidios es socialmente relevante. Sin embargo, la disponibilidad de datos se reduce a 30 meses, y por ello es difícil extrapolar el impacto posterior del programa en las ganancias. Los autores toman una posición conservadora, consistente en ver si el beneficio neto al final de los 30 meses de finalizada la formación es o no positivo (lo que sería una cota inferior al beneficio neto del programa). La conclusión es que dicho beneficio neto es positivo, aunque modesto para los adultos (lo que justificaría la continuidad del programa), pero negativo para jóvenes (lo que justificaría eliminar el programa para este colectivo o sustituirlo por otro alternativo).

En el caso de Krueger (1999) para evaluar el aumento de los recursos educativos conducentes a reducir el número de alumnos por clase en los cuatro primeros años de escolarización, el autor hipotetiza acerca de reducir el número de alumnos por clase en un tercio. El incremento de costes asociado es fácilmente medible, siendo aproximadamente de 7400 dólares por año. Sin embargo, es mucho más difícil cuantificar los beneficios. El autor hace el supuesto discutible de que la ganancia en el rendimiento académico se mantiene constante en el futuro y por tanto puede estimarse el efecto potencial sobre las ganancias futuras, de manera que para una tasa de descuento anual del 3%, los beneficios de dicha política serían de 9.603 dólares para los hombres y 7.851 para las mujeres, lo que supone un beneficio neto positivo.

El marco del enfoque estructural permite evaluar los efectos sobre el bienestar de una determinada política (o de una reforma de política económica) en el marco de modelos de equilibrio parcial o de equilibrio general. Obviamente, la validez del resultado del análisis está sujeta, como se ha mencionado anteriormente, a la validez de los supuestos del modelo estructural.

III Metodología para el diseño e implementación de estudios de evaluación de políticas sociales

Nuria Rodríguez Planas
Universidad Autónoma (Barcelona)

III.1 Introducción

Dadas las crecientes limitaciones en la disponibilidad de recursos públicos, y las tendencias a reconsiderar la eficiencia del gasto público en cuestiones sociales, es cada vez más importante una distribución más efectiva y eficiente de dichos recursos. Ahora bien, para mejorar las políticas públicas y su eficiencia es necesario analizar previamente los efectos de dichas políticas. Países anglosajones (EEUU, Canadá ó Inglaterra) y nórdicos (Suecia ó Dinamarca) han iniciado ya este proceso. Es sin duda este asunto uno de los que en el futuro inmediato demanda una mayor atención tanto en el conjunto del Estado español como en cada una de sus comunidades autónomas.

El objetivo de este capítulo es ofrecer recomendaciones técnicas para el establecimiento de un sistema de base de datos que puedan ser utilizadas para evaluar políticas públicas. Con ese fin, en este capítulo se establece qué tipo de datos se necesitan para dicha evaluación. Más en concreto, se discuten los problemas metodológicos más frecuentes y se presenta un plan de análisis para la evaluación de un programa público.

El apartado 'Problemas metodológicos frecuentes' presenta los retos más frecuentes con los que se enfrenta el investigador en cuatro momentos claves de la evaluación. Primero, se discuten los retos del investigador durante el desarrollo del diseño del estudio. Aquí se trata de algunos de los factores que determinarán la elección de la metodología adecuada para evaluar la efectividad de un programa. En segundo lugar, se presentan los retos del investigador durante la recogida y sistematización de los datos cualitativos. En la tercera sección de este apartado, se dan tres ejemplos prácticos que ponen en evidencia las dificultades con las que se encuentran los evaluadores en el momento de medir los resultados. Y finalmente, en la sección cuarta de este apartado, se habla de las necesidades para realizar el análisis coste-beneficio.

Las tres primeras secciones del apartado 'Plan de análisis para la evaluación de un programa, política o servicio público' desarrollan un marco conceptual que sirve de base para la evaluación de un programa público y que establece las preguntas clave de la evaluación. Las últimas cinco secciones de este apartado describen en detalle objetivos y procedimientos para llevar a cabo la evaluación: Primero, se procede a presentar en detalle cómo se realizará el estudio de implementación del programa público. Segundo, se habla de los datos necesarios para el análisis cualitativo o de proceso y de los distintos procesos para recoger dichos datos. Tercero, se explica en detalle el proceso de selección de los miembros del grupo de tratamiento y de comparación, y el proceso de emparejamiento cuando se utiliza la metodología del "*propensity score*". Esta sección también discute los datos necesarios tanto para la selección como para el emparejamiento de las observaciones. El apartado concluye presentando el tipo de datos administrativos y de encuestas que se necesitan para la evaluación de programas públicos.

III.2 PROBLEMAS METODOLÓGICOS FRECUENTES

III.2.1 Desarrollo del diseño del estudio

El mayor problema del investigador en las evaluaciones de programas y políticas públicas es la identificación del evento contrafactual, es decir: ¿Cómo estimar qué hubiese sucedido a los individuos que han participado en el programa si éste no hubiese existido?

Como ya se ha explicado en el capítulo anterior, la metodología más rigurosa consiste en realizar un experimento en el cual se asignan aleatoriamente los individuos que presentan su solicitud a un programa al grupo de tratamiento y al grupo de control. Los miembros del grupo de tratamiento participan en el programa y reciben sus servicios, a su vez los miembros del grupo de control no participan en el programa y no tienen acceso a los servicios de dicho programa. Lo que les sucede a los individuos del grupo de control representa por lo tanto lo que hubiese sucedido a los participantes del programa si éste no hubiese existido. Comparando los resultados de los individuos de ambos grupos se estima el impacto del programa.

Si bien la asignación aleatoria de los individuos a un grupo de tratamiento y a un grupo de control es la mejor técnica de evaluación, su implementación no esta exenta de dificultades. A continuación se presentan tres de los retos de implementación más frecuentes de los experimentos aleatorios:

1. ***Complicidad de los administradores del programa para una correcta implementación de la evaluación.*** Es crucial que los administradores del programa entiendan el valor de la asignación aleatoria de los individuos al grupo de tratamiento y al grupo de control y la importancia de no servir a los miembros del grupo de control. Sin su colaboración y complicidad, la correcta implementación de la evaluación es prácticamente imposible lo que conlleva a sesgos en los resultados de la evaluación.

2. ***Elección adecuada del momento en que debe realizarse la asignación aleatoria.*** También es importante que se identifique el momento adecuado para realizar la asignación aleatoria de los individuos al grupo de tratamiento y al grupo de control. Si la asignación aleatoria se realiza demasiado pronto, los candidatos podrían desaparecer antes de que se implemente el programa. En cambio, si la asignación aleatoria se realiza después de que los candidatos se hayan comprometido a participar, podría ser éticamente delicado negarles los servicios de dicho programa.

3. ***Correcta interpretación del evento contrafactual.*** Otro elemento clave es que se entienda cual es el evento contrafactual a fin de que los efectos estimados del programa puedan ser correctamente interpretados. Por ejemplo, la ausencia de efectos puede ser debido a que el programa carece de efectos o bien, a que el grupo de control ha tenido acceso a servicios similares a los que recibe el grupo de tratamiento, invalidando por lo tanto, el experimento aleatorio.

Cabe añadir que la implementación del diseño experimental no siempre es factible o adecuada. Por ejemplo, los experimentos aleatorios no son una metodología factible cuando el programa es un derecho (como el subsidio de paro), la participación en el programa social es obligatoria, o el programa se implementa en toda una comunidad. Otras veces, esta metodología es políticamente inviable, o bien los administradores del programa consideran que esta metodología no es la apropiada.

Cuando la implementación del diseño experimental no es factible, el reto consiste en encontrar un grupo de comparación cuyos individuos se parezcan lo más posible a los participantes del programa antes de participar en este. Una metodología frecuentemente utilizada para identificar un grupo de comparación adecuado consiste en el "matching". Como ya se ha explicado en el capítulo anterior, esta metodología consiste en seleccionar un grupo de comparación que se parezca al grupo de participantes en un abanico de características, pero que no hayan participado en el programa. Otros métodos factibles para la evaluación de programas cuando los experimentos aleatorios no son viables incluyen modelos de regresión, estimadores de diferencias en diferencias, variables instrumentales y otros enfoques explicados en el capítulo II.

Además de escoger la metodología adecuada para evaluar la efectividad de un programa, es necesario asegurarse de que el diseño de la muestra permita contestar las preguntas que nos incumben. Por ejemplo, los diseños de la muestra deben ser consistentes con la metodología utilizada, así como con la situación cultural e institucional del programa. También es importante que la muestra sea representativa de la población de interés, y que incluya sobre-ponderación de determinados subgrupos cuando haya un interés particular en evaluar el efecto del programa para estos subgrupos.

III.2.2 Recogida de datos cualitativos y sistematización de dicha información

El análisis cualitativo o de proceso es un elemento importante de los estudios de evaluación de la efectividad de los programas y políticas públicas ya que recoge la información necesaria que permitirá una interpretación correcta de los resultados del análisis cuantitativo. El análisis cualitativo o de proceso tiene las funciones siguientes:

- Documentar si la implementación del programa se ha realizando de la manera inicialmente planeada
- Informar sobre aquellos elementos de la implementación que han funcionado y aquellos que no han funcionado
- Proporcionar sugerencias para mejorar el proceso de implementación del programa
- Establecer pautas para replicaciones futuras de la implementación del programa en otras zonas o a mayor escala
- Facilitar la comprensión de los resultados cuantitativos estimados

- Entender las servicios que los individuos del grupo de comparación han recibido realmente
- En los casos en que se observan divergencias en los efectos del programa por subgrupos —por ejemplo, por localización física de los proveedores del programa, determinar las posibles causas de dicha variación
- Ofrecer sugerencias para el desarrollo futuro de políticas y programas sociales

En resumen, el análisis cualitativo es un elemento clave para dar credibilidad a los resultados cuantitativos y establecer hasta qué punto los "*policymakers*" y los ciudadanos pueden confiar en los resultados cuantitativos de la evaluación.

Entre los instrumentos para realizar análisis cualitativo se incluyen: observaciones del funcionamiento del programa, encuestas con los gerentes del programa y con el personal del programa, entrevistas con los principales agentes sociales en las distintas comunidades, estudio de los expedientes de los distintos casos, y grupos de focalización con los participantes y personal del programa.

Los tres mayores retos del análisis cualitativo son:

1 ***Obtener información objetiva, no sesgada y de origen variado.*** Para ello es importante que los investigadores que realizan el estudio cualitativo trabajen conjuntamente con los demás investigadores de la evaluación para identificar aquellos factores que puedan dificultar o facilitar la implementación efectiva y eficiente de los programas.
2 ***Asegurarse de que la calidad de la información sea fidedigna y válida.*** Para ello es importante que los investigadores que realizan el estudio cualitativo trabajen en equipo y garanticen un enfoque consistente a través de las entrevistas y demás instrumentos de análisis cualitativo utilizados. Además de recoger información de fuentes variadas, es importante que utilicen la triangulación cómo método para validar los resultados. Este método consiste en utilizar distintas metodologías para verificar la consistencia de los resultados. Por ejemplo, se trata de contrastar los resultados de las entrevistas realizadas durante las visitas a las oficinas locales, de los estudios de casos realizados durante las visitas a las oficinas locales, y del análisis de los datos administrativos recogidos durante las visitas locales y de las encuestas locales, con el fin de verificar su consistencia y validar los resultados finales del estudio. La existencia de inconsistencias pondrá de relieve problemas de diseño o de implementación del estudio.

3 ***Sintetizar los resultados de forma clara y esquemática.*** Para ello es importante que los investigadores que realizan el estudio cualitativo resuman los resultados de las entrevistas y grupos de focalización con la mayor brevedad para evitar olvidar detalles de las visitas e identificar ambigüedades que deban clarificarse.

III.2.3 Medir los resultados

Una de las grandes dificultades de las evaluaciones de programas y políticas públicas es como medir los resultados de interés. Una vez identificadas las variables de interés, debe decidirse como medir dichas variables. En esta sección, presentaremos tres ejemplos que ponen en evidencia las dificultades con que se encuentran los evaluadores en el momento de medir los resultados.

III.2.3 (i) Medir la calidad del cuidado infantil

Varios estudios encuentran que el buen cuidado infantil mejora el bienestar de los niños y las niñas que lo reciben, y les prepara para un mejor rendimiento escolar. Ahora bien, medir la calidad del cuidado infantil no es nada fácil. La primera dificultad surge de la gran variedad de opciones en el cuidado infantil. Por ejemplo, los servicios que ofrecen las guarderías son difíciles de comparar con el cuidado infantil que reciben los niños cuando es un familiar o una niñera que se ocupa de ellos. Esto dificulta en gran manera la comparación de los servicios prestados por los distintos proveedores del cuidado infantil.

Otra dificultad consiste en como seleccionar una muestra representativa de proveedores del cuidado infantil. Una opción sería seleccionar una muestra representativa de padres y madres y preguntarles por el tipo de cuidado infantil que reciben sus hijos. Mientras que otra opción consistiría en seleccionar una muestra representativa de aquellos proveedores que sirven mayoritariamente a la población de interés. La opción más frecuentemente utilizada en los Estados Unidos es la primera ya que permite obtener información sobre la gran variedad de alternativas en el cuidado infantil. Ahora bien, esta opción no está exenta de problemas ya que a menudo los familiares o vecinos que cuidan a los niños se niegan a realizar las entrevistas, o no se consideran proveedores. La opción de entrevistar aquellos proveedores que sirven mayoritariamente a la población de interés también presenta problemas ya que no incluye familiares que se ocupan del cuidado infantil.

Investigadores de la Universidad de Carolina del Norte, EE.UU., han desarrollado en los *Revised Early Childhood Environmental Rating Scales* (ECERS-R) unos indicadores para medir la interacción entre el niño y su cuidador, y el niño y los demás niños, la disciplina, el currículum y la salud. En Inglaterra, se ha desarrollado una metodología similar, la ECERS-E, que complementa la ECERS-R y que se adapta al *Foundation Stage Curriculum.*

La ECERS-R es una escala de calificación del ambiente de la infancia temprana que consta de 43 elementos organizados en siete categorías: espacio y mobiliario, práctica diaria de cuidado personal, lenguaje y entendimiento, actividades, interacciones, programas estructurados, y padres y personal del cuidado infantil. Dicha escala especifica como calificar cada uno de los distintos elementos incluidos en las siete categorías mencionadas. Dicha calificación es sensible a las diferencias culturales y étnicas. El Cuadro I presenta los 43 elementos organizados en las siete categorías.

Cuadro I

Escala de calificación del ambiente de la infancia temprana (ECERS-R)

Espacio y mobiliario	
1.	Espacio interior
2.	Mobiliario para la práctica diaria del cuidado personal, el juego y el aprendizaje
3.	Mobiliario para el reposo y el confort
4.	Disposición del mobiliario para jugar
5.	Disposición del espacio para la privacidad
6.	Adornos infantiles
7.	Espacio para el juego
8.	Juegos
Práctica diaria de cuidado personal	
9.	Recibimiento y despedida
10.	Comidas y tentempiés
11.	Siestas y reposo
12.	Higiene personal
13.	Salud
14	Seguridad

Lenguaje y entendimiento	
15.	Libros y fotos
16.	Comunicación
17.	Utilización del lenguaje para el desarrollo del entendimiento
18.	Utilización informal del lenguaje
Actividades	
19.	Actividades motrices
20.	Arte
21.	Música y movimiento
22.	Bloques
23.	Agua y arena
24.	Teatro
25.	Ciencias naturales
26.	Números y matemáticas
27.	Utilización del televisor, video, y ordenadores
28.	Promoción de la aceptación de la diversidad
Interacciones	
29.	Supervisión de las actividades motrices
30.	Supervisión general de los niños y niñas
31.	Disciplina
32.	Interacciones entre el niño y el personal de cuidado infantil
33.	Interacciones entre los niños y niñas
Programas estructurados	
34.	Horario
35.	Recreo
36.	Actividades de grupo
37,	Provisiones para niños y niñas con discapacidad
Padres y personal del cuidado infantil	
38.	Consideración de los padres
39.	Consideración de las necesidades del personal del cuidado infantil
40.	Consideración de las necesidades profesionales del personal del cuidado infantil
41.	Interacciones y cooperación con el personal del cuidado infantil
42.	Supervisión y evaluación del personal del cuidado infantil
43.	Oportunidades para el desarrollo profesional

III.2.3 (ii) Medir el bienestar de los menores

Al medir el bienestar de los menores, los investigadores se encuentran con dos tipos de problemas: construir buenas medidas que sean relativamente fáciles de obtener y que permitan identificar los cambios en el bienestar de los menores, y construir medidas que permitan analizar la relación entre el bienestar de los menores y los efectos sobre los mismos a más largo plazo, por ejemplo, su incorporación en el mundo laboral.

Las medidas del bienestar de los menores tienen que adaptarse a la edad del menor, y ser comparables a medida que el menor crece. También deben tener en consideración las diferencias étnicas y culturales existentes en las distintas poblaciones. Otra dificultad que se presenta a la hora de medir el bienestar de los menores es la sensibilidad de estas medidas al modo en que se recogen los datos. Por ejemplo, un modo de recoger los datos es mediante informes de los padres y las madres. Ahora bien, si bien estos informes son relativamente fáciles de obtener, no acostumbran a tener la rigurosidad de las valoraciones y entrevistas realizadas directamente en los hogares. Para realizar estas valoraciones y entrevistas, los investigadores deben visitar las familias varias veces con lo que pueden encontrarse que el menor esté enfermo, cansado, o fuera de casa. Esto encarece la recogida de datos, y generalmente conlleva a una mayor falta de respuesta.

En los estudios longitudinales, la recogida de medidas del bienestar de los menores se complica, sobretodo entre los grupos de la población más necesitada, como por ejemplo, hogares de renta baja, inmigrantes, y familias monoparentales. En estos grupos de población, las circunstancias familiares cambian con más frecuencia y la persona que cuida primordialmente al menor puede variar en cada encuesta. Además, estos grupos acostumbran a cambiar de residencia con más frecuencia lo que dificulta su localización, ocasionando posibles sesgos en los resultados de las evaluaciones.

III.2.3 (iii) Medir los resultados a largo plazo

Muy frecuentemente, las evaluaciones de políticas públicas se realizan a corto plazo. Ahora bien, estos análisis no permiten conocer los impactos de dichas políticas a medio y largo plazo, los cuales pueden ser de mayor relevancia para la sociedad y la política social. Por ejemplo, los programas de formación profesional tienden a tener un efecto negativo en los salarios en el corto plazo debido a que, durante este periodo, los participantes están recibiendo formación y todavía no se han incorporado al mercado laboral. Este efecto negativo de los programas de formación tiende a desaparecer en el medio plazo, y se convierte en efecto positivo en el largo plazo.

Para evaluar políticas a medio y largo plazo, es importante que se diseñe el estudio con un periodo de seguimiento lo suficientemente largo, e incorporando variables de interés que permitan medir los resultados a medio y largo plazo. Por ejemplo, en un estudio sobre un programa educativo de cuatro años de duración para niños de instituto, el *Quantum Opportunity Program*, cuyo objetivo era incrementar la tasa de acceso a la universidad de sus participantes se realizaron encuestas en tres puntos distintos en el tiempo: al final de los cuatro años, cuando los alumnos deberían de haber terminado el instituto, y dos y cuatro años más tarde, obteniendo de este modo información no sólo sobre el acceso a la universidad sino también información sobre finalización de la carrera universitaria.

Recoger variables que permitan medir los resultados a medio y largo plazo es una tarea costosa, que se incrementa con el periodo de seguimiento. A veces, no se pueden realizar periodos de seguimiento lo suficientemente largos para realizar la evaluación a medio o largo plazo. En estos casos, una alternativa es recoger datos administrativos. Por ejemplo en la evaluación del programa *Ticket to Work* de la Seguridad Social de EE.UU. se pretende utilizar 10 años de datos mensuales administrativos de ocho millones de beneficiarios con algún tipo de discapacidad para evaluar la efectividad del programa en reducir el número de beneficiarios y en su integración en el mercado laboral.

III.2.4 Análisis de la relación coste-beneficio de las distintas intervenciones

Incluso cuando un programa tiene impactos positivos en los resultados de los participantes (como por ejemplo, en sus salarios y su probabilidad de empleo), puede que no sea eficiente para el gobierno o la sociedad en general. El análisis coste-beneficio permite valorar si los beneficios del programa son lo suficientemente grandes para justificar los gastos que representan. Este tipo de análisis consiste en estimar un valor monetario de los múltiples beneficios del programa para que el valor de los beneficios pueda compararse a los costes.

El análisis coste-beneficio estudia los beneficios y los costes del programa desde varias perspectivas (por ejemplo, desde la perspectiva de los participantes, del gobierno, o de la sociedad). La metodología consiste en identificar todos los beneficios y los costes del programa y en indicar si el impacto potencial del programa se considerará un impacto positivo o negativo desde cada una de las perspectivas. Por ejemplo, un incremento salarial se percibiría como un beneficio para los participantes y la sociedad. Los impuestos sobre los salarios de los participantes se consideraran como un coste para los participantes, un beneficio para el gobierno, y no tendrán ningún efecto desde el punto de vista de la sociedad puesto que suponen una transferencia de los participantes al gobierno.

Tras estimar todos los beneficios y costes del programa desde las distintas perspectivas, los distintos valores monetarios se suman para obtener el valor estimado de cada perspectiva. Para obtener este valor estimado, se realizan dos tipos de supuestos. Por un lado, se realizan supuestos sobre la tasa de descuento de los distintos agentes económicos. Y por el otro, se realizan supuestos sobre cómo extrapolar los beneficios y los costes que se producen después del periodo de observación (es decir, se extrapolan los efectos del programa a medio y corto plazo si estos no se han estimado directamente en la evaluación). Para concluir, es muy importante que se realicen análisis de sensibilidad de los resultados a variaciones ante los supuestos y valores de los parámetros.

Por ejemplo, en el caso de la evaluación de un programa de reinserción laboral, la estimación de la relación coste-beneficio se realiza utilizando los cuatro tipos de datos siguientes:

1. ***Beneficios del incremento del producto debido al incremento en productividad de los participantes del programa.*** Los programas de reinserción laboral tienen como objetivo incrementar el conocimiento práctico y la experiencia de sus participantes, la cual cosa debería incrementar sus salarios a largo plazo. Habitualmente se utilizan los salarios del trabajador para medir este incremento de producto. Para calcular el incremento de productividad de los participantes del programa se utilizan datos sobre sus salarios que se obtienen de los datos administrativos de la Seguridad Social o de encuestas realizadas específicamente para la evaluación, así como datos sobre los costes de otros beneficios laborales (como por ejemplo, pagas extras, seguros de salud, pensiones y otros beneficios ofrecidos por la empresa a sus trabajadores). También deben estimarse los impuestos generados por los sueldos y la condición familiar de los participantes.

2. ***Beneficios o costes debidos a los cambios en la percepción del subsidio de paro.*** Es posible que un programa de reinserción laboral reduzca los subsidios de paro percibidos por los participantes al facilitar su integración en el mundo laboral. Ahora bien, dicho programa también puede incrementar los subsidios de paro percibidos por los participantes que prefieren acabar con la formación antes de reincorporarse en el mercado laboral. Para evaluar los beneficios o costes debidos a los cambios en la percepción del subsidio de paro se utilizan los estimadores del impacto del programa en el recibo de subsidios de paro, así como información sobre los costes administrativos del subsidio de paro que se obtienen del Departamento de Trabajo.

3. ***Beneficios debidos a la reducción en la utilización de otros programas y servicios públicos.*** Frecuentemente los participantes de un programa de reinserción laboral acaban utilizando una menor cantidad de otros servicios públicos durante el periodo en que participan en dicho programa. Además, si el programa de reinserción laboral consigue reincorporarlos al mundo laboral debería reducir la percepción de otros subsidios sociales en el medio y largo plazo. Los costes de estos otros programas y servicios públicos puede obtenerse de los datos administrativos y de las visitas a oficinas locales realizadas durante el análisis cualitativo.

4. ***Costes del programa de reinserción bajo evaluación.*** Dentro de los costes del programa se incluyen: (1) los beneficios que perciben los participantes que se obtienen de los datos administrativos de la Seguridad Social, (2) otros subsidios que puedan percibir los participantes (como por ejemplo, subsidios de transporte, subsidios de manutención, entre otros) que se obtienen utilizando las encuestas y datos del programa, (3) costes de formación, y (4) costes administrativos. Estos dos últimos costes se estiman con datos recogidos durante el análisis cualitativo.

III.3 PLAN DE ANÁLISIS PARA LA EVALUACIÓN DE UN PROGRAMA, POLÍTICA O SERVICIO PÚBLICO

En la siguiente sección se presenta, de manera esquematizada, la estructura de un plan tipo para el análisis de evaluación de una política pública determinada. El objetivo es ir describiendo en cada apartado o fase del plan las necesidades en cuanto a información, bases de datos, etc. que el evaluador va a ir necesitando de cara a implementar su ejercicio concreto de evaluación.

III.3.1 Entender el problema

Es importante que cualquier evaluación de programa público se diseñe con un enfoque múltiple que incluya: (1) un estudio de la implementación del programa, (2) un análisis cualitativo o de proceso que permita corroborar los resultados del análisis cuantitativo, e identificar los problemas de implementación y las prácticas que mejor funcionan, y (3) un análisis cuantitativo que estime los impactos del programa o política utilizando los métodos econométricos más apropiados, analice los impactos diferenciales por subgrupos, y calcule el coste-beneficio del programa para determinar si los beneficios netos del programa exceden sus costes.

Para realizar este tipo de evaluaciones es necesario que se diseñe un plan de recogida de datos relativamente ambicioso. Este plan puede incluir la utilización de (1) datos administrativos ya existentes, (2) encuestas a los individuos del grupo de tratamiento y del grupo de control (o de comparación en el caso de evaluaciones no experimentales) que complementarán los datos administrativos y aportarán información adicional sobre las características de los individuos, su nivel de utilización de servicios (incluyendo los motivos por la no-utilización de estos), y resultados, (3) encuestas a los distintos agentes sociales de la zona donde se ha implementado el programa que perfilarán una buena aproximación del efecto del programa en la comunidad, y (4) varias entrevistas a los proveedores del programa, así como a las oficinas públicas que gestionan o dirigen el programa.

III.3.2 Marco conceptual

Es útil desarrollar un marco conceptual que sirva de base para la evaluación del programa público y que determine las preguntas más relevantes de la evaluación. El cuadro II presenta los puntos básicos de este marco conceptual.

El primer paso consiste en analizar el contexto dentro del cual se desarrollará el programa público. Las responsabilidades y roles del Gobierno estatal, de las comunidades autónomas, y de los gobiernos locales variarán con el tipo de programa público que se pretenda evaluar. Ahora bien, estos tres niveles de gobierno acostumbran a estar fuertemente inter-relacionados, y frecuentemente interactúan y colaboran para la obtención de los distintos objetivos de los programas públicos.

El segundo paso consiste en estudiar los procedimientos operativos del programa en cuestión. Podemos distinguir tres áreas de especial interés: el proceso administrativo, el proceso institucional, y la prestación de servicios públicos. El proceso administrativo determinará el funcionamiento del programa, y la eficiencia, efectividad y equidad en la distribución de sus servicios. El proceso institucional es importante en cuanto permite entender cómo se desarrollará la prestación de servicios del programa. Finalmente, el evaluador debe entender el tipo de servicios que el programa ofrece, cómo se ofrecen estos servicios, a quién y en qué circunstancias se ofrecen.

El último paso consiste en estimar y documentar los resultados e impactos del programa. Los resultados del sistema operativo incluyen la existencia o no de mejoras en: (1) la coordinación dentro de las oficinas locales y entre las administraciones involucradas, (2) la aceptación del servicio público por parte de los diversos subgrupos de clientes, o (3) la prestación de servicios públicos. Los resultados al nivel de los individuos incluyen incrementos salariales, reducción de la tasa de desempleo o de la reducción de la duración del paro en el caso de un programa

Cuadro II
Marco conceptial de la evaluación

IMPLEMENTACIÓN

Contexto estatal

- Legislación
- Asistencia técnica
- Apoyo a las agencias regionales

Contexto de la Comunidad Autónoma

- Legislación
- Procedimientos
- Red de provisión

Contexto local

- Prestación de servicios
- Características de las oficinas locales
- Relaciones con agentes sociales
- Condiciones económicas, culturales y sociales

PROCEDIMIENTOS OPERATIVOS

Proceso administrativo

- Proceso de solicitud
- Proceso de aceptación de las aplicaciones
- Proceso de notificación
- Implementación de los servicios públicos
- Gerencia y dirección
- Procedimientos fiscales y de distribución de fondos públicos

Funcionamiento institucional

- Responsabilidades del personal estatal, de la comunidad autónoma y local
- Relación con otros programas públicos que sirven a la misma población o población similar

Prestación de servicios públicos

- Prevención y intervención temprana
- Inscripción y aceptación
- Asesoramiento
- Prestación de servicios por tipo de servicio
- Seguimiento

PRESTACIÓN DE SERVICIOS PÚBLICOS

FUNCIONAMIENTO Y RESULTADOS

Resultados del sistema operativo

- Mejora en la coordinación dentro de las oficinas locales y entre las administraciones involucradas
- Mejora en la aceptación del servicio público por parte de los diversos subgrupos de clientes
- Mejora en la prestación de servicios públicos

Resultados individuales

- Tasa de abandono del programa público
- Mejora en los resultados asociados al mercado laboral (por ejemplo, salarios, duración del paro, tipo de contrato)
- Mejora en los resultados asociados a la educación (por ejemplo, tasa de abandono escolar, tasa de ingreso a la universidad, disponibilidad y cobertura de servicios de cuidado infantil)

para incrementar la reinserción laboral, y tasa de abandono escolar, tasa de ingreso a la universidad o disponibilidad y cobertura de servicios de cuidado infantil en el caso de un programa educativo.

III.3.3 Puntos clave de la evaluación

III.3.3 (i) Implementación

Se trata de documentar el proceso de implementación del programa público teniendo en consideración el contexto institucional estatal, de la comunidad autónoma, y local, y de analizar las implicaciones que dicho contexto tendrá en los impactos del programa. Se trata pues de contestar preguntas del tipo siguiente:

— ¿Cómo han interpretado las comunidades autónomas y los gobiernos locales las directrices del gobierno estatal? ¿Cómo difiere la legislación en las distintas comunidades autónomas? ¿Qué impactos se prevén debido a los cambios legislativos en las distintas comunidades autónomas?

— ¿Qué influencia han tenido en la implementación de programas públicos las diferencias contextuales de las distintas comunidades autónomas? ¿Cómo han afectado estas diferencias la provisión de servicios públicos?

— ¿Cómo ha afectado al contexto local el tipo de servicios públicos del programa bajo evaluación? ¿Cómo difieren en la gerencia y provisión de servicios las distintas oficinas locales? ¿Cómo colaboran los distintos agentes sociales con la administración y cómo influencian la implementación del programa y la provisión de servicios?

III.3.3 (ii) Procedimientos operativos

Es necesario entender como funciona el programa público si se pretende evaluar sus impactos económicos y sociales. Para ello, deben contestarse las preguntas siguientes:

— ¿Cómo funciona el proceso administrativo del programa social en la comunidad autónoma de interés? ¿Qué procedimientos de dicho proceso son efectivos? ¿Qué problemas se han identificado en dicho proceso?

— ¿Cómo se ha desarrollado el funcionamiento institucional del programa? ¿Qué tipo de colaboraciones existe entre las distintas administraciones? ¿Qué tipo de colaboraciones existe entre la administración y los distintos agentes locales? ¿Qué relación existe entre el programa que se pretende evaluar y otros servicios públicos? ¿Quiénes son los proveedores de los servicios públicos que se pretenden evaluar? ¿Con qué problemas de implementación y administración se han encontrado las distintas comunidades autónomas y zonas locales?

— ¿Existen procesos de prevención o de intervención temprana? ¿Cómo funcionan los procesos de inscripción y de aceptación al programa? ¿Cuál es la tasa de aceptación del programa? ¿Cuáles son las características de los que participan en el programa? ¿Cuáles son las características de los que se niegan a participar en el programa? ¿Cuáles son las características de los que abandonan el programa? ¿Qué tipo de problemas han surgido en la prestación de los servicios?

— ¿En qué programas adicionales pueden participar los individuos del grupo de tratamiento? ¿Qué tipo de asesoramiento reciben los individuos del grupo de tratamiento? ¿Reciben los servicios de forma individualizada o en grupo? ¿Cuál es la calidad de los servicios y de la provisión de estos?

— ¿En qué programas alternativos pueden participar los individuos del grupo de comparación? ¿Qué tipo de asesoramiento reciben los individuos del grupo de comparación?

III.3.3 (iii) Funcionamiento y resultados

Un elemento fundamental de la evaluación consiste en documentar los resultados del programa y estimar sus impactos utilizando métodos experimentales, casi-experimentales o estudios observacionales como se ha descrito en el capítulo anterior. Los resultados de interés dependerán de los objetivos del programa o política a evaluar. Por ejemplo, en el caso de una política de reinserción laboral, los resultados de interés son el efecto de dicha política en la tasa de desempleo, los salarios y la duración del desempleo de los participantes. En cambio, si se trata de un programa de educación, los resultados de interés medirán la tasa de abandono escolar, o la tasa de ingreso en la universidad. Un programa o política pública también puede resultar en mejoras del sistema público en general. Por ejemplo, la incorporación de un determinado programa social puede modificar el funcionamiento de las oficinas locales de empleo, incrementar la participación de ciertos sub-grupos, o mejorar la prestación de servicios en general.

III.3.4 Estudio de la implementación del programa o política

Generalmente, uno de los primeros objetivos de la evaluación consiste en realizar un estudio de caso (o casos) que analice como el programa o política pública se está implementando en las distintas oficinas locales de las distintas comunidades autónomas. Los objetivos de este primer estudio cualitativo son los siguientes:

- Ofrecer a la administración que implementa el programa un análisis de dicha implementación identificando problemas en el proceso.

- Recoger información sobre aquello que más preocupa a las comunidades autónomas y agentes locales. Dicha información se utilizará en el diseño de la evaluación y en las subsecuentes recogidas de datos y análisis.

A continuación, describimos cómo se realizará este estudio de implementación.

III.3.4 (i) Selección de las zonas de estudio

La selección de las zonas del estudio dependerá del programa o política que se quiera analizar. Si la evaluación se concentra en un programa público de una comunidad autónoma específica, es probable que la zona de estudio se concentre en esa comunidad autónoma. Ahora bien, puede que, incluso en ese caso, sea recomendable que se seleccionen algunas zonas de otras comunidades autónomas, sobretodo si dichas comunidades desarrollan un programa similar o son pioneras en la implementación de ese programa.

Dada la frecuente coordinación y colaboración existente entre los distintos niveles de administración, es importante que se realicen visitas en cada uno de estos ámbitos: el estatal, el de la comunidad autónoma en cuestión, y oficinas locales en distintas zonas de la comunidad autónoma. En estas visitas, se planearán entrevistas con una gran variedad de personal (por ejemplo, se entrevistará desde el director de la oficina local a profesionales de los servicios de atención primaria).

El número de zonas visitadas debe ser lo suficientemente grande para que al final se pueda tener una visión general y objetiva de cómo se está implementando el programa o política en zonas muy variadas. Ahora bien, dado que toda evaluación tiene restricciones presupuestarias y de tiempo, se deberá llegar a un compromiso en la cantidad de visitas realizadas en este primer estudio de implementación.

Siempre que sea posible, la selección de las distintas zonas debería realizarse aleatoriamente con el fin de garantizar una muestra representativa. Esta selección aleatoria debería ser proporcional a alguna medida de actividad o utilización del programa (por ejemplo, la proporción del número de participantes potenciales de cada zona).

1. Propuesta de agenda para las visitas a las distintas zonas

Como ya se ha indicado el primer objetivo de estas visitas es ofrecer a la administración que implementa el programa o política un análisis de dicha implementación, identificando problemas en el proceso. Por lo tanto, es importante que las entrevistas se estructuren de tal manera que permitan recoger el siguiente tipo de información:

— Tipo de servicios que se ofrecían antes de implementar esta nueva política o programa
— Motivos que llevaron a la implementación de la política o programa bajo evaluación
— Procedimientos que la comunidad autónoma realizó para notificar a aquellos individuos que cualificaban para el programa
— Procedimientos que la comunidad autónoma implementó para procesar aplicaciones al programa
— Descripción de las responsabilidades de las agencias locales
— Descripción de los procesos de coordinación y división de las tareas y responsabilidades entre la comunidad autónoma y las agencias locales
— Descripción de los procesos de prevención o de intervención temprana
— Descripción de los procesos de inscripción y de aceptación al programa
— Descripción de programas adicionales que se ofrecen en las agencias locales

Toda esta información será sintetizada y analizada por el equipo evaluador con el fin de ofrecer a la administración un estudio que presente una visión global de cómo se está implementado el programa público, haciendo especial hincapié sobre aquellos elementos que dificultan el proceso de implementación.

2. Implicaciones para el diseño de la evaluación

Además, los estudios de implementación también son extremadamente útiles para el evaluador ya que le proporcionan información de gran valía para el diseño de la evaluación. Por ejemplo, estas visitas iniciales permitirán al investigador entender bien el proceso de prevención o de intervención temprana, así como los procesos de selección de los candidatos (en el caso en que la evaluación no sea un experimento aleatorio). Sin la comprensión de estos procesos, es difícil que el evaluador pueda diseñar una evaluación que permita obtener estimadores no sesgados del impacto del programa.

Además estas visitas permiten al evaluador preguntar sobre la disponibilidad de datos y su formato. Como se discutirá en los siguientes apartados, la evaluación utilizará gran variedad de datos administrativos, y muchos de estos datos se recogen en las oficinas locales.

III.3.5 Recogida de datos cualitativos

Los datos necesarios para el análisis cualitativo o de proceso se obtienen de las fuentes siguientes: entrevistas realizadas durante las visitas a las oficinas locales, estudios de casos realizados durante las visitas a las oficinas locales, datos administrativos recogidos durante las visitas locales, y encuestas locales. A continuación, explicaremos los distintos procesos para recoger dichos datos.

III.3.5 (i) Visitas a oficinas locales

Se realizarán varias visitas a las oficinas locales responsables de gestionar el programa bajo evaluación. Durante estas visitas se pretende entrevistar a aquellos individuos que por su trabajo entiendan perfectamente el proceso administrativo, el funcionamiento institucional, o el procedimiento de prestación de servicios públicos del programa bajo evaluación. Además, también se realizarán estudios de casos de los participantes del programa. Siempre que sea posible se utilizarán participantes cuya información también se utilice en el estudio cuantitativo. De este modo, se podrán utilizar los resultados del análisis cualitativo para interpretar los resultados cuantitativos. Finalmente, las visitas a oficinas locales servirán para identificar los datos administrativos disponibles que podrán ser de utilidad para la evaluación, determinar la calidad de dichos datos, y negociar el proceso de obtención y formato de entrega de dichos datos.

Dichas entrevistas se realizarán en varias etapas. El número de etapas variará con la duración del estudio. Por ejemplo, en un estudio de dos o tres años de duración se realizarán dos o tres visitas, mientras que en un estudio de cinco años de duración se pueden realizar hasta cinco visitas concentradas en los tres primeros años de la evaluación. El objetivo de dichas entrevistas es recoger información necesaria para la evaluación en momentos claves. El Cuadro III presenta el tipo de información que se pretende recoger durante estas visitas. Si bien en el ejemplo presentado, se establecen cuatro visitas, la información bien podría recogerse con un número inferior o superior a cuatro, como ya se ha comentado previamente.

Cuadro III
Información recogida en las visitas a las oficinas locales

PRIMERA VISITA

Objetivo: Comprensión del proceso administrativo y funcionamiento institucional en el ámbito de la Comunidad Autónoma

— Entrevistas con los coordinadores de las comunidades autónomas con el fin de comprender el funcionamiento del programa bajo evaluación y su relación con otros programas y servicios públicos ya existentes.

— Estudio de la documentación oficial en el ámbito de la comunidad autónoma que permita entender el programa o política que se pretende evaluar, así como la coordinación y colaboración previstas con las zonas locales.

— Entrevistas con representativos de otras administraciones de la comunidad autónoma con las que haya algún tipo de colaboración debido al programa en cuestión. Por ejemplo, si el estudio pretende evaluar un programa del Departamento de Educación, es posible que éste colabore con el Departamento de Asuntos Sociales en dicho programa. En ese caso, también será conveniente entrevistar representantes del Departamento de Asuntos Sociales.

— Entrevistas con técnicos responsables de la recogida de datos administrativos en el ámbito de la comunidad autónoma. En particular, se pretende identificar los datos administrativos disponibles que podrán ser de utilidad para la evaluación, determinar la calidad de dichos datos, y negociar el proceso de obtención y formato de entrega de dichos datos para la evaluación.

SEGUNDA VISITA

Objetivo: Comprensión de la prestación de servicios públicos

— Entrevistas con los coordinadores de las oficinas locales para comprender como funcionan los procesos de solicitud, aceptación de las aplicaciones, de notificación, y de implementación de los servicios públicos.

— Estudio de la documentación oficial que permita entender el proceso de prestación de servicios del programa bajo evaluación, así como los resultados del programa conseguidos mediante estudios de casos.

— Entrevistas con gerentes de las oficinas locales para entender qué servicios se ofrecen y cómo estos se relacionan y comparan con los servicios del programa o política que se pretende evaluar.

— Entrevistas con gerentes del programa bajo evaluación para entender las dificultades de implementación con las que se encuentran en las operaciones del día a día de dicho programa.

— Entrevistas con proveedores locales en el caso de que el programa subcontrate sus servicios.

— Entrevistas con agentes sociales (como por ejemplo, empresarios, representantes de sindicatos, asociaciones de ciudadanos, entre otros) que se vean impactados por el programa, o que colaboren en la implementación de dicho programa.

TERCERA VISITA

Objetivo: Corroboración de la información recogida durante la primera visita, e identificación de aquellos elementos que han funcionado y aquellos que no han funcionado

CUARTA VISITA

Objetivo: Identificación de las prácticas que mejor han funcionado

— Recogida de casos que permitan ilustrar las estrategias administrativas y operativas que se han utilizado durante el proceso de implementación del programa, así como las prácticas que mejor han funcionado. Para identificar aquellas oficinas que mejor han funcionado, se solicitarán nominaciones a las oficinas de la comunidad autónoma durante la tercera visita. Entre las solicitudes se seleccionarán un subgrupo de oficinas locales que servirán para ilustrar las prácticas que mejor han funcionado. Para seleccionar dicho subgrupo, se realizarán entrevistas telefónicas con las oficinas locales nominadas para verificar que realmente son eficientes en su funcionamiento.

Las entrevistas a las oficinas locales seleccionadas se concentrarán en recoger información que permita entender su funcionamiento, las causas de su éxito, y las dificultades con las que se han encontrado y los instrumentos que han utilizado para paliarlas.

III.3.5 (ii) Encuesta local

En el caso de que el programa o política bajo evaluación se haya implementado en el ámbito nacional, es útil realizar una encuesta de todos los coordinadores de dicho programa con el fin de entender el proceso de implementación y operación de éste. El análisis de esta encuesta complementará los resultados de las visitas a las oficinas locales y permitirá tener una perspectiva nacional de cómo se ha implementado el programa, su efectividad, sus problemas más comunes, su integración dentro del sistema, y su transparencia.

A continuación, se discuten el tipo de preguntas que se pretende contestar con dicha encuesta:

- — Funcionamiento del programa y coordinación con los distintos proveedores y agencias públicas que colaboran en dicho programa
- — Tipo de servicios que el programa ofrece
- — Colaboración con los agentes sociales que participan en su funcionamiento (por ejemplo, empresarios, asociaciones de ciudadanos, ONG, entre otros)
- — Existencia o no de un trato especial a grupos con problemas específicos
- — Gerencia, administración y contabilidad del programa

Es importante que la encuesta se diseñe con preguntas específicas (*close-ended questions*) cuyas respuestas sean opciones ya establecidas en la encuesta. Este formato facilitará las comparaciones entre las distintas comunidades autónomas y regiones, y simplificará la síntesis de los resultados de dicha encuesta.

La encuesta se realizará con todos los coordinadores del programa en el ámbito nacional. Para identificarlos se buscarán las listas oficiales de las oficinas del programa en las páginas web de las distintas comunidades autónomas. También es útil solicitar la ayuda de las distintas administraciones. Las encuestas se enviarán por correo postal, y se hará un seguimiento vía correo electrónico, y llamadas para recordar y solicitar las respuestas de dicha encuesta. Se recomienda facilitar la respuesta de la encuesta directamente en formato electrónico siempre que el presupuesto lo permita.

III.3.6 Diseño del estudio de impacto

La evaluación del impacto del programa o política debe diseñarse para que permita contestar las preguntas siguientes:

— ¿Cuál es el impacto del programa o política en los resultados de interés de los participantes?
— ¿Hay impactos diferenciales en función de las características demográficas de los participantes (como por ejemplo, edad, sexo, nivel educativo, industria y ocupación del participante antes de entrar en el programa)?
— ¿Cuál es el nivel de participación? ¿Cómo varía el nivel de participación por subgrupos?

Siempre que sea posible, el análisis del impacto del programa se realizará con datos administrativos. Ahora bien, frecuentemente los datos administrativos disponibles no acostumbran a facilitar información sobre todos los resultados del programa que son de interés para la evaluación, o no tienen el formato necesario para la evaluación. En dichos casos, deben realizarse una o varias encuestas que permitan recoger dicha información—véase el apartado III.3.8. para más información sobre el tipo de datos que se recogerán mediante encuestas. Se recogerán varias encuestas cuando es necesario realizar una encuesta de base, y una encuesta que recoja los resultados del programa. Además si se quiere evaluar los resultados del programa a corto, medio y largo plazo, se realizarán varias encuestas después de la implementación del programa.

Si bien es óptimo utilizar toda la población de participantes para el estudio del impacto de un programa, frecuentemente las restricciones presupuestarias limitan la muestra de individuos del grupo de tratamiento y del grupo de comparación que se utiliza para realizar encuestas específicamente diseñadas para evaluar el programa. Es conveniente que, siempre que sea posible, la selección de dicha muestra se realice vía muestreo aleatorio estratificado. La estratificación puede realizarse a varios niveles en función del tipo de programa a evaluar.

Generalmente, se realizarán al menos dos niveles de estratificación. En el primer nivel de estratificación se seleccionarán las zonas geográficas. Mientras que en el segundo nivel de estratificación, se seleccionará aleatoriamente una muestra de participantes y una muestra de individuos del grupo de control o comparación (en función de si el experimento es aleatorio o no) en los zonas previamente seleccionadas. Además, si la evaluación tiene un interés particular en algunos grupos sociales (por ejemplo, inmigrantes, mujeres, individuos de renta baja, o grupos étnicos específicos), pueden realizarse adicionales niveles de estratificación.

A continuación, se explica con más detalle la selección de las zonas geográficas, de los participantes, y de los miembros del grupo de control o comparación.

III.3.6 (i) Selección de las zonas geográficas

En el caso de la evaluación de un programa que se implemente en el ámbito nacional, debe decidirse si se seleccionarán todas las comunidades autónomas y territorios de España o si se optará por una muestra de comunidades autónomas. En el segundo caso, deberá decidirse cómo se selecciona dicha muestra. La selección del tipo de muestreo dependerá del programa o política a evaluar y de las características de dicha evaluación. Por ejemplo, si se está evaluando un programa nacional en el cual más del 80 por ciento de los participantes se concentran en un grupo reducido de comunidades autónomas, es posible que se decida utilizar sólo ese subgrupo de comunidades autónomas puesto que esa opción resultará en una muestra relativamente representativa de la población y además reducirá considerablemente los costes de selección de la muestra y de recogida de datos.

En el caso en que la participación en el programa nacional esté más equitativamente distribuida entre las distintas comunidades autónomas y territorios nacionales, es posible que una mejor opción sea seleccionar la muestra de comunidades autónomas vía muestreo aleatorio. En este caso se trata de seleccionar aleatoriamente comunidades autónomas con una probabilidad proporcional al número de participantes en su territorio.

Cuando el programa o política a evaluar sólo se implementa en una o varias comunidades autónomas, se seleccionarán aleatoriamente regiones o municipios de dichas comunidades autónomas con una probabilidad proporcional al número de participantes en cada región o municipio. Para garantizar la consistencia de los resultados, es importante que tanto el análisis cuantitativo como el cualitativo se realicen en las mismas comunidades autónomas, regiones o municipios.

III.3.6 (ii) Selección de los participantes

En el segundo nivel de estratificación, se seleccionará aleatoriamente una muestra de participantes y una muestra de individuos del grupo de comparación en las comunidades autónomas, regiones o municipios seleccionados en el primer nivel de estratificación.

La selección de la muestra de participantes se realizará utilizando las listas oficiales de las administraciones en las zonas geográficas seleccionadas en el primer nivel de estratificación. Dichas listas deberían incluir el universo de participantes en dichas zonas. Además, las listas deberían incluir información esencial para contactar a los participantes, así como fecha de inicio y finalización de la participación en el programa.

Frecuentemente la evaluación se realiza utilizando aquellos individuos que han participado en el programa durante un periodo específico. Por ejemplo, si en el análisis de proceso se han detectado problemas de implementación durante el inicio de la implementación del programa, se acostumbra a excluir del análisis aquellos individuos que participaron en el programa durante ese periodo. Similarmente, a veces es necesario eliminar aquellos individuos que han participado al final del programa o durante un cierto periodo en que se haya observado algún problema de implementación o la existencia de un solapamiento entre los servicios del programa bajo evaluación y otros servicios públicos contaminando el experimento.

Se seleccionará aleatoriamente una muestra de participantes entre aquellos individuos que hayan participado en el programa durante el periodo de interés y en las zonas geográficas seleccionadas en el primer nivel de estratificación. Se elegirá un tamaño de muestra lo suficientemente grande para que se puedan obtener estimadores precisos del impacto del programa. En cada comunidad autónoma o zona geográfica predeterminada en el primer nivel de estratificación se seleccionarán aleatoriamente una muestra de participantes. A menudo, este muestreo aleatorio será estratificado utilizando variables como por ejemplo, el sexo, la edad, la renta, o el tipo de trabajo. En función del programa o política que se evalúe, puede ser de gran interés sobre-ponderar ciertos grupos de individuos (mujeres, hogares de renta baja, inmigrantes, entre otros). En ese caso, se ponderarán los estimadores con el fin de que sigan siendo representativos de la población de participantes. Ahora bien dichas ponderaciones reducirán la precisión de los estimadores.

III.3.6 (iii) Selección de los miembros del grupo de comparación

Si bien la metodología más rigurosa consiste en realizar un experimento en el cual se asignan aleatoriamente los individuos que presentan su solicitud a un programa al grupo de tratamiento y al grupo de control, los experimentos aleatorios no son siempre factibles como se ha explicado en el apartado II de este capítulo.

Cuando la implementación del diseño experimental no es factible, el reto consiste en encontrar un grupo de comparación cuyos individuos se parezcan lo más posible a los participantes del programa antes de participar en éste.

Una opción, no aconsejable, consiste en seleccionar como grupo de comparación a aquellos individuos que, dadas sus características, pueden participar en el programa bajo evaluación, pero que deciden no participar. Se desaconseja esta opción debido a las siguientes dos razones. La primera es que el programa puede afectar a todos aquellos individuos que son aptos para participar en él, independientemente de que al final participen o no en dicho programa. Este problema surge sobretodo en el caso de programas que tienen varios niveles de servicios, y entre ellos se incluye uno de asistencia inmediata cuyo objetivo es paliar el problema de la forma más rápida. Un ejemplo sería un programa de reinserción laboral con dos tipos de servicios: uno de asistencia a la búsqueda de trabajo que se aplicaría inmediatamente después de que un trabajador se encontrase en el paro, y otro más intensivo que incluyese servicios de formación profesional y asesoramiento más personalizado. Utilizar como grupo de comparación a aquellos individuos que pueden participar en el programa, pero que no participan en los servicios de formación profesional y asesoramiento personalizado sesgaría los resultados puesto que es posible que el hecho de que no participen en dichos servicios pueda deberse, en parte, a la eficacia del servicio de asistencia inmediata. La segunda razón es que elegir como grupo de comparación a aquellos individuos que han decidido no participar en el programa puede generar importantes sesgos en la estimación puesto que la decisión de participar es endógena y correlacionada con los resultados del programa.

Una alternativa mejor consiste en seleccionar individuos con características muy similares a los del grupo de tratamiento pero que no pueden participar en el programa. Estos individuos viven en las mismas zonas geográficas que los individuos del grupo de tratamiento y tienen características similares pero no cualifican para participar en el programa. Por ejemplo, si se evalúa un programa de reinserción laboral, los individuos del grupo de comparación provendrían de las mismas industrias y ocupaciones que los individuos del grupo de tratamiento. En cambio si se evalúa un programa educativo los individuos del grupo de comparación asistirían a escuelas con similares características (como por ejemplo, escuelas con similares porcentaje de niños que provienen de hogares de renta baja, o con similares de porcentaje de inmigrantes) que las de los del grupo de tratamiento. La gran diferencia entre los individuos del grupo de tratamiento y el de grupo de comparación es que estos últimos no tienen acceso al programa que se pretende evaluar o bien por que el programa es un programa piloto que sólo se ha realizado en un grupo de oficinas de empleo o de escuelas, o bien por que los individuos difieren marginalmente en alguna característica necesaria para poder optar en el programa (por ejemplo, se han encontrado en el paro en un periodo previo al establecido por el programa, o su nivel de renta, a pesar de ser bajo, no lo es lo suficientemente para poder optar al programa).

Siempre que sea posible, se seleccionarán para el grupo de comparación aquellos individuos cuyas circunstancias han cambiado en el mismo periodo que los individuos del grupo de tratamiento. Por ejemplo, en el caso de un programa de reinserción laboral se seleccionarán como individuos del grupo de comparación aquellos individuos que hayan sido despedidos durante el mismo periodo que los individuos del grupo de tratamiento, y que por otros motivos, no puedan participar en el programa (esos motivos pueden ser que no han cotizado durante un periodo suficientemente largo, o que no han sido despedidos en despidos de más de un determinado porcentaje de la plantilla). En el caso de un programa educativo, se seleccionarán aquellos individuos que han entrado en el mismo curso escolar que los individuos del grupo de tratamiento. Y en el caso de un programa de asistencia sanitaria, se seleccionarán aquellos individuos a los cuales se les ha diagnosticado una enfermedad en el mismo periodo que los individuos del grupo de tratamiento.

Una vez seleccionado el grupo de individuos que se parecen lo más posible a los participantes del programa antes de participar en éste, pueden utilizarse gran variedad de metodologías para estimar el impacto causal del programa bajo evaluación (como ya se ha explicado en el capítulo II). Una metodología frecuentemente utilizada para identificar un grupo de comparación adecuado consiste en el "matching". Esta metodología consiste en emparejar individuos del grupo de tratamiento con individuos del grupo de comparación utilizando un abanico de características demográficas y personales.

Para que la metodología del "matching" sea la apropiada, deben cumplirse los siguientes tres requisitos. Primero, debe disponerse de datos que incluyan variables pertinentes para modelar la decisión de participar en el programa. Segundo, los datos del grupo de tratamiento y del grupo de comparación deben provenir de las mismas fuentes. Y tercero, los individuos del grupo de tratamiento y del grupo de control deberían ser de la misma zona geográfica.

Para garantizar un buen "matching" se sugiere que el proceso tenga dos etapas. Dicho proceso requiere que, además de los datos administrativos, se realice una encuesta de base que recogerá información importante acerca de los individuos *antes* del inicio del programa, y que *no* está disponible en la base de datos administrativos. Si bien esta metodología incrementa considerablemente los costes de las entrevistas de base (al multiplicar el número de entrevistas que se realizará a individuos del grupo de comparación como se explica con más detalle a continuación), el aumento de costes se ve generalmente compensado por la gran mejora en credibilidad de los resultados del estudio de impacto.

En la primera etapa, se utilizarán datos administrativos para seleccionar aleatoriamente una muestra de individuos del grupo de comparación cuyo tamaño será el doble que el tamaño de la muestra de individuos del grupo de tratamiento. Es importante que la selección aleatoria se realice utilizando las mismas estratificaciones que se han utilizado para seleccionar al grupo de tratamiento. En el caso en que la evaluación incluya la realización de encuestas de base, se realizarán el doble de entrevistas a individuos del grupo de comparación que del grupo de tratamiento.

En la segunda etapa, se utilizarán variables recogidas en la encuesta de base para emparejar (RE-MATCH) individuos del grupo de comparación con individuos del grupo de tratamiento. Si los datos administrativos disponibles fuesen lo suficientemente amplios, podría utilizarse exclusivamente la información administrativa para realizar el emparejamiento en esta segunda etapa. En este último caso, el coste de la evaluación se vería reducido considerablemente. Véase el cuadro IV para más detalle sobre el tipo de información que se requiere para realizar el emparejamiento en esta etapa.

Para emparejar individuos del grupo de comparación y del grupo de tratamiento pueden utilizarse métodos basados en el "*propensity score*". Varios estudios recientes han sido capaces de replicar con esta metodología estimadores obtenidos con experimentos aleatorios (Dehejia and Wahba, 1999, y Glazerman et al., 2002). El método del "*propensity score*" se implementa vía los cuatro pasos siguientes:

1. ***Estimación del modelo de selección condicional.*** Se utilizan modelos *logit* o *probit* para estimar la probabilidad de pertenecer al grupo de tratamiento. En dicha estimación se utilizan variables obtenidas de datos administrativos y de la encuesta de base. El Cuadro IV presenta ejemplos del tipo de variables que se utilizarán para estimar el modelo de selección condicional. Es importante que se estimen modelos separados para algunas estratificaciones (por ejemplo, por zona geográfica, sexo, edad, nivel de renta, o industria).

2. ***Asignar un* propensity score *a cada individuo.*** A cada individuo del grupo de tratamiento y de control se les asigna la probabilidad estimada del modelo de selección condicional elegido.

3. ***Seleccionar miembros del grupo de comparación utilizando* propensity score.** Para cada individuo del grupo de tratamiento se selecciona uno o varios individuos del grupo de comparación. Hay varios métodos de selección (explicados en el capítulo II). Según el método elegido, se emparejará cada individuo del grupo de tratamiento con uno o varios individuos del grupo de comparación. El proceso de selección se puede realizar con o sin reposición. En el caso en que se realice con reposición, un individuo del grupo de comparación puede estar emparejado a varios individuos del grupo de tratamiento. La ventaja de la selección con reposición es que reduce el sesgo, si bien también reduce la precisión de los estimadores (Rosembaum, 1995).

4. ***Seleccionar el método de emparejamiento.*** Se utilizarán varios métodos de selección y éstos se compararán para ver cual de ellos obtiene el mejor resultado

en cuanto a similitud de las características de base de los individuos del grupo de comparación y de los del grupo de tratamiento. Para ello se utilizarán una variedad de tests estadísticos (Dehejia y Wahba 1999, y Rubin 2001). Se repetirán los cuatro pasos anteriores hasta que se obtenga una especificación satisfactoria.

Cuadro IV

Datos necesarios para emparejar individuos del grupo de comparación con individuos del grupo tratamiento en el caso de la evaluación de un programa de reinserción laboral

Información demográfica

Sexo, edad, raza, años de educación recibidos, años de experiencia en el mercado laboral

Características laborales (se utilizan sobretodo en el caso de evaluaciones de programas de reinserción laboral o programas de formación profesional)

Salario antes de ser despedido, industria y ocupación antes de ser despedido, tipo de contrato antes de ser despedido, años de experiencia con el último empresario, duración del periodo de empleo antes de ser despedido, duración del periodo de paro previo al despido actual

Información sobre la solicitud al subsidio de paro (se utiliza sobretodo en el caso de evaluaciones de programas de reinserción laboral o programas de formación profesional)

Fecha de inicio y final del subsidio recibido, cantidad del beneficio recibido mensualmente

Información del mercado local

Población, crecimiento de la población, tasa de desempleo, tasa de empleo, índice de pobreza

Esta metodología producirá un grupo de tratamiento y de comparación con características de base observables muy similares. Ahora bien, sin lugar a dudas existirán diferencias entre los dos grupos que el evaluador no podrá observar debido a la falta de datos. Si estas diferencias no observables están correlacionadas con medidas de los resultados del programa, los estimadores del impacto del programa estarán sesgados. Si bien es difícil evaluar la existencia de dichas diferencias no observables, se utilizarán varios "tests" para evaluar la validez de los resultados. Uno de esos tests, utilizado por Heckman y Hotz (1989), consiste en estimar el impacto del programa utilizando variables de base (por ejemplo, salarios 3 o 4 años antes del inicio del programa). El impacto del programa sobre estas variables debería ser nulo si el proceso de emparejamiento ha funcionado. Otro "test" consiste en estimar el impacto del programa para subgrupos de participantes que han recibido pocos servicios. El impacto para estos subgrupos debería ser pequeño puesto que la cantidad de servicios recibidos es pequeña.

III.3.7 Recogida de datos administrativos

Entendemos como datos administrativos aquellos datos que recogen los ministerios, departamentos, e Institutos de Estadística, nacionales o regionales, sobre programas o actividades. Ejemplos de este tipo de datos son número de usuarios de un programa, número de beneficiarios de un programa, población total que reúne las características para ser población objetivo de un programa, ingresos y gastos del programa, características de los usuarios del programa, cantidad y calidad de los servicios recibidos por los usuarios, y número de personal que trabaja en la gestión o implementación del programa, entre otros.

Hay al menos dos grandes ventajas de utilizar datos administrativos en la evaluación de un programa o política social. Por un lado, los datos administrativos son especialmente útiles para contestar ciertas preguntas claves del estudio. Por otro, dichos datos pueden obtenerse a un coste relativamente bajo. Por ello, es sumamente importante que se utilicen los datos administrativos en las evaluaciones causales de programas o políticas.

La utilización de los distintos datos administrativos en la evaluación causal dependerá del tipo de datos administrativos disponibles y del tipo de programa que se pretende evaluar. En esta sección, utilizaremos un ejemplo de política de reinserción laboral para ilustrar qué datos administrativos se utilizarían y su función.

III.3.7 (i) Ejemplo de datos administrativos necesarios par la evaluación de un programa de reinserción laboral

La política que proponemos utilizar como ejemplo es el Trade Adjustment Assistance Act (TAA). Dicha política fue impulsada por el gobierno federal de Estados Unidos para compensar aquellos trabajadores que habían perdido un trabajo a causa de la liberalización del comercio. La política consistía en complementar el subsidio de paro con otro subsidio por despido debido a la liberalización del comercio, y añadir servicios de reinserción laboral y formación profesional especiales para los beneficiarios de TAA.

Los datos administrativos que se propone utilizar para la evaluación de TAA son los siguientes cinco tipos de datos: (1) datos sobre la población beneficiaria (es decir, datos sobre trabajadores de empresas incluidas en la lista de empresas afectadas por la liberalización del comercio según TAA); (2) datos sobre las solicitudes de subsidio de paro y subsidio por despido debido a la liberalización del comercio; (3) datos salariales de los trabajadores en paro; (4) servicios utilizados por los usuarios de TAA; y (5) datos sobre las solicitudes de TAA. El anterior cuadro IV muestra la lista de datos administrativos que se podrían obtener para evaluar dicha política.

1. Datos sobre la población beneficiaria

Los datos de los trabajadores de empresas incluidas en la lista de empresas afectadas por la liberalización del comercio según TAA recogen el universo de trabajadores que podría beneficiarse de esta política. Para cualificar para TAA, una empresa tiene que cumplir los tres requisitos siguientes: (1) haber despedido a un número importante de sus trabajadores, (2) haber sufrido una reducción considerable de sus ventas o su producción, y (3) que la causa de los despidos sea un incremento significativo de las importaciones a EE.UU. de productos similares a los que produce la empresa. Las empresas solicitan su certificación a las agencias estatales. Si la empresa cualifica para TAA, las agencias estatales deben notificar a los trabajadores de las empresas cualificadas de que pueden beneficiarse del programa TAA. Para contactar a los trabajadores de las empresas cualificadas para TAA, las agencias estatales deben disponer de la información necesaria para identificar y localizar a dichos trabajadores (véase Cuadro V). Esta información, recogida en los datos administrativos de las empresas estatales, es información fundamental para seleccionar individuos similares que reciben el subsidio del paro pero no cualifican para TAA (grupo de comparación), y para localizar individuos beneficiarios del programa TAA para realizarles las encuestas descritas en el apartado III.3.8. Evidentemente es importante que el evaluador investigue la naturaleza y calidad de estos datos puesto que es posible que tanto el tipo de datos disponibles y la calidad de éstos varíe mucho en los distintos Estados.

2. Datos sobre las solicitudes de subsidio de paro y subsidio por despido debido a la liberalización del comercio

Los distintos estados disponen de los datos sobre solicitudes de subsidio de paro y subsidio por despido debido a la liberalización del comercio. Estos datos serán útiles para la evaluación causal del programa por las cinco razones siguientes. Primero, permitirán identificar a aquellos trabajadores que reciben subsidios por despido debido a la liberalización del comercio. Segundo, proveerán variables que se utilizarán para seleccionar al grupo de comparación. Estas mismas variables también servirán para definir subgrupos de edad, sexo, raza, industria o salarios antes del despido. Tercero, estos datos ofrecerán información sobre resultados del programa ya que contienen información sobre el número de semanas y la cantidad, en dólares, de subsidio de paro recibido. Cuarto, estos datos contienen información (nombre, dirección, número de teléfono, y número de la Seguridad Social) que permitirán localizar a los individuos beneficiarios de TAA y a los individuos del grupo de comparación. Quinto, la información sobre tipo de servicios del programa TAA recibidos permitirá estratificar la población beneficiaria del programa en usuarios y no usuarios.

Cuadro V
Datos administrativos para la evaluación de TAA

Datos sobre la población beneficiaria
Nombre, dirección, números de teléfono, número de Seguridad Social
Número de la solicitud
Número de identificación del empresario
Datos sobre las solicitudes de subsidio de paro y subsidio por despido debido a la liberalización del comercio
Información sobre la solicitud (tipo de solicitud, fecha de inicio y final del subsidio recibido, cantidad del beneficio recibido semanalmente)
Información demográfica (fecha de nacimiento, raza, sexo, Estado)
Información sobre la situación laboral antes de solicitar el paro (salario, industria en la que trabajaba)
Información de contacto (nombre, dirección, número de teléfono, y número de Seguridad Social)

Datos salariales de los trabajadores en paro
Nombre, y número de Seguridad Social
Salarios cuatrimestrales por empresa
Número de semanas trabajadas por empresa
Número de identificación del empresario

Servicios utilizados por los usuarios de TAA
Información demográfica (fecha de nacimiento, raza, sexo, Estado, años de educación escolar, nivel de conocimiento del inglés)
Número de la solicitud
Información sobre su situación (parado, parado con derecho a subsidio, subsidio de paro agotado)
Información sobre la situación laboral antes de recibir el paro (fecha del despido, años trabajados en la empresa, salario en los últimos cuatrimestres antes de la separación)
Información sobre servicios y beneficios del programa TAA (fecha de aplicación al programa, fecha de inicio de utilización de servicios TAA, fecha de finalización de servicios o cese de participación, fecha de inscripción al programa, y fecha de salida del programa)
Recibo de dietas y costes de transporte durante el periodo de formación
Recibo de formación profesional
Tipo de formación profesional percibida
Recibo del subsidio por despido debido a la liberalización del comercio
Recibo de servicio de asistencia a la búsqueda de trabajo
Información sobre empleo y salarios tras cese de participación en TAA (salarios durante los tres primeros cuatrimestres tras cese de participación en TAA, tipo de ocupación)
Número de identificación (número de la Seguridad Social si éste está disponible)

Datos sobre las solicitudes de TAA
Información demográfica (fecha de nacimiento, raza, sexo, Estado, años de educación escolar, nivel de conocimiento del inglés)
Información sobre su situación (parado, parado con derecho a subsidio, subsidio de paro agotado)
Información sobre servicios TAA recibidos
Información sobre otros servicios recibidos
Información sobre empleo y salarios tras cese de participación en TAA (salarios durante los tres primeros cuatrimestres tras cese de participación en TAA, tipo de ocupación)
Número de identificación (número de la Seguridad Social si éste está disponible)

Los datos sobre las solicitudes de subsidio de paro y subsidio por despido debido a la liberalización del comercio se solicitarán a la vez que se solicitan los datos sobre la población beneficiaria. Es importante que esta información se solicite durante varios años para que se puedan medir los impactos a medio y largo plazo.

3. Datos salariales de los trabajadores en paro

En EE.UU., los empresarios deben entregar a los Estados información sobre los salarios de sus trabajadores cada cuatrimestre. Esta información se utiliza para determinar si un trabajador tiene derecho a percibir el subsidio de paro al ser despedido. Los datos incluyen los salarios que cada trabajador percibe de su empresario cada cuatrimestre.

Debido a la complejidad de recoger y procesar estos datos, los salarios de un cuatrimestre no acostumbran a estar disponibles hasta al cabo de medio año. Además, dado que en EE.UU. se utilizan los ingresos salariales de los cuatro primeros cuatrimestres de los cinco últimos trabajados para determinar la cantidad de subsidio a la que el trabajador tiene derecho, los Estados mantienen estos datos fácilmente accesibles durante un periodo de seis o siete cuatrimestres. Los evaluadores deben pues ponerse en contacto con los distintos Estados donde se evalúe el programa para solicitar dichos datos periódicamente durante el periodo que dure la evaluación.

Estos datos servirán para medir los salarios de los individuos del grupo de tratamiento y del grupo de comparación. A menudo se encuentran importantes diferencias entre el nivel de los salarios según se obtengan vía datos administrativos o vía encuestas (Schochet *et al.*, 2003). Por ello, es importante que se comparen los resultados del impacto del programa en los salarios de los trabajadores utilizando las distintas fuentes de datos.

Finalmente, también se utilizarán los datos salariales disponibles antes de que los trabajadores fuesen despedidos. Dichos datos servirán como variables para emparejar individuos del grupo de tratamiento y del grupo de comparación.

4. Servicios utilizados por los usuarios de TAA

Cada cuatrimestre, los Estados deben entregar al Departamento de Trabajo los datos sobre los servicios utilizados por los usuarios de TAA (Trade Adjustment Participant Record (TAPR)). Esta información se entrega por motivos de seguimiento y evaluación interna del funcionamiento de dichos servicios. Los datos incluyen información sobre servicios de reinserción y formación profesional recibidos por aquellos usuarios de TAA que han dejado de participar en el programa durante el último cuatrimestre.

Además, anualmente puede obtenerse información similar sobre todos los servicios de reinserción y formación profesional percibidos por los individuos del grupo de tratamiento y del grupo de comparación. Esta información se recoge en los *Workforce Investment Act Standardize Record Data* (WIASRD), e incluye tanto los servicios del programa TAA como los servicios generales ofrecidos por las oficinas de empleo de cada estado a los individuos en paro.

Los datos TAPR y WIASRD son datos individuales que se entregan al Departamento del Trabajo con los números de la Seguridad Social de cada trabajador *anonimizados* para garantizar la confidencialidad de los individuos. Si el evaluador no puede obtener de los Estados el algoritmo que permite obtener los números de la Seguridad Social, estos datos se utilizarán para realizar el análisis descriptivo del tipo de programas que reciben los usuarios de TAA y compararlos con los otros servicios ofrecidos a todos los individuos en paro.

Ahora bien, si el evaluador puede obtener el algoritmo que permite obtener los números de la Seguridad Social, estos datos se unirán a los datos sobre subsidio de paro y subsidio debido a la liberalización del comercio, y a los datos de las encuestas (descritos en el apartado siguiente). Unir los datos de las distintas fuentes permitirá estimar el impacto del programa en el momento que se obtienen los servicios, por tipo y por cuantía de servicio recibido.

5. Datos sobre las solicitudes de TAA

Cada cuatrimestre, también pueden solicitarse al Departamento de Trabajo los datos sobre las solicitudes de TAA de cada Estado. Estos datos, y en particular la información sobre el número de solicitudes por Estado, se utilizarán para decidir si se trabajará con todos los Estados o con una muestra de Estados. En el caso en que se decida trabajar con una muestra de Estados, el número de solicitudes de TAA de cada Estado se utilizará para seleccionar los Estados para la evaluación (véase el apartado III.3.6. para más información sobre la selección de las distintas áreas geográficas para la evaluación). Además del número de solicitudes, los datos sobre las solicitudes de TAA también facilitarán la información siguiente: el número de solicitudes aceptadas, la fecha de la solicitud, la fecha de aceptación, la industria a la cual la empresa pertenece, y el número de trabajadores afectados que se prevé en cada empresa. Estos datos se utilizarán como variables explicativas, junto con las variables demográficas de los trabajadores, para determinar los factores que explican utilización de servicios, así como de nivel y calidad de prestación de servicios.

III.3.7 (ii) Colaboración con las comunidades autónomas para construir las muestras

La colaboración con los funcionarios de las comunidades autónomas y de las distintas agencias de las cuales se solicitarán datos es fundamental para el buen funcionamiento de la evaluación. Para que esta colaboración funcione es importante que:

— Se garantice la ayuda de los miembros de las oficinas nacionales, regionales, de las comunidades autónomas y locales. Para ello, se sugiere que se establezcan protocolos a seguir con las distintas oficinas.

— Se sea receptivo a las restricciones presupuestarias de las distintas entidades públicas. Para ello, se sugiere que se realicen solicitudes de datos con la mayor claridad y que se minimicen las solicitudes de proceso de datos. Dicho proceso lo realizarán los evaluadores siempre que sea posible.

— Se trabaje con las distintas comunidades autónomas para garantizar la protección de confidencialidad de los datos.

III.3.8 Encuestas

III.3.8 (i). Encuestas diseñadas para la evaluación de un programa específico

Si bien los datos administrativos son útiles para realizar gran parte del análisis de la evaluación causal de un programa, no acostumbran a ser lo suficientemente amplios para contestar todas las preguntas de una evaluación. Por ello, es generalmente recomendable realizar encuestas que facilitarán información sobre:

- ***Las distintas experiencias de los participantes del programa.*** Por ejemplo, en el caso del programa TAA, las encuestas ofrecerán información acerca de la proporción de trabajadores que reciben la notificación acerca de su capacidad de beneficiarios de TAA, los motivos por los cuales los trabajadores aceptan o rechazan los servicios de TAA, y el nivel de satisfacción con el programa.

- ***Los servicios recibidos fuera del programa.*** Los datos de la encuesta también facilitarán información sobre los servicios y beneficios que los usuarios de TAA reciben de otras agencias que no se ven representadas en los datos administrativos.

- ***Los resultados claves.*** Las encuestas también facilitan el acceso a información de interés como horas trabajadas, beneficios recibidos, ocupación, salarios (si bien esta última variable también es recogida por los datos administrativos), intensidad en la búsqueda de trabajo, nivel de salud, y recibo de asistencia pública.

- ***Las características de base.*** En el caso en que se realice una encuesta de base, se utilizarán los datos de base recogidos en ésta para emparejar los miembros del grupo de comparación con los miembros del grupo de tratamiento. También se utilizarán estos datos de base para definir subgrupos en la población.

Además, dado que puede haber una gran varianza en la calidad y naturaleza de los datos administrativos que se recogen en los distintos Estados, obtener información mediante encuestas permite recoger información de forma consistente en cada uno de los Estados. El Cuadro VI presenta el tipo de información que se recogería mediante encuestas para la evaluación de TAA.

El número de encuestas que se realicen dependerá del programa a evaluar y de la restricción presupuestaria y temporal de la evaluación. Un mayor presupuesto permitirá la realización de un mayor número de encuestas. A menudo se decide reducir costes mediante la eliminación de la encuesta de base. En estos casos, el argumento que se da es la existencia de información en los datos administrativos. Si bien los datos administrativos son muy útiles para la evaluación (como se ha explicado en la sección III.3.7), no siempre acostumbran a ser demasiado exhaustivos en la información de base. La validez de la mayoría de los métodos econométricos presentados en el capítulo II dependerá de la cantidad y calidad de los datos disponibles, y frecuentemente la información contenida en los datos administrativos no acostumbra a ser lo suficientemente amplia como para garantizar la rigurosidad de la metodología econométrica.

Cuadro VI

Información obtenida mediante encuestas para la evaluación de TAA

Datos demográficos y características del hogar

Fecha de nacimiento, raza, años de educación, estado civil, salud, número de hijos, número de individuos que viven en el mismo hogar, información laboral de adultos que viven en el mismo hogar

Datos sobre la notificación sobre el programa TAA y sobre la decisión de participar en dicho programa

Información sobre si ha recibido notificación de TAA, tipo de notificación, información recibida con la notificación, razones por participar o no participar en el programa

Servicios de reempleo recibidos

Tipo de información recibida, tipo de servicios de reempleo ofrecidos

Formación profesional recibida

Fecha de inicio y de finalización de la formación, tipo de formación recibida, objetivo de la formación, Recibo de dietas y costes de transporte durante el periodo de formación, evaluación de la calidad y cantidad de formación recibida

Resultados de la formación profesional recibida

Formación finalizada, razones por el cese de la formación

Métodos de búsqueda de trabajo

Horas por semana que ha buscado trabajo, número de entrevistas realizadas, número de llamadas telefónicas realizadas, número de cartas enviadas o de correo electrónico, razones por no buscar trabajo

Información laboral (antes y después del paro)

Número de empleos, fecha de inicio y finalización, horario, industria, ocupación salario, beneficios, motivos por la separación, duración del desempleo

Recibo de otros subsidios

Recibo de otras ayudas (como por ejemplo, pensión de viudedad, retiro, pensiones, ayuda a la vivienda)

Por otro lado, siempre que el presupuesto y el tiempo lo permitan se aconseja realizar al menos dos encuestas después de la implementación del programa: una al poco tiempo de finalizar el programa, y otra al cabo de uno o dos años de finalizar el programa. La primera de estas encuestas permitiría evaluar los impactos a corto plazo, mientras que la segunda permitiría estimar los impactos más a medio plazo.

Es importante que el diseño de la encuesta lo realicen los evaluadores con la ayuda de expertos en el diseño de encuestas. La tarea de los evaluadores consiste en asegurarse que la encuesta recogerá aquellas variables que sean de interés para medir las características de base y los resultados de la evaluación. El cuadro VI da un ejemplo de los datos de interés que deberían recogerse mediante encuestas en la evaluación del programa TAA.

Las encuestas pueden realizarse mediante entrevista telefónica asistida por ordenador o mediante entrevistas realizadas en persona. Si bien las primeras tienden a ser un poco más costosas en su diseño y programación en el ordenador, una vez realizado ese coste inicial, el coste de las entrevistas por teléfono acaba siendo considerablemente menor que el coste de las entrevistas en persona.

III.3.8 (ii) Encuestas de los institutos de estadística nacionales y de las comunidades autónomas

Además de las encuestas que se pueden diseñar y realizar para una evaluación concreta, existen encuestas que los institutos de estadística nacionales o de las Comunidades Autónomas realizan con cierta frecuencia (anual, bianual, cada cinco o diez años). Ejemplos de este tipo de encuestas son: la encuesta a empresas sobre tendencias del mercado laboral, la encuesta sobre la inserción laboral de los titulados universitarios del curso 1996/1997, o la encuesta del empleo del tiempo en Andalucía 2002-2003.

Es importante que los evaluadores exploren el contenido de dichas encuestas para estudiar la posibilidad de utilizarlas para la evaluación causal de un programa. Hay varias ventajas de utilizar estas encuestas. Por un lado, tienden a ser muestras de gran tamaño y representativas de la población. Por otro lado, su coste para el evaluador es mínimo puesto que ya existen.

Frecuentemente se utilizan para evaluaciones causales cuando el presupuesto limita el acceso a otro tipo de datos. Ahora bien, su validez en las evaluaciones causales dependerá del programa que se quiera evaluar, y del diseño de la muestra y de la encuesta. A veces variaciones regionales o temporales de las instituciones o de las normativas generan experimentos "naturales" que pueden ser fácilmente evaluados con datos secundarios. Por ejemplo, Card (1992) implementó la metodología de "diferencias en diferencias" para analizar el impacto del incremento del salario mínimo en California en 1988. Card utilizó como grupo de tratamiento individuos que vivían en el Estado de California antes y después del incremento de salario mínimo, y como grupo de comparación individuos que vivían en los Estados de Arizona, Florida, Georgia, Nuevo México, y la ciudad de Dallas-Fort Worth en Tejas. El reto en este tipo de análisis es demostrar que los resultados son robustos a cambios en los supuestos realizados, y a las especificaciones empíricas. La sección 4.1 del capítulo II hace más referencias a este tipo de análisis.

IV Recogida de datos en EE.UU. para la evaluación de políticas sociales[1]

Paul Decker
Mathematica Policy Research, Inc.

IV.1 Introducción

La evaluación de políticas sociales en EE.UU. ha evolucionado rápidamente en los últimos años, y gran parte de esta evolución ha tenido lugar en las fuentes que proporcionan los datos y en la recogida de datos que sirven a estas evaluaciones. En los últimos 20 años los investigadores han explotado nuevas fuentes de datos y desarrollado nuevos métodos de recogida de datos que proporcionan una variedad más amplia de medida de los resultados de la que disponían los investigadores que realizaron las primeras evaluaciones de políticas en EE.UU. El desarrollo de nuevas fuentes de datos y nuevos métodos de recogida de datos responde a un amplio abanico de intereses relacionados con la evaluación de los datos, tales como su exactitud, los costes de recogida y el deseo de medir una amplia variedad de resultados. Por otra parte, dado que la evaluación de políticas se ha ido aplicando cada vez a conjunto mayor de escenarios, esto ha generado la necesidad de des-

[1] Este artículo está basado en una presentación en el Workshop sobre Evaluación de Políticas, Universidad Pablo de Olavide, Sevilla, España, el 30 de Octubre de 2006. Agradezco sus comentarios a Nuria Rodríguez-Planas, Jeff Smith, José Ignacio García Pérez y otros participantes del workshop.

arrollar técnicas de recogida y evaluación de los datos que sean adecuadas para responder a las necesidades concretas de estos diferentes escenarios.

Este artículo trata sobre tres grandes preguntas relacionadas con la recogida de datos en evaluaciones de políticas:

- **¿Cuáles son las principales ventajas/desventajas de escoger entre las diferentes fuentes de datos?** En la mayoría de los casos hay múltiples alternativas en la recogida de los datos necesarios para evaluar el impacto de un programa, política o intervención. Por ejemplo, en una evaluación dirigida a calcular el efecto de una intervención sobre los ingresos de los participantes, los investigadores tienen que elegir entre basar su estudio en fuentes administrativas de salarios o recoger los salarios directamente de los participantes. Para tomar una decisión estos investigadores necesitan conocer las ventajas y desventajas de ambas opciones.
- **¿Cuál es la evidencia en EE.UU. respecto a la exactitud de los datos sobre empleo y salarios de diferentes fuentes de datos y cuáles son las implicaciones para la evaluación de políticas?** Desde hace varias décadas los investigadores en EE. UU. han estado llevando a cabo evaluaciones de políticas examinando el impacto tanto en el empleo como en salarios, usando datos procedentes de una amplia variedad de fuentes. Esta experiencia ofrece la oportunidad de comparar datos de empleo y salarios extraídos de diferentes fuentes para tener una idea más precisa de las ventajas e inconvenientes de estas distintas fuentes usadas.
- **¿Cuáles son las últimas tendencias en recogida de datos en EE.UU. y hasta qué punto suponen una mejora en la evaluación de políticas?** El aumento de evaluaciones ha llevado consigo el aumento también de los esfuerzos en la recogida de datos. En los últimos años, la necesidad de datos ha aumentando por varios motivos. De este modo han surgido nuevos métodos que proporcionan estos datos. Tal y cómo plantearé en este artículo, los nuevos métodos de recogida de datos tienen que traducirse en una mejora de las evaluaciones.

IV. 2 Un breve recorrido histórico de evaluación de políticas y recogida de datos

Para contextualizar las preguntas planteadas en la introducción, presentaré un breve resumen de la historia más reciente de las evaluaciones de políticas en EE. UU., centrándome sobretodo en las evaluaciones de programas. Divido esta historia reciente en 3 periodos: hasta 1975, 1975-1995, y 1995 hasta ahora. Estas fechas son algo arbitrarias, pero me permiten seguir la dirección de los desarrollos clave en la evaluación de políticas en EE.UU.

IV.2.1 Fase I: Hasta 1975

Hasta 1975 los estudios rigurosos estuvieron dominados por el uso de técnicas econométricas y estadísticas no experimentales, aplicadas a datos secundarios extraídos de encuestas nacionales como Estudio del Panel de la Evolución de Salarios (PSID), Encuesta Nacional Longitudinal (NLS) o la Encuesta de Población Actual (CPS). Durante este periodo la mayoría de los estudios se centraron en el empleo, los ingresos y la percepción de ayudas (por ejemplo, el seguro del desempleo (UI) o ayudas sociales) como la variable de interés. Una estrategia muy usada consistió en utilizar la encuesta para identificar a los participantes en el programa y compararlos con un grupo similar de no participantes, controlando por los efectos de cualquier diferencia en características exógenas entre ellos. Un ejemplo de este tipo de estudio lo encontramos en Ehrenberg y Oaxaca (1976) en su artículo publicado en American Economic Review sobre los efectos de los distintos niveles del seguro de desempleo sobre la duración de su percepción y abandono del desempleo, que estuvo basado en datos de la NLS. Este enfoque presenta problemas de selección que son difíciles de resolver mediante el uso de técnicas econométricas. Además, las políticas y programas que pueden ser estudiados usando estos datos están limitadas a aquellas para las cuales las encuestas nacionales pueden ser empleadas para identificar a los participantes clave y proporcionar una muestra importante de los mismos.

IV.2.2 Fase II: 1975-1995

Durante la siguiente fase las evaluaciones continuaron centrándose en el empleo, ingresos, y percepción de beneficios como las principales variables de interés. Mientras se popularizó el uso de datos procedentes de las encuestas nacionales, aumentó el uso de bases de datos creadas a partir de registros administrativos. Un ejemplo de esta tendencia fue el desarrollo de la base de datos sobre Historia Continua de Salarios y Ayudas (CWBH), que combinaba datos sobre la percepción del seguro del desempleo de registros de varios estados. Esta base de datos se convirtió en la base de varios estudios importantes sobre los efectos de los beneficios del seguro del desempleo, entre ellos Moffitt (1985), Meyer (1990 y Katz y Meyer (1990).

Durante este periodo los estados han desarrollado sus propios registros trimestrales de salarios pagados por los empleadores, que han sido usados para sustentar el sistema de ayudas del seguro del desempleo en cada estado. Muchos estados permitieron el uso de esta información para realizar estudios y estos registros se convirtieron en la principal fuente de datos para este tipo de estudios centrados en programas dirigidos a aumentar el empleo. Aunque los datos son bastante simples (en general consisten en una suma de los sueldos pagados a cada empleado por el empleador en un trimestre) su amplia cobertura (todos los empleados cubiertos con este seguro) y exactitud hicieron de ellos unos datos muy atractivos para los investigadores. Los registros sobre el seguro del desempleo se han utilizado para realizar evaluaciones de reformas del bienestar y otros programas sociales a nivel de estado.

Mientras estos registros administrativos se popularizaron durante este periodo, las evaluaciones también hicieron uso de otros métodos nuevos de recogida de datos, en concreto encuestas telefónicas a participantes en el programa y a un grupo de control. El aumento de la recogida de datos refleja tanto la facilidad del uso de teléfonos para comunicarse con una muestra deseada de usuarios, como la expansión de recursos federales para sustentar directamente la evaluación de programas federales.

La fase II también muestra un aumento gradual del uso de diseños experimentales para evaluar políticas o programas, a menudo basados en pruebas locales de estos programas o en pequeñas sub-muestras de estos programas locales para representar un programa nacional. Con estos experimentos, una muestra aleatoria de individuos son asignados al grupo "de tratamiento", el cual tiene acceso al programa, mientras que los individuos restantes son asignados al grupo de control, que no tiene acceso al programa. Dado que este tipo de experimentos son en general probados en un número pequeño de lugares, el número de individuos que son expuestos a esta asignación aleatoria y que por lo tanto son incluidos en la muestra de estudio es relativamente pequeño. Por lo tanto, una consecuencia de este enfoque es la necesidad de tener datos de todos o casi todos los participantes. El uso de registros administrativos o la recogida de datos originales proporcionan esta cobertura, mientras que los datos secundarios de fuentes de datos como la PSID o la NLS no proporcionarían una muestra adecuada para sostener una evaluación bajo estas circunstancias.

Cuatro ejemplos de experimentos a gran escala que tuvieron lugar en los 80 prueban los efectos de los bonos de re-empleo ofrecidos a los perceptores del seguro de desempleo. Uno de estos experimentos tuvo lugar en Illinois (Woodbury y Spiegelman, 1987) y se basó principalmente en registros administrativos (tanto del seguro del desempleo como de salarios) para evaluar los efectos de un bono de re-empleo. Los datos extraídos de los registros administrativos proporcionaron medidas de la percepción del seguro de desempleo e ingresos de aquellos individuos que recibieron el bono (el grupo de tratamiento) y aquellos individuos que no lo recibieron (el grupo de control). Los otros tres experimentos, que tuvieron lugar en New Jersey, Pennsylvania y Washington, se basaron en datos procedentes de una encuesta continua a miembros del grupo de tratamiento y grupo de control, así como el mismo tipo de registros administrativos que fue usado en el estudio de Illinois.[2]

IV.2.3 Fase III: 1995 – Actualidad

Recientemente ha habido una expansión rápida en la aplicación de diseño de experimentos en varios escenarios políticos en EE.UU. Un área que ha experimentado un giro hacia un mayor empleo de este tipo de experimentos es educación. Algunos ejemplos de estudios de educación basados en experimentos incluyen:

- **La evaluación del "Upward Bound Program":** es un programa dirigido a incrementar el acceso a la Universidad para estudiantes desfavorecidos. El Departamento de Educación de EE.UU. inició un estudio experimental de este programa en 1991 basado en una muestra representativa de 67 lugares donde tuvo lugar el programa En estos estudios, se les ofreció o rechazo el acceso a los solicitantes de este programa de forma aleatoria, y los efectos fueron evaluados comparando los resultados de aquellos estudiantes a los que se les permitió el acceso (grupo sometido al tratamiento) con aquellos estudiantes a los que se les denegó el acceso (grupo de control). Los últimos resultados de este estudio están descritos en Myers et al. (2004)
- **El estudio "Tennessee Star Schools Study":** Este estudio se llevó a cabo en el estado de Texas para evaluar los efectos de la reducción del tamaño de la clase en los resultados académicos de los estudiantes. El estudio consistió en asignar estudiantes de forma aleatoria a clases con diferente tamaño y examinar las diferencias en los resultados académicos medios entre las distintas clases. Los resultados de este estudio están recogidos en Finn y Achilles (1999).

[2] Los experimentos de New Jersey, Pennsylvania y Washington están descritos en detalle en Corson et al (1989), Corson et al. (1992) y Spiegelman et al. (1992). Meyer (1995) resume los principales hallazgos de todos los experimentos sobre el seguro del desempleo durante este periodo.

- **La evaluación de "Teach For America" (TFA:** es una organización sin ánimo de lucro que proporciona una carrera profesional alternativa en la profesión de maestro de escuela. Al contrario de lo que ocurre con el candidato a maestro tradicional en EE.UU., los participantes del programa TFA no consiguen el título universitario de maestros antes de ser contratados por las escuelas. En lugar de esto, los participantes de este programa son seleccionados en base a su expediente académico y TFA les proporciona preparación como maestros de forma intensiva el verano previo a su asignación a un colegio. Para evaluar a estos maestros TFA, "Teach for America" asigna estudiantes de forma aleatoria a clases impartidas por maestros TFA y no TFA. Los efectos relativos de estos maestros sobre los resultados académicos de los estudiantes fueron medidos por la diferencia en los resultados medios de los estudiantes con maestro TFA y los estudiantes con maestro no TFA. Los resultados de este estudio están recogidos en Glazerman et al. (2006).

Además de en educación, este tipo de experimentos se han empleado para medir los efectos de intervenciones relacionadas con la salud, la justicia, el desarrollo en la primera infancia, la nutrición, así como en la ya tradicional área de empleo y programas de formación.

Desde que las evaluaciones se han desplazado a nuevos marcos políticos se ha ejercido un énfasis muy fuerte en examinar los resultados más allá del empleo, los ingresos y la recepción de ayudas, que fueron el principal foco de atención en las primeras fases. Para medir estos resultados más amplios los investigadores han desarrollado nuevas técnicas de recogida de datos o han adaptado técnicas utilizadas para otros fines a este contexto. Por ejemplo, la Evaluación de TFA descrita arriba utilizó un test bastante conocido, el Test de Conocimientos Básicos de Iowa (ITBS en sus siglas en inglés) que se realizaba en las clases objeto de estudio al inicio y al final del curso académico para proporcionar una medida del aumento de los conocimientos durante el curso. Otras técnicas de recogida de datos nuevas incluyen la grabación en video de las interacciones entre padres e hijos así como la observación directa de la enseñanza en clase. Yo discuto estos métodos en profundidad más adelante en este artículo.

Otra tendencia durante esta fase es que el método tradicional de recogida de datos, las encuestas telefónicas, está siendo menos dominante y más difícil. El aumento del telemarketing y las listas de "no llamar" ha creado un ambiente donde los individuos son más reacios que en el pasado a responder a encuestas, incluso aquellas dirigidas a la investigación de políticas sociales. Los cambios en las tecnologías de la comunicación también están modificando el ambiente para realizar encuestas telefónicas. Dado el dominio de los teléfonos móviles, el uso de números de teléfono para seguir a individuos se ha hecho menos fiable puesto que la gente cambia los números de forma mucho más frecuente que en el pasado. Cuando los individuos son localizados, el uso de filtro de llamadas hace mucho más fácil a los encuestados en potencia, ignorar la solicitud de encuestas. El resultado de todos estos factores ha sido una disminución gradual en la tasa de respuesta en las últimas décadas, tal y como está documentado en Curtin, Presser y Singer (2005). Al mismo tiempo, avances en las tecnologías de la comunicación han abierto nuevas avenidas para la recogida de información. Más adelante en este artículo describiré en detalle algunas de las tendencias recientes.

Al mismo tiempo que han aparecido más datos administrativos y se han convertido en más fiables durante la fase actual, otras fuentes de datos administrativos, como el registro estatal de salarios de UI, se han convertido en menos accesible y más caros de recopilar. En los últimos años los estados han expresado su preocupación sobre la confidencialidad como un motivo para rechazar el uso de bases de datos creadas a partir de datos administrativos. Los estados también están siendo más conscientes del coste que supone generar bases de datos para los investigadores a partir de archivos administrativos. Sin duda parte de esta creciente preocupación se debe a que la petición de datos es cada vez más frecuente. Incluso cuando los estados desean proporcionar los datos, el coste para los investigadores de recoger estos datos ha aumentado debido a negociaciones con los administradores en el estado para conseguir el acceso a los datos, esfuerzos dirigidos a cumplir con acuerdos de confidencialidad o pagos que los estados exigen para poder disponer de los datos.

A pesar de las dificultades asociadas a varias bases de datos, los investigadores que realizan evaluaciones de políticas sociales tienen ahora una variedad de opciones para diseñar su estrategia de recogida de información para apoyar su investigación. En el resto del artículo daré respuesta a las principales preguntas planteadas en la introducción, y que surgen cuando hay que decidir entre distintas fuentes de datos o métodos de recogida de datos como base para realizar una evaluación.

IV.3 Ventajas e inconvenientes en la elección entre distintas fuentes de datos

Normalmente los investigadores que llevan a cabo evaluaciones tienen cierto margen en la elección de las fuentes de datos a utilizar. Para elegir la mejor combinación de fuente de datos los investigadores necesitan primero evaluar las ventajas e inconvenientes que tiene las opciones disponibles. Algunas dimensiones relevantes en lo que respecta a las ventajas e inconvenientes incluye:

- **Cobertura**: ¿Cómo cubrirán las diferentes fuentes la población de interés?
- **Datos disponibles**: ¿Qué fuente contiene datos sobre los resultados principales y con qué flexibilidad son medidos?
- **Errores de medida**: ¿Qué grado de exactitud tienen los datos?
- **Costes**: ¿Cuales son los costes de usar los datos? Y también ¿En qué medida podría afectar el coste de la recogida de datos a su exactitud?

Usando estas dimensiones como guía, a continuación considero las ventajas y desventajas de diferentes tipos de fuentes de datos en un contexto de evaluación.

IV.3.1 Encuestas nacionales

Las encuestas nacionales tienen varias ventajas que han contribuido a ampliar su uso en la investigación de políticas sociales durante los últimos 40 años. Primero, las encuestas nacionales son fácilmente disponibles y baratas de acceder y manipular. Otra ventaja clave es que los datos pueden ser utilizados en teoría para generar muestras nacionales representativas, dando de esta forma al usuario una idea más cercana de cómo interpretar la validez de los hallazgos encontrados.[3] Las encuestas pueden proporcionar información detallada sobre rentas, a través de múltiples fuentes, y estos datos han sido analizados de forma muy extensa, por lo tanto las ventajas e inconvenientes de datos individuales o conjuntos de datos son muy conocidos.

Sin embargo, para objetivos como el análisis de políticas, las encuestas nacionales sufren varios inconvenientes. Primero, la utilidad de una encuesta para realizar una evaluación depende de la habilidad en el uso de los datos para identificar a los participantes. Incluso una encuesta enfocada principalmente en la participación en el programa, como la Encuesta sobre la Renta y Participación en Programa (SIPP en sus siglas en inglés) puede cubrir un número limitado de programas. Las encuestas nacionales también adolecen del tamaño tan pequeño de las muestras, lo que significa que no pueden ser utilizadas para generar muestras importantes de participantes en un programa para muchos programas. Finalmente, las muestras nacionales no son útiles en evaluaciones de experimentos dado que, ni los miembros del grupo de control, ni los no participantes del grupo de tratamiento pueden ser identificados en la encuesta.

[3] Algunas encuestas de tipo longitudinal, como la de PSID, pueden proporcionar una muestra representativa a nivel nacional solamente al inicio de la encuesta. Por el contrario, CPS y otras encuestas basadas en muestreos repetidos pueden proporcionar una mayor representatividad.

IV.3.2 Datos administrativos: Registro de ayudas del desempleo

Una fuente ampliamente utilizada son los registros trimestrales estatales de salarios por ayudas al desempleo (UI), y estos registros se pueden utilizar para subrayar algunos de los puntos fuertes y debilidades de los registros administrativos. Varias características de los registros de las UI representan algunos puntos fuertes cuando el propósito es evaluar una política. Los ingresos que constan en estos registros son supuestamente bastante aproximados puesto que los empleadores son penalizados si informan de modo no apropiado. Por ley, cualquier empleador que paga 1500 $ a, al menos, un empleado receptor del UI durante un trimestre debe informar al estado de los ingresos totales pagados a cada empleado durante el trimestre. Más tarde en este artículo hablaré de la evidencia respecto a la exactitud actual de estos datos. Los registros de UI también tienen un formato muy simple que hace su uso muy sencillo. También se puede acceder a estos datos en un plazo razonable, normalmente dentro de los 6 meses siguientes al trimestre en el que se produjeron los registros. Finalmente, no es muy caro recoger este tipo de datos por parte de los estados, aunque esto no es siempre así en algunos estados. Además, algunos estados no proporcionan estos registros a investigadores.

Hay una serie de limitaciones al uso de los registros de UI como la principal fuente de datos de renta y empleo para una evaluación. Primero, el hecho de que estos registros están diseñados a nivel individual de cada estado puede dificultar la creación de una base de datos que cubra varios estados. En este caso el investigador necesita adquirir los datos de cada uno de los estados considerados en el análisis negociando con los diferentes administradores en cada estado. Además, si algún miembro de la muestra se marcha del estado en cuestión durante el periodo de observación, el registro extraído del estado de origen no contiene información sobre su empleo en otro estado. Esto ha resultado ser un inconveniente claro en los registros de estados donde hay una movilidad importante en el empleo (ver Decker 1989). Presumiblemente éste sería un problema para cualquier base de datos específica de un estado cuyos miembros se desplacen entre distintos estados.

Tal y como ocurre con muchos registros administrativos, los tipos de datos disponibles con los registros de UI son muy limitados. Para muchos estados, los registros de salarios contienen ingresos agregados recibidos por cada empleado de cada empleador durante un trimestre. Algunos estados también incluyen otro tipo de datos ordinarios, tales como el número total de semanas de empleo o el número de horas trabajadas durante el trimestre. En general los registros de UI permiten al investigador medir si un individuo ha estado empleado y el total de ingresos recibidos durante un trimestre, pero no mucho más. Los registros de UI no contienen información sobre rentas no salariales, otros ingresos del hogar, y casi nada referido a características del individuo, por lo que cualquier análisis requiere unir estos registros con otras fuentes de datos para tener información detallada sobre los miembros de la muestra.

Otro inconveniente de estos registros es que no contienen información sobre los trabajadores que no están cubiertos por el sistema de ayudas al desempleo. Estos trabajadores no cubiertos son los autónomos, el personal militar, los empleados de los gobiernos federales, muchos contratistas independientes, y otros muchos. Los registros anteriores cubren de forma estimada a un 94% de los trabajadores (Oficina de Contabilidad General de EE. UU, 2000). Sin embargo, un estudio llevado a cabo por Blakemore et al. (1996) basado en datos de Illinois sugiere que la carencia de datos sobre contratistas independientes supone una laguna importante en el registro de salarios. Este estudio demuestra que muchos trabajadores aptos para las UI en Illinois en 1987 no tenían sus salarios registrados por el empleador al estado porque eran identificados como contratistas independientes. Un empleador no está obligado a pagar seguridad social, Medicare o impuestos UI a los contratistas independientes. Por lo tanto, dado que los empleadores tienen bastante flexibilidad respecto a si designan a un empleado como contratista o no, no es sorprendente que hagan un uso excesivo de este designio. En base a estos hallazgos, Hotz y Scholz (2001) cuestionan la idoneidad del uso de los registros de UI como fuente exclusiva de datos para evaluar programas que atienden a un conjunto de la población con ingresos bajos y para quienes es poco probable estar empleado de forma permanente y a tiempo completo.

IV.3.3 Datos administrativos: Datos sobre ingresos de la seguridad social

Otra fuente de datos sobre ingresos de tipo administrativo es el registro de resumen de ingresos (SER en sus siglas en inglés) realizado por los empleadores al Servicio Interno de Ingresos de los EE.UU. (IRS en sus siglas en inglés). Estos registros son mantenidos por parte de la Administración de la Seguridad Social (SSA en inglés) para determinar la idoneidad del trabajador para la seguridad social. Los datos de SER tienen varias ventajas respecto a su cobertura: los únicos trabajadores no cubiertos por SER son (1) funcionarios federales empleados antes de 1984, (2) trabajadores del ferrocarril, (3) algunos empleadores de gobiernos locales o estatales que están cubiertos por los programas de retiro de los empleadores, (4) personas con ingresos netos anuales procedentes de trabajo por cuenta propia inferiores a 400$ y (5) empleadas del hogar o de granjas con ingresos bajos. La cobertura de trabajadores de SER debería ser un poco más amplia que la de los registros de UI estatales. La mayor diferencia en cuanto a la cobertura es que los registros de UI no cubren a trabajadores federales, personal militar ni a autónomos, mientras que SER no cubre a algunos funcionarios estatales y locales que sí están cubiertos en UI. Se estima que un 96% de todos los trabajadores por cuenta ajena o propia están cubiertos por SER (Administración de la Seguridad Social, 2001), en comparación con el 94% cubierto por UI, mencionado anteriormente.

Respecto a la exactitud, SER podría tener una ligera ventaja sobre UI. Por lo general, el cumplimiento de los requisitos legales debería incentivar a los empleadores a proporcionar información exacta en ambos casos. Además, para el caso de muchas compañías, la información es proporcionada por otra compañía que lleva las nóminas y envía la misma información a la agencia estatal y el IRS, por lo tanto los procedimientos para el envío de información son similares. Los empleadores podrían tener más cuidado con los datos SER dada la existencia de una amenaza real de una auditoria federal de ingresos de acuerdo a los requisitos IRS, pero no hay evidencia de esto.

Otra ventaja de los datos SER es que son mantenidos para el país entero por una única agencia federal. Por lo tanto, crear una base de datos que incluya a individuos de varios estados basada en datos SER no implicaría recogida de información de cada estado, tal y como ocurriría si la base de datos fuera creada basada en los registros de UI. Los datos SER evitan también el problema de individuos que podrían desaparecer de la base de datos si se mueven de un estado a otro.

Estas ventajas implican que, al menos conceptualmente, los datos de SER podrían ser considerados como la opción más atractiva entre las actuales fuentes de datos de ingresos. El principal problema es que los datos a nivel individual de SER no se proporcionan en general a los investigadores debido al cuidado de SSA respecto a la confidencialidad. En ocasiones SSA ha realizado análisis de estos datos dentro de la agencia, siguiendo las especificaciones marcadas por investigadores. Un ejemplo reciente de este uso es el "National Job Corps Study" (Schochet et al. 2003), que discutiré en más detalle abajo. Una evaluación anterior que usaba los registros de ingresos de SSA, la "Transitional Employment Training Demonstration" (Thornton y Decker, 1996), utilizó estos datos para evaluar el impacto de un programa de formación dirigido a enfermos mentales beneficiarios de SSA. Pero en general los investigadores no pueden disponer de los datos de SER.

IV.3.4 Encuestas dirigidas

Otra opción es diseñar una encuesta original para completar los datos necesarios para una evaluación y dirigir la encuesta a los individuos que se desee incluir en la muestra del estudio. La primera gran ventaja es la flexibilidad. Una encuesta dirigida puede ser diseñada para ajustarse lo mejor posible a las necesidades de la población de interés y el cuestionario puede ser especificado para recoger la información deseada y en el formato preferido. En muchos casos estas encuestas se han basado en respuestas libres de las personas encuestadas a preguntas realizadas en cuestionarios en papel, bien a través de correo o en persona, o en entrevistas telefónicas. Últimamente las entrevistas telefónicas o en persona están siendo controladas a través de cierta asistencia por ordenador para maximizar la consistencia de las respuestas y minimizar el error del entrevistador. Al controlar el diseño y la implementación de las encuestas, los investigadores pueden controlar la calidad del esfuerzo en la recogida de datos y hacer cualquier ajuste para mantener la calidad a medida que se desarrolla la encuesta. Este tipo de ventajas explican el uso frecuente de este tipo de encuestas para la realización de evaluaciones en las últimas décadas.

A pesar de las ventajas obvias, hay varias características de las encuestas dirigidas que pueden convertirlas en inaccesibles en algunas situaciones. El mayor obstáculo está relacionado con los gastos y el peso de la recogida de los datos. Un programa a gran escala o una prueba de evaluación podría costar varios millones de dólares, y si la evaluación incluye una recogida de datos amplia, el coste de esta recogida de datos podría representar hasta el 75% del presupuesto total para la evaluación, dependiendo de los detalles. La recogida de datos puede suponer también una carga para los participantes en el programa o, lo que puede ser peor, en individuos que no participaron en el programa porque fueron aleatoriamente asignados al grupo de control. Por ejemplo, algunas evaluaciones han implicado entrevistas telefónicas periódicas a los mismos miembros de la muestra durante un periodo de varios años. La carga puede ser un problema por sí sola, y también puede ocasionar problemas si lleva a tasas elevadas de error en las re-llamadas o a no respuestas, lo que puede hacer peligrar la calidad última de los datos. Un factor final relacionado con la carga de la recogida de datos es la necesidad de tener una aprobación formal de la Oficina de Gestión de Presupuesto de los EE.UU. para cualquier operación de recogida de datos que sea financiada por una agencia federal.

Las encuestas dirigidas no solamente requieren muchos recursos sino que también requieren recursos especializados. Los investigadores que deciden realizar una encuesta dirigida como base para una evaluación necesitan contar con personal con experiencia para realizar este tipo de encuestas. Las áreas para las que se requiere más experiencia incluyen diseño de la muestra, diseño del cuestionario, localización de los encuestados, etc.

Los requerimientos en términos de recursos asociados a estas encuestan implican que sólo deberían ser utilizadas de forma frecuente en casos de enorme interés, tales como evaluaciones de programas donde existe un fuerte interés en medir resultados que no están disponibles en fuentes administrativas. Incluso en estos casos es importante tratar de minimizar la carga asociada a la encuesta, tanto en lo que se refiere a la minimización de los costes de recogida de datos como también en limitar la interrupción de los encuestados debido a la propia evaluación.

IV.3.5 Otras opciones

Hay otros métodos alternativos de recogida de datos que han sido utilizados como suplemento a las fuentes de información descritas arriba. La recogida de datos administrativos dirigida ha sido usada como un método de recogida de datos descriptivos en miembros de la muestra. Varias evaluaciones han utilizado aplicaciones de programa adaptadas para recoger datos básicos y completar las necesidades de las evaluaciones. Algunos ejemplos de este tipo de método incluyen varios experimentos sobre empleo y formación, como el reciente "Individual Training Account Experiment" (McConnell et al. 2006), que ha utilizado complementos breves de solicitudes ya existentes para conseguir los datos básicos necesarios.

Otro tipo de registros administrativos dirigidos incluye la recogida de información sobre los detalles de un servicio recibido o la participación en un programa que no están disponibles en los registros administrativos ya existentes sobre el programa. A menudo esto se consigue a través de la creación de un sistema de seguimiento o un suplemento a los sistemas de gestión de la información del programa ya existente (MIS). Crear un sistema de seguimiento muy amplio puede ser muy pesado en términos de costes, la experiencia necesaria para crear el sistema o el esfuerzo requerido por parte de los administradores del programa para mantener este sistema. Por lo tanto, uno debería tener en cuenta si la información sobre la participación en el programa o servicio es vital para los objetivos de la evaluación antes de dedicar tiempo a la creación y mantenimiento de un sistema de seguimiento muy amplio. En aquellos casos en los que la información sobre la participación no sea tan vital se puede diseñar un sistema de seguimiento más simple o confiar en los registros administrativos ya existentes.

Finalmente, los datos cuantitativos utilizados para evaluar los impactos de un programa suelen ser complementados con datos cualitativos menos estructurados utilizados para valorar la implementación del programa o para proporcionar un contexto a los impactos estimados del programa. Un modo de recoger este tipo de datos cualitativos es la realización de entrevistas personales con los administradores locales del programa. Otros modos consisten en entrevistas en grupo realizadas por grupos de administradores del programa o participantes en el programa.

La dificultad de este tipo de recogida de datos es hacer la información lo más útil posible para el análisis del programa más que simplemente generar una cantidad enorme de datos descriptivos.

IV.4 Comparación de datos de empleo e ingresos de diferentes fuentes

El segundo asunto que quiero tratar es la evidencia existente respecto a la exactitud de los datos de empleo e ingresos procedentes de diferentes fuentes en EE.UU. La mayor parte de la experiencia en evaluación con resultados se ha centrado en el empleo y los ingresos. En general se ha pensado siempre que los registros administrativos proporcionarían datos más completos y exactos que las encuestas. Varios artículos —Baj, Trott y Stevens (1992), Decker (1989), Kornfeld y Bloom (1999), Schochet (2006) — han comparado datos de ingresos y empleo procedentes de encuestas y registros salariales estatales.[4] El artículo de Schochet también analiza los datos de SER. Los artículos de Decker, Kornfeld y Bloom, y el de Schochet se centran no solamente en comparar los datos de ingresos procedentes de encuestas y registros administrativos sino que también analizan si las diferentes fuentes de datos generan diferentes estimaciones de impactos de programas en contextos de evaluaciones. En esta sección resumo los principales resultados encontrados en estos tres artículos.

El análisis realizado en Decker (1989) está basado en la "New Jersey UI Reemployment Demonstration", que fue un estudio diseñado para evaluar los efectos de diferentes servicios complementarios de empleo para los receptores del UI en New Jersey a mediados de los 80. El análisis de los ingresos en Decker está basado tanto en encuestas como en registro de salarios. Kornfeld y Bloom (1999) está basado en el análisis de datos recogidos como parte de una evaluación nacional a través de una muestra aleatoria sobre los servicios de formación del "Job Training and Partnership Act" (JTPA)". Tal y como ocurre con el estudio de Decker, el estudio de Kornfeld y Bloom utiliza tanto las encuestas como los registros administrativos para analizar los impactos en los ingresos. Un artículo más reciente de Schochet (2006) está basado en datos procedentes de un estudio nacional con participación aleatoria del Programa "Job Corps", que proporciona apoyo educativo y de formación a jóvenes con dificultades. El análisis de Schochet compara ingresos procedentes de la encuesta, UI registros de salarios y datos SER.

[4] Hotz y Scholz (2001) también evaluan datos de empleo e ingresos procedentes de diversas fuentes y discuten en profundidad los resultados de Baj, Trott, y Stevens (1992) y Kornfeld y Bloom (1999).

Un resultado consistente en estos tres estudios es que los niveles de ingresos basados en encuestas tienden a ser más altos que los niveles basados en registros administrativos, y las diferencias no se explican de forma completa por factores observables. Por ejemplo, Kornfeld y Bloom (1999) muestran que su muestra de mujeres participantes en JTPA tenían ingresos trimestrales obtenidos a partir de la encuesta que eran un 23% superiores a los salarios calculados a partir de los registros salariales de UI. Para hombres la diferencia fue incluso mayor-los salarios de las encuestas fueron un 32% superiores a los calculados en los registros UI.[5] A partir del análisis de estas diferencias, Kornfeld y Bloom plantean que cerca de la mitad de estas diferencias salariales es atribuible a ingresos que no constan en los registros salariales de UI porque nunca son declarados a las agencias estatales de UI, mientras que el resto de las diferencias permanece sin explicación.

Decker (1989) también encuentra que los ingresos trimestrales basados en la encuesta tienden a ser mayores que los basados en registros administrativos de UI, pero las diferencias tienden a disminuir, entre un 5% y un 20%, dependiendo del trimestre posterior a la asignación aleatoria a cada grupo, y en el primer trimestre después de la asignación los ingresos declarados en la encuesta son más bajos que los que constan en los registros de UI. Decker demuestra que gran parte de la diferencia en ingresos medios declarados en su artículo se explica a partir de tres factores: (1) la confusión entre indemnización por despido e ingresos en los registros salariales, que infla un poco las medidas de los ingresos procedentes de esta fuente; (2) los ingresos procedentes de empleo fuera del estado, que no constan en los registros UI pero si son recogidos en la muestra; y (3) los ingresos procedentes del trabajo por cuenta propia, que tampoco constan en los registros UI pero sí son recogidos en la encuesta.

En el estudio "Job Corps", Schochet (2006) encuentra diferencias incluso superiores a las encontradas en los trabajos de Decker o Kornfeld y Bloom. Los ingresos basados en datos de encuestas eran cerca de un 100% superiores a los ingresos procedentes de los registros salariales o de los datos SER. Por ejemplo, para el grupo de control del estudio (solicitantes "Job Corps" a los que se denegó el acceso a "Jobs Corps") los ingresos medios en el trimestre 16 después de la asignación aleatoria a ese grupo fueron de 2.600 $ según los datos de la encuesta, comparado con los 1.400 $ según los registros de UI.

En cada uno de los estudios hay una gran variación en las discrepancias sobre los ingresos de los individuos que tiende a compensarse de alguna forma en los cál-

[5] Estos estimadores cubren un periodo de observación próximo a los dos años posteriores a que los participantes fueran seleccionados de forma aleatoria en el grupo de control, al cual se le ofreció formación JTPA, o al grupo de control, al que se le denegó esta formación.

culos medios. Por ejemplo, Kornfeld y Bloom (1999) calculan que cerca del 15% de las mujeres y 25% para los hombres presentan discrepancias individuales que superan los 1000$ en valor absoluto en un trimestre, en comparación con las discrepancias medias de 228$ a favor de los ingresos procedentes de los datos de la encuesta para las mujeres y 451$ de nuevo a favor de los datos de la encuesta para los hombres.

La evidencia que muestran estos tres estudios revela que las diferencias en los ingresos procedentes de diversas fuentes tienden a ser muy superiores para jóvenes con dificultades que para adultos con ingresos más estables. Por ejemplo, Kornfeld y Bloom (1999) muestran que mientras que los ingresos basados en datos de encuestas son un 32% superiores para hombres adultos, para el caso de hombres jóvenes los ingresos procedentes de datos de la encuesta fueron entre un 53% y un 69% superiores. Las comparaciones entre mujeres adultas y jóvenes revelan diferencias similares. Entre estos tres estudios, el que tiene menores discrepancias en los datos de ingresos- Decker (1989) — está basado en una muestra de adultos que perciben el UI, quienes para poder ser elegidos para recibir los beneficios de UI deben tener un historial de empleo. Los otros dos estudios, que tienen mayores diferencias en los ingresos, están basados en poblaciones de individuos más jóvenes o con dificultades.

Los resultados encontrados respecto a las diferencias en las tasas de empleo basadas en diferentes fuentes son menos consistentes que las que se refieren a las diferencias salariales. Solamente dos de los tres estudios presentan tasas de empleo. Los resultados encontrados por Kornfeld y Bloom (1999) indican que las tasas de empleo son similares entre las procedentes de los datos de la encuesta y los registros administrativos. Dada la similitud entre las tasas de empleo y las discrepancias en los ingresos, Kornfeld y Bloom plantean que las diferencias en los ingresos deben tener su origen en diferencias en las horas de trabajo efectivas y las declaradas en las dos fuentes de datos, o a diferencias entre la tasa efectiva o declarada de sueldo, o en ambos. A diferencia de Kornfeld y Bloom (1999), Schochet (2006) muestra que las tasas de empleo son alrededor de un 15% más altas en los datos procedentes de la encuesta, al igual que en los datos de SER, que en los registros de UI. Él concluye, en base a estos resultados y los referidos a las diferencias en los ingresos, que los registros salariales no recogen trabajos informales, o temporales ejercidos por los miembros de la muestra. Estos trabajos sí que es probable que sean declarados en la encuesta puesto que los encuestados fueron preguntados a cerca de "trabajos remunerados a tiempo completo o tiempo parcial que hubieran tenido, incluyendo trabajos esporádicos, trabajos de cuidado de niños, servicio militar, trabajo para su propio negocio, u otros tipos de trabajos que hubieran realizado de forma regular". Por el contrario, los registros de UI, podrían estar olvidando muchos trabajos temporales o informales que encajan en alguna de estas categorías. Otra explicación a estas diferencias en los ingresos está en que las horas trabajadas declaradas en la encuesta pueden ser algo exageradas respecto a las horas reales. El trabajador medio de la muestra declaró en la encuesta que ellos trabajaban alrededor de 42 horas por semana, y más de tres cuartos declararon haber trabajado al menos 40 horas. Estos datos son superiores a los que corresponden a todos los trabajadores de todo EE.UU. en el mismo periodo, que fueron de 39.6 horas de trabajo por semana, de media, y un 69% que decía que trabajó al menos 40 horas. Schochet realizó simulaciones que demuestran que una reducción en las horas trabajadas a niveles realistas implica reducciones significativas en las diferencias de ingresos entre las encuestas y los registros de UI.

Un resultado desconcertante que destaca tras echar un vistazo a estos tres estudios es que la elección de una fuente de datos concreta parece afectar a las estimaciones de los impactos del mismo modo que afecta a los niveles de ingresos medios. Mientras que Kornfeld y Bloom muestran que las estimaciones del impacto de JTPA en su estudio no están afectadas en general por la elección de una fuente de datos, Decker y Schochet encuentran importantes diferencias. Una excepción en el estudio de Kornfeld y Bloom es que, para hombres jóvenes con un arresto previo las estimaciones basadas en los datos de la encuesta implica que JTPA reducía de forma sustancial los ingresos medios de este grupo, mientras que las estimaciones basadas en los registros implicaba que JTPA no tenía efectos en los ingresos medios.

Los estudios de Decker y Schochet muestran suficiente evidencia sobre las diferencias en las estimaciones de los impactos sobre los ingresos. Decker muestra impactos muy superiores del Programa de ayuda en la búsqueda de empleo "New Jersey UI Demonstration" sobre ingresos procedentes de datos de la encuesta que en aquellos procedentes de los registros de UI. Mientras las diferencias fueron sustanciales a lo largo del periodo de observación, las diferencias más grandes tienen lugar en el primer trimestre posterior a la asignación aleatoria a un grupo, en las que las estimaciones procedentes de datos de entrevistas hablan de un impacto de 329$ en comparación con un impacto de 50$ basado en datos procedentes de registro. Además, la estimación basada en los datos de la entrevista es estadísticamente significativa a un nivel del 0.01, mientras que la estimación basada en el registro no es significativa a niveles convencionales. Controlando por los tres factores que explican gran parte de la diferencia en los niveles de estas fuentes de datos- indemnización por despido, empleo fuera del estado y trabajo por cuenta propia- no tiene mucho impacto en las diferencias en las estimaciones de los impactos.

Schochet muestra que los impactos estimados de "Job Corps" en los ingresos de los cesionarios son sustancialmente superiores si están basados en datos de encuestas a si están basados en registros salariales UI o en datos de SER. Durante el periodo de participación en el programa, los estimadores de los impactos en ingresos son negativos y estadísticamente significativos según los datos de la encuesta y los datos de SER (los registros de UI no cubrieron este periodo), si bien la magnitud de los estimadores basados en la encuesta son considerablemente superiores. En periodos posteriores, después de que los participantes hayan abandonado "Job Corps", las estimaciones basadas en los datos de la encuesta y los datos de SER pasan a ser positivos y significativos, pero de nuevo, los estimadores basados en la encuesta son superiores. Los registros UI solamente están disponibles para un periodo posterior, y los estimadores basados en estos datos muestran que no hay efectos positivos de "Job Corps" en el largo plazo sobre los ingresos. Un resultado final del artículo de Schochet es que gran parte de la diferencia en las estimaciones podría deberse a la existencia de un sesgo en la no-respuesta, en los estimadores basados en la encuesta, y a que las técnicas estadísticas convencionales fallan en la detección de la presencia de este sesgo, a pesar de tener datos muy ricos. Además, el sesgo debido a la no respuesta surge en el estudio de "Job Corps" a pesar de que la tasa de respuesta es bastante alta- cerca del 80% en la última entrevista de seguimiento, llevada a cabo 48 meses después de la asignación aleatoria, y similar para el grupo de tratamiento y el de control (81% y 78%).

Los hallazgos de estos estudios en su conjunto sugieren que ni las encuestas ni los registros administrativos de datos de ingresos parecen dominar en cuanto a la exactitud. Cada fuente tiene sus problemas: los registros administrativos tienen algunas lagunas en cuanto a los trabajos que cubren, mientras que los datos de las encuestas tienden a sobreestimar los ingresos debido a la exageración en las horas de trabajo declaradas y también sufren de un sesgo importante por no-respuesta. Los problemas en los registros administrativos de ingresos parecen ser especialmente pronunciados para el caso de jóvenes con dificultades, probablemente porque estos suelen participar en trabajos más temporales, informales, etc. que no son seguidos en los registros administrativos pero que podrían ser cubiertos en las encuestas. Merecería la pena diseñar y dirigir un estudio que se centrara de forma más directa en estas diferencias en los datos de los ingresos, quizás a través del uso de una encuesta diseñada especialmente para averiguar la variedad de factores sobre los que se ha especulado que son la fuente de las discrepancias.

IV.5 Tendencias recientes en recogida de datos para evaluaciones en EE.UU.

Las investigaciones más recientes sobre evaluaciones han incorporado un buen número de innovaciones. Estas innovaciones implican nuevas técnicas de recogida de datos así como nuevos tipos de preguntas para realizar o resultados para ser medidos. En esta sección resumiré algunas de las innovaciones clave en las evaluaciones durante la última década.

IV.5.1 Factores que impulsan los cambios en la recogida de datos para evaluaciones

Hay varios factores que han impulsado las nuevas tendencias en recogida de datos en los EE.UU. Primero, ha habido un fuerte deseo de examinar resultados más amplios en la literatura de política social. Por lo tanto, la recogida de datos se ha centrado en mirar resultados más allá de los tradicionales: empleo y salarios. En muchos casos, la ampliación de los resultados objeto de enfoque ha sucedido a medida que se han realizado evaluaciones en nuevas áreas políticas. Un ejemplo destacable en la literatura más reciente sobre evaluación está relacionado con programas que proporcionan a los estudiantes educación para la abstinencia. Al examinar los resultados de ese programa, el objetivo ha sido medir el comportamiento sexual de los participantes, como el principal resultado. La medición del comportamiento sexual implica preguntar diferentes cuestiones que ya fueron realizadas en evaluaciones anteriores enfocadas principalmente en el comportamiento en el mercado de trabajo, y también implica realizar las preguntas de un modo diferente teniendo en cuenta la sensibilidad del tema así como la población de interés.

En relación a esto, las evaluaciones recientes también muestran de forma más frecuente un deseo de introducirse en la "caja negra" del impacto de una intervención. Es decir, ha habido un creciente interés en centrarse no solamente en cómo los resultados son afectados por la intervención, sino también en conocer cómo se han producido esos cambios. De este modo, algunos de los nuevos resultados medidos se consideran resultados "intermedios", y son medidos para seguir los efectos de una intervención a través de cambios en estos "resultados intermedios" hasta los cambios en los resultados finales. Por ejemplo, en una evolución enfocada en analizar un aumento del empleo y los salarios como las variables resultado fundamentales, resultados intermedios podrían ser el aumento de las capacidades para desempeñar un trabajo, el desarrollo de nuevos comportamientos en el lugar de trabajo, y otros factores que puedan contribuir en la mejora de la capacidad para encontrar o mantener un empleo.

Otra preferencia que afecta a los métodos de recogida de datos es el interés en estructurar y cuantificar resultados que no habían sido tratados de esta forma anteriormente. Por ejemplo, ha habido un creciente interés en utilizar observaciones directas de participantes en los programas para medir y codificar resultados de interés. Con frecuencia esto implica utilizar escalas para medir la calidad de la actividad observada.

Todos los factores mencionados arriba hacen que la recogida de datos para realizar evaluaciones sea cada vez más demandante. Al mismo tiempo, los cambios en la tecnología tienen efectos tanto negativos como positivos en la capacidad de los métodos de recogida de datos para satisfacer las demandas en aumento. Las transformaciones en las tecnologías de la comunicación y los usos de esta tecnología han hecho más difícil para las personas encargadas de recoger los datos el uso de teléfonos tradicionales para localizar y entrevistar a potenciales encuestados. Sin embargo todas estas transformaciones también han abierto nuevas opciones, como el correo electrónico, a través del cual se pueden recoger datos. La mejora de las capacidades de los ordenadores también ha hecho posible crear nuevas bases de datos administrativas que también pueden ser utilizadas para evaluaciones.

IV.5.2 Ejemplos recientes de innovaciones en recogida de datos

Los factores descritos arriba han generado una gran variedad de innovaciones en recogida de datos. Una tendencia clave ha sido el aumento del uso de encuestas de "múlti-tipo" en lugar de las estrictamente telefónicas. Estas encuestas "multitipo" dependen de la combinación de esfuerzos realizados en la recogida de datos a través del teléfono, la web, el correo electrónico, el correo tradicional o personalmente. Gran parte del aumento en el uso de estas encuestas "multi-tipo" se debe a las dificultadas asociadas a la realización efectiva de las encuestas telefónicas tradicionales. Para alcanzar altas tasas de respuesta los investigadores están utilizando encuestas "multi-tipo" como una estrategia más diversificada para acercarse a los miembros de la muestra desde diferentes ángulos, con la esperanza de que los miembros de la muestra tienen distintas propensiones a responder a diferentes tipos de acercamiento. Las encuestas basadas en páginas web se están convirtiendo en una pieza clave de este puzzle de recogida de datos. Este tipo de encuestas funcionan particularmente bien para cierto tipo de individuos que se sienten cómodos con internet. Además pueden ser razonablemente eficientes con muestras de tamaño grande, puesto que tienen costes fijos elevados asociados al diseño e implementación del sistema en que se basa la web, pero los costes variables pueden ser muy bajos puesto que en general los encuestados rellenan la encuesta ellos mismos.

Varias técnicas de recogida de datos han sido introducidas para evaluaciones de políticas como un modo de medir resultados en situaciones donde las respuestas a preguntas no son factibles o no generan datos útiles. Un ejemplo está en las evaluaciones de programas para influir en el desarrollo de la primera infancia y el comportamiento de los padres. Estas evaluaciones han incorporado el uso de grabaciones de video para recoger y codificar datos basados en las interacciones entre padres e hijos. Las nuevas técnicas descansan en el uso de escalas para medir el contenido observado/grabado y una preparación muy fuerte de las personas encargadas de recoger los datos para alcanzar fiabilidad en la aplicación de las escalas. Un estudio reciente que uso este método es una evaluación de las efectividad del programa "Early Head Start" (Love et al, 2005). En este estudio los investigadores usaron grabaciones en video para calcular medidas del desarrollo cognitivo y del lenguaje, desarrollo socio-emocional del niño, la salud del niño, y el comportamiento de los padres. Por ejemplo, respecto al desarrollo socio-emocional, los investigadores utilizaron observaciones de grabaciones de video de interacciones entre padres e hijos en una tarea semi-estructurada para medir el nivel de atención del niño y el nivel de interacción y comunicación entre el padre y el hijo. Estos comportamientos fueron codificados en una escala de 7 puntos. De forma similar, las observaciones de video de esta tarea también fueron usadas para medir el apoyo y dedicación del padre en una escala de 7 puntos. Estas medidas del comportamiento del padre complementaron otras medidas que se basaron en informes proporcionados por los mismos padres.

Varios estudios recientes sobre programas en escuelas han incorporado observaciones del tiempo de enseñanza en la clase en sus planes de recogida de datos. Las observaciones al nivel de la clase no son nuevas- han sido utilizadas durante años para evaluar a los profesores- pero las evaluaciones de intervenciones en educación han comenzado a utilizarlas desde hace poco. Estas observaciones han sido utilizadas como apoyo en la evaluación a diferentes niveles de predicción, dependiendo de la evaluación. Algunos estudios han utilizado las observaciones a nivel de clase para medir la fidelidad de la implementación del programa al tener observadores que simplemente determinan si los profesores están cubriendo o no cada paso del programa tal y como fue especificado por el diseñador del programa. Otros estudios han utilizado las observaciones al nivel de la clase para medir la calidad de la enseñanza del profesor o su forma de dirigir la clase. La mayoría de las evaluaciones en educación que están utilizando observaciones de la clase están aun en marcha.[6]

En el campo de la investigación en nutrición, ha habido algunas innovaciones clave en cuanto a recogida de datos alimenticios y convertir estos datos en medidas

[6] Ejemplos de estudios sobre educación en marcha que incluyen observaciones a nivel de la clase incluyen aquellos descritos en Agodini et al (2003), Decker et al (2005), y Glazerman et al (2006).

de consumo de nutrientes. El modo principal para recoger datos para llevar a cabo una evaluación sobre dietas son las entrevistas con 24 de transcurso (después de la comida), en las que se les pregunta a los encuestados sobre su consumo en las 24 horas anteriores a la encuesta, centrándose en el tipo de comida consumida y la cantidad de cada tipo. Varios estudios de validación de estos instrumentos de "recuerdo de la dieta" ha llevado a un nuevo de refinamientos en la aplicación de estos instrumentos. Por ejemplo, los investigadores han aprendido que los encuestados suelen pasar por alto algunos alimentos y han establecido encuestas para asegurar que esos alimentos no son olvidados. Una vez son recogidos estos datos, son convertidos en medidas de nutrición mediante una relación entre el dato de consumo y una base de datos de nutrientes que especifica el contenido nutritivo de cada alimento. Un ejemplo de sistema de recogida de este tipo de datos de ingesta de nutrientes es el Sistema de Datos de Nutrición para la Investigación de la Universidad de Minnesota.[7] A medida que han aumentado los datos sobre el consumo de alimentos, también lo han hecho los métodos de análisis e interpretación de estos datos. El Software para la Estimación de la Distribución del Consumo de la Universidad Estatal de Iowa, conocido como PC-SIDE, es empleado para estimar los percentiles de consumo habitual de nutrientes de las comidas y la proporción de la población que realiza un consumo adecuado y excesivo.[8]

Otra innovación relacionada con la evaluación de políticas ha sido la creación de bases de datos exhaustivas que combinan datos de múltiples fuentes administrativas. Un ejemplo es la base Datos Administrativos para la Investigación y Evaluación (ADARE en sus siglas en inglés) financiado por el Departamento de Trabajo de EE.UU. ADARE es una alianza entre nueve estados que tienen un acuerdo de compartir datos y permitir el acceso a fuentes administrativas estatales. Este acuerdo está dirigido a apoyar una cámara de compensación para el registro estatal de salarios por desempleo y otros registros de cada uno de los nueve estados socios de forma que los usuarios puedan realizar análisis de datos longitudinales a través de múltiples estados. Estos datos también contienen información sobre participación en programas de formación de modo que la base de datos también puede ser utilizada para evaluar el impacto de programas de formación, como el descrito en King y Schroeder (2004). Otro ejemplo de una base de datos exhaustiva es el "Almacén de Datos Educativos K-20" de Florida (EDW), que integra datos extraídos de múltiples fuentes que son disponibles a nivel estatal. EL EDW

[7] Devaney et al 2004 describe un estudio a gran escala sobre nutrición llevado a cabo con niños y bebés basado en este método de recogida de datos.

[8] Carriquiry (2003) describe el método de estimación y Briefel et al (2006) proporcionan un ejemplo del uso de este método.

permite análisis longitudinales de estudiantes puesto que proporciona la posibilidad de seguir a los estudiantes a lo largo del tiempo y a través de sistemas de evaluación.[9]

IV.5.3 Mirando hacia adelante

Los investigadores que trabajan en la evaluación de políticas públicas en EE.UU. están usando las técnicas descritas arriba y otras para recoger una cantidad de datos enorme. El rendimiento de muchas de estas inversiones en recogida de datos es todavía muy incierto. Los investigadores que utilizan técnicas de recogida de datos innovadoras trabajan con mucha dificultad (al estar intentando observar y medir resultados que no son fácilmente medibles). El rendimiento de estas inversiones en recogida de datos dependerá del éxito en la medición de estos resultados. Sin embargo, también dependerá de la habilidad en incorporar las medidas resultantes en un marco analítico útil para evaluar el impacto de programas (uno que pueda explotar de forma efectiva la naturaleza y ventajas relativas de estas medidas para dar lugar a evaluaciones que sean claramente superiores debido a los datos adicionales). Esto requiere las correspondientes innovaciones en métodos de análisis de datos para ir al mismo ritmo que las innovaciones en los datos.

IV.6 Conclusiones

La elección tanto de fuentes de datos como de técnicas de recogida de datos como base para realizar evaluación de políticas debería depender de la situación. Como he comentado en este artículo, las diferentes fuentes de datos tienen distintas ventajas e inconvenientes. Por lo tanto, la postura adecuada para una evaluación dada consiste en elegir la fuente de datos en base a cómo las demandas de la evaluación encajan con las relativas ventajas e inconvenientes de las diferentes fuentes. Mientras que la mayor parte de la discusión en la literatura sobre las fuentes de datos se ha centrado en la exactitud, otros factores, como los costes, la disponibilidad y la flexibilidad deberían también jugar un papel importante en el análisis.

La evidencia existente no proporciona una guía clara sobre la mejor fuente de datos de empleo e ingresos. Los tres estudios comentados en este artículo conclu-

[9] Se puede encontrar información sobre el Almacén de Datos Educativos de Florida en la siguiente dirección: edwapp.doe.state.fl.us/doe/EDW_Facts.htm.

yen que los niveles de ingresos suelen ser mayores cuando provienen de datos de encuestas que cuando provienen de registros administrativos. Además, dos de estos tres estudios encontraron que diferentes fuentes de datos generaban diferentes estimadores sobre los impactos sobre ingresos. Por lo tanto, la elección de la base de datos puede tener implicaciones importantes para la pregunta que se quiere evaluar. Desafortunadamente los hallazgos de estos estudios no proporcionan una evidencia clara sobre cual es la fuente de datos de empleo e ingresos más exacta. La mejor opción en la mayoría de los casos es utilizar múltiples fuentes de cara a explotar las ventajas de todas ellas.

La utilización de los datos y los métodos de recogida en las evaluaciones de políticas en EE.UU. ha experimentado fuertes cambios en los últimos años. Hace treinta años la mayoría de los trabajos de investigación enfocados en la evaluación de programas sociales utilizaba datos extraídos de encuestas nacionales ya existentes. Debido a los cambios en la tecnología y a la disponibilidad de mayores recursos para el estudio de políticas, hoy existe una gran variedad de fuentes de datos y nuevos métodos de recogida que se utilizan para medir resultados que no pudieron ser medidos anteriormente. Las fuentes de datos y métodos de recogida evolucionan rápidamente así como el volumen de nuevos datos generados. El grado en que estos nuevos datos se traducen en mejoras en las evaluaciones dependerá de cómo los investigadores continúan desarrollando técnicas de análisis para explotar de forma efectiva estos datos nuevos.

V Diseño de la evaluación de la efectividad de las políticas activas de ocupación en Rumanía

Nuria Rodríguez Planas
Universidad Autónoma (Barcelona)

Jacob Benus
IMPAQ International

V.1 Introducción

Si bien antes de 1989 no había desempleo declarado en Rumanía, las reformas sociales, económicas y políticas generaron un exceso de oferta de trabajo y el desempleo creció rápidamente hasta alcanzar el 11 por ciento en 1994. La reforma afectó a muchos trabajadores que vieron el valor de su capital humano desaparecer, tuvieron dificultades en adaptarse al nuevo funcionamiento del mercado, y en encontrar empleo u oportunidades empresariales.

El gobierno rumano, consciente de las dificultades en las que se encontraban los trabajadores en paro, creó varios programas de protección social, así como varias medidas activas de ocupación con el fin de ayudar les a encontrar trabajo. A principios de los noventa, el Ministerio de Trabajo y Protección Social inició un programa donde se ofrecía un seguro social junto con medidas activas de ocupación. El objetivo de estas medidas consistía en incrementar la demanda de trabajo de los jóvenes, mejorar la intermediación laboral ofreciendo formación ocupacional a trabajadores en paro, y estimulando la creación de empleo a través de créditos para las empresas. Ahora bien, estos programas de políticas activas de ocupación tuvieron una implementación limitada. Y no es hasta finales de los años noventa que el gobierno rumano, gracias a una subvención que recibe del Banco Mundial, inicia la implementación de políticas activas de ocupación en todo el territorio nacional. Esta subvención ofrece, por una parte, ayuda técnica y financiera con el fin de mejorar la capacidad de los servicios de empleo (es decir, mejorar la infraestructura y la formación del personal técnico), y por otra, permite diversificar y ampliar la oferta de políticas activas de ocupación.

En este trabajo, se presenta el diseño no-experimental de la evaluación de la efectividad de cuatro políticas activas de ocupación que se ofrecieron en Rumanía en 1999. Estas políticas son: (1) un programa de formación, (2) un programa de apoyo a la autoocupación, (3) un programa de creación de trabajo público, y (4) un programa de intermediación laboral. El diseño e implementación de dichas políticas fue parcialmente financiado por el Proyecto de Empleo y Protección Social del Banco Mundial.

El objetivo de la evaluación consistía en medir los resultados de estos programas en comparación con los resultados que se hubieran obtenido si el trabajador en paro no hubiese accedido a ninguno de estos cuatro programas. Debido a la naturaleza de los programas no fue posible asignar aleatoriamente los individuos que presentan su solicitud a un programa al grupo de tratamiento y al grupo de control. Por lo tanto, se desarrolló un diseño no experimental para la evaluación y se utilizaron técnicas de "matching" para estimar los resultados. El impacto de estos programas se midió en términos de experiencia laboral durante los dos años siguientes a la participación en el programa, y situación laboral en el momento de la encuesta, es decir en Enero y Febrero del 2002.

El trabajo se organiza de la manera siguiente. La sección 2 presenta la situación económica de Rumanía después de 1989. La sección 3 explica las políticas de ocupación en Rumania, y en concreto describe las políticas activas de ocupación bajo evaluación, y su implementación. La sección 4 presenta el diseño de la evaluación. La sección 5 concluye con los resultados de la evaluación.

V.2 La situación económica

Desde 1989, Rumanía ha estado en un proceso de transición hacia la economía de mercado. Este proceso ha sido lento. Como se muestra en el Cuadro I, el crecimiento económico fue negativo durante los principios de los años noventa debido a la fuerte presión de la competencia externa. Si bien en 1993, la economía empieza a recuperarse, al cabo de tres años, ésta vuelve a tener un crecimiento negativo que durará hasta finales de la década. A partir del año 2000, la economía rumana se recupera y desde entonces ha crecido un promedio de 4 a 5 por ciento por año.

Cuadro I

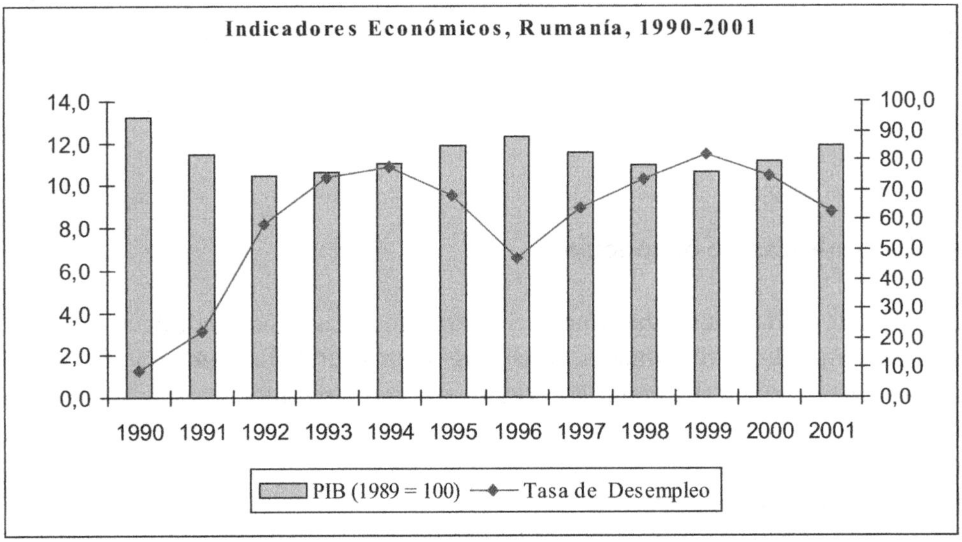

La caída del PIB a principios de los años noventa conllevó un incremento del desempleo. Como puede verse en el Cuadro I, después de la caída del PIB, el desempleo registrado no tardó en crecer y alcanzar los dos dígitos a mediados de los noventa. Si bien, la tasa de desempleo se moderó temporalmente durante los años 1995 y 1996, pronto continuó su crecimiento alcanzando 11,5 por ciento de la población activa en 1999. Desde entonces, la tasa de desempleo se ha ido reduciendo progresivamente, alcanzando el 9 por ciento de la población activa en 2001.

Es importante añadir que la tasa de desempleo registrado no hace justicia al gran problema de la falta de trabajo en el mercado laboral rumano por al menos tres motivos. Primero, durante los años noventa, el gobierno rumano optó por limitar la destrucción de puestos de trabajo a cambio de un ajuste vía salarios reales combinado con una serie de programas de retiro anticipado. Si bien estas dos políticas consiguieron contener el crecimiento del desempleo registrado, muchos trabajadores salieron del mercado laboral y accedieron a trabajos muy poco productivos, sobretodo en el sector agrícola. Segundo, un alto porcentaje del empleo rumano es empleo de subsistencia en el sector agrícola—el porcentaje de empleo en el sector agrícola en Rumanía en el 2001 fue del 42 por ciento del empleo total comparado con el 28 por ciento en 1989. La importancia de este sector y su crecimiento sugieren la existencia de una economía agrícola dual con una proporción importante de la población trabajando en empleos poco productivos en el sector agrícola de subsistencia y coexistiendo con grandes y potencialmente rentables empresas agrícolas. Y tercero, en Rumanía existen varias categorías de empleo que si bien se clasifican como empleo, fácilmente podrían clasificarse como desempleo. Este es el caso de trabajadores no pagados en empresas familiares, trabajadores que trabajan a tiempo parcial debido a que no pueden encontrar trabajo a tiempo completo, o trabajadores en desempleo 'técnico' o baja sin remuneración iniciada por el empresario.

V.3 Las políticas de ocupación

Con el fin de ayudar a los trabajadores en paro a encontrar trabajo, el gobierno rumano, consciente de las dificultades en las que se encontraban dichos trabajadores, creó varios programas de protección social, así como varias medidas activas de

V.3.1 El programa de ayudas financieras por desempleo

A principios de 1991, el Ministerio de Trabajo y de Protección Laboral y Social adoptó el Programa de Ayudas Financieras por Desempleo. Este programa otorgaba a los trabajadores en paro ayuda financiera. Para poder acceder a estas ayudas, los individuos tenían que estar inscritos en la Oficina de Empleo local, ser mayores de edad, tener una renta menor al salario mínimo nacional, encontrarse en paro debido al cierre de la empresa o un despido, haber trabajado al menos seis meses durante los últimos doce meses, o acabar los estudios escolares o universitarios y no haber encontrado trabajo.

La prestación por desempleo podía percibirse durante un periodo máximo de duración de nueve meses. El nivel de los beneficios oscilaba entre 50 y 60 por ciento del salario mensual medio durante los últimos tres meses de empleo para aquellos trabajadores que habían sido despedidos. Para aquellos que acababan de entrar en el mercado laboral, los beneficios variaban con su nivel de educación y años de experiencia laboral en trabajos previos. Una vez agotados los nueve meses de prestación de desempleo, los trabajadores que no hubiesen encontrado trabajo podían solicitar desempleo asistencial (el 60 por ciento del salario mínimo) durante un periodo máximo de 18 meses.[1]

[1] Ver Earle y Pauna (1998) para una descripción detallada y análisis meticuloso de las ayudas financieras por desempleo en Rumanía.

V.3.2 Políticas activas de ocupación

A principios de los años noventa, el gobierno rumano adoptó varias medidas de políticas activas de ocupación cuyo objetivo consistía en incrementar la demanda de trabajo de los jóvenes, mejorar la intermediación laboral ofreciendo formación ocupacional a trabajadores en paro, y estimulando la creación de empleo a través de créditos para las empresas. Ahora bien, estos programas de políticas activas de ocupación tuvieron una implementación limitada. Por lo tanto, cuando los procesos de privatización y re-estructuración se aceleraron y conllevaron múltiples despidos colectivos a mediados y finales de los noventa, fue necesario incrementar y diversificar la oferta de dichas de medidas a nivel nacional.

En 1995, con el fin de mejorar los servicios de empleo ofrecidos a través de una red de oficinas de empleo locales, el gobierno rumano firmó un convenio con el Banco Mundial para participar en el Proyecto de Empleo y Protección Social. Este proyecto ofrecía ayuda técnica y financiera con el fin de: (1) mejorar la capacidad de los servicios de empleo para incrementar el número de subsidios por desempleo y servicios de políticas activas de ocupación; (2) desarrollar un sistema de formación para adultos que permitiese adecuar los conocimientos de la oferta de trabajo con las necesidades del mercado laboral; (3) implementar reformas en los programas de ayuda por desempleo, ofreciendo servicios específicos a aquellos grupos de la población con más dificultades de integración social.

A principios de 1997, el Proyecto de Empleo y Protección Social también financió el Programa de Desarrollo Ocupacional, cuyo objetivo fue reducir el impacto negativo de la re-estructuración económica en el empleo. Dicho programa ofrecía servicios de apoyo a la reintegración laboral de los trabajadores en paro. Otro de los objetivos del programa era la creación de nuevos empleos y conservación de empleos previamente existentes, contribuyendo así al crecimiento económico. El programa incorporaba los cuatro elementos siguientes:

1. Intervención rápida, es decir, servicios previos al despido
2. Programas de políticas activas de ocupación
3. Información
4. Desarrollo económico local

El objetivo de este trabajo es explicar el diseño de la evaluación del impacto del segundo elemento, es decir los programas de políticas activas de ocupación (PAO a partir de ahora).

V.3.3 Medidas de políticas activas de ocupación

En Junio de 1997, se inició la implementación de los programas de PAO bajo la supervisión y responsabilidad de la Agencia Nacional de Empleo y Formación Ocupacional y de las Agencias Regionales de Empleo y Formación Ocupacional. Las responsabilidades de las agencias regionales incluían el diseño y la implementación de las PAO. Ahora bien, no eran las agencias regionales las que ofrecían estos servicios, sino que éstas contrataban a proveedores públicos o privados para la provisión de dichos servicios. Las responsabilidades de las agencias regionales incluían anunciar los concursos públicos, seleccionar al ganador (o ganadores) del concurso, y contratarlo(s) para la oferta de servicios públicos de ocupación.

Dichos contratos a proveedores de servicios públicos de ocupación se otorgaban junto con incentivos económicos para mejorar su impacto en el mercado laboral, y por lo tanto, incorporaban cláusulas con niveles establecidos de reinserción de los participantes en el mercado laboral y de apertura de nuevas pequeñas empresas. Por lo tanto, los proveedores de servicios públicos de ocupación tenían un interés claro en seleccionar a aquellos trabajadores en paro con mayor probabilidad de completar con éxito el programa y encontrar trabajo a posteriori. Este proceso claramente hizo inviable la implementación de un diseño experimental, y además provocó un sesgo de selección en los datos debido a la correlación entre la participación de los individuos en el programa y los resultados del programa.

En este trabajo se presenta el diseño no-experimental de la evaluación de la efectividad de cuatro políticas activas de empleo que se ofrecieron en Rumanía a finales de los años noventa. Estas políticas son: (1) un programa de formación, (2) un programa de apoyo a la auto-ocupación, (3) un programa de creación de trabajo público, y (4) un programa de intermediación laboral. El objetivo de la evaluación consistía en medir el efecto causal de estos programas comparado con la no participación en ninguno de estos programas. El Cuadro II describe las características principales de los distintos programas.

Como puede verse en el Cuadro II, estos cuatro programas difieren claramente. Mientras que el programa de apoyo a la auto-ocupación y el de intermediación laboral ofrecen asesoramiento, orientación y servicios para facilitar la apertura de nuevas empresas, el primero, o la incorporación en el mercado de trabajo, el segundo; los otros dos programas están enfocados a poblaciones más vulnerables. El programa de formación ofrece formación ocupacional, cursos de educación general y educación básica a individuos que carecen de estos conocimientos básicos. El programa de creación de trabajo público se considera frecuentemente como

Cuadro II
Características de las PAO

	Formación Ocupacional	Asistencia a la Auto-Ocupación	Creación de Empleo Público	Intermediación Laboral
Contenido del programa	Educación general, formación profesional y ocupacional	Ayuda para valorar la viabilidad de la idea empresarial, cursos de desarrollo empresarial, asistencia técnica sobre impuestos, contabilidad, marketing, entre otros tópicos	Trabajos de mejora de la infraestructura pública, y trabajos en instituciones sociales	Información sobre empleos y sobre el proceso de búsqueda de trabajo
Duración máxima del programa	9 meses	12 meses	6 meses	9 meses
Grupo con Preferencia	Trabajadores jóvenes	Empresarios sin trabajo o que hayan abierto una empresa en los últimos 12 meses	Trabajadores en paro de larga duración	—
Compromisos de los Proveedores:	Reinserción de un mínimo el 60% de los usuarios	Creación de un mínimo de 5% de pequeñas empresas	Reinserción de un mínimo el 10% de los usuarios	Reinserción de un mínimo el 10% de los usuarios

subsidio o una transferencia, y tiende a ofrecerse en regiones con pocas oportunidades económicas, y con un porcentaje importante de población en paro de larga duración.

V.3.4 Utilización de las PAO

Como se indica en el Cuadro III, entre estas cuatro PAO, se realizaron 767 contratos a fecha de 1 de septiembre del 2001. Estos 767 contratos tuvieron 64.000 clientes. La tasa promedio de incorporación en el mercado laboral de estas cuatro PAO fue del 20 por ciento (12,623 incorporados / 64,360 usuarios). El programa con mayor número de clientes (el programa de intermediación laboral) ofreció asesoramiento a 31,679 individuos y en promedio costó $12 dólares americanos por usuario. En cambio, el programa de creación de trabajo público ofreció servicios a menos usuarios (9,496 usuarios), y el coste por usuario fue de $294 dólares americanos.

V.3.5 Periodo de evaluación

Nos dimos cuenta, gracias a conversaciones con trabajadores de las empresas proveedoras de servicios públicos, que los contratos que teníamos que utilizar para la evaluación eran aquellos que se iniciaron en el año 1999. Aquellos contratos iniciados antes de 1999 experimentaron los problemas típicos del inicio de la implementación de cualquier política. Y aquellos programas que empezaron en el 2000 y 2001 eran inadecuados para nuestra evaluación ya que todavía podían estar operativos en el momento de la recogida de datos dado el horizonte temporal que teníamos. Por lo tanto, nuestra muestra fue obtenida utilizando los contratos otorgados en 1999, y realizados sobretodo durante ese año.

De acuerdo con los datos administrativos de la Agencia Nacional de Empleo y Formación Ocupacional, durante el 1999 se iniciaron 425 contratos en Rumanía. Estos contratos se realizaron en distintas regiones como puede verse en el Cuadro IV. El programa con mayor número de usuarios fue el programa de intermediación laboral con 9,838 usuarios. Durante el año 1999, el programa de creación de trabajo público sirvió a 6,599 usuarios y el de apoyo a la auto-ocupación sirvió a 5,141 usuarios. El programa de formación ocupacional fue el más pequeño con tan sólo 419 usuarios durante ese período.

Cuadro III
Contratos de PAO
A fecha del 1 de septiembre del 2001

PAO	Número de Contratos	Usuarios	Usuarios Colocados	Coste Total (US$)	Coste por Usuario (US$)	Coste por Colocación (US$)
Intermediación Laboral	88	31,679	6,610	$ 394,641	$ 12.46	$ 59.70
Formación Ocupacional	54	2,892	1,197	$ 157,529	$ 55.68	$ 131.60
Creación de Trabajo Público	533	9,496	1,248	$ 2,787,427	$ 293.54	$ 2,233.52
Asistencia al Auto-Ocupación	92	20,293	3,568	$ 366,000	$ 18.04	$ 102.58
TOTAL	767	64,360	12,623	$ 3,705,597	$ 57.58	$ 293.56

Fuente: US Department of Labor, Technical Assistance Support Team.

Cuadro IV

Políticas activas de ocupación, 1999

	Formación Ocupacional		Asistencia al Auto-Empleo		Creación de Trabajo Público		Intermediación Laboral		TOTAL	
	contratos	usuarios	contratos	usuarios	Contratos	usuarios	contratos	usuarios	contratos	usuarios
Sibiu	4	184	4	2035	3	95	8	4089	19	6403
Hunedoara			2	260	120	1874	1	383	123	2517
Neamt					3	42	2	1276	5	1318
Cluj					1	25	1	1284	2	1309
Bacau	1	35	2	825	5	113			8	973
Suceava					25	587	1	200	26	787
Alba					6	211	2	550	8	761
Vaslui					43	731			43	731
Gorj	2	63	3	600					5	663
Botosani					37	660			37	660
Maramures			1	300	16	348			17	648
Dolj	2	60	1	60	3	91	1	400	7	611
Buzau					15	266	1	250	16	516
Caras-Severin					23	510			23	510
Giurgiu	1	19			2	57	1	400	4	476
Timis					3	30	1	345	4	375
Dimbovita			1	119	2	50	1	156	4	325
VIlcea			1	123	10	166			11	289
Vrancea					1	16	1	268	2	284
Covasna			2	62	9	102	1	100	12	264

Cuadro IV
(Continuación)

Iasi			1	170	2	60	1	25	4	255
Harghita			3	71	4	70	2	60	9	201
Calarasi			1	162					1	162
Bihor	1	40			5	118			6	158
Arges			2	140					2	140
Bistrita					5	108			5	108
Salaj			1	106					1	106
Teleorman			1	60	2	40			3	100
Brasov	1	18			2	35	1	20	4	73
Constanta					3	56			3	56
Prahova					3	56			3	56
Braila			1	48					1	48
Satu-Mare					3	33			3	33
Ialomita							2	32	2	32
Mehedinti					1	26			1	26
Tulcea					1	23			1	23
TOTAL	12	419	27	5,141	358	6,599	28	9,838	425	21,997

V.4 Diseño del estudio de impacto

La evaluación del impacto de las PAO se diseñó con el fin de contestar la pregunta siguiente:

— ¿Cuál es el impacto de cada uno de los programas en la situación laboral de los participantes?

Debido a las restricciones presupuestarias se seleccionó la muestra de individuos del grupo de tratamiento y del grupo de comparación vía muestreo aleatorio estratificado. La estratificación se realizó a nivel geográfico. A continuación, se explica con más detalle la selección de las zonas geográficas, de los participantes, y de los miembros del grupo de comparación.

V.4.1 Selección de las zonas geográficas

En el primer nivel de estratificación se seleccionaron las zonas geográficas. El análisis de la distribución de contratos y usuarios por regiones durante el año 1999 (cuadro 4) indica que el 86 por ciento de los usuarios residían en las 15 regiones con mayor número de usuarios. Además, el estudio de la situación económica de estas 15 regiones nos llevó a la conclusión que, en conjunto, estas regiones representaban la diversidad económica e industrial de Rumanía. Por ejemplo, entre estas 15 regiones se encontraban regiones muy pobres como las regiones de norte-este (Botosoni y Vaslui), y otras ricas en recursos naturales y con una fuerte industria como las regiones del norte-oeste (Cluj y Maramures).

El Cuadro V muestra la tasa de desempleo de las regiones seleccionadas para el estudio, y es indicativo de la diversidad económica de nuestra muestra. Las tasas de desempleo fluctúan entre el 8,7 por ciento en Dolj—donde distintas empresas extranjeras como Daewoo Automobile se estaban instalando—y el 18,7 por ciento en Hunedora, una zona minera que ha sufrido importantes re-estructuraciones económicas.

V.4.2 Selección de los usuarios

En el segundo nivel de estratificación, se seleccionó aleatoriamente una muestra de usuarios de las cuatro PAO y una muestra de individuos del grupo de comparación en las 15 regiones previamente seleccionadas en el primer nivel de estratificación.

Cuadro V

Tasas de desempleo regional (porcentages) 1999

REGIÓN	JUDET	%
NORTE-ESTE	Bacau	10.7
	Botosoni	16.7
	Neamt	16.3
	Suceava	13.7
	Vaslui	18.0
NORTE-OESTE	Cluj	10.4
	Maramures	8.8
CENTRO	Alba	12.7
	Sibiu	10.8
SUD-ESTE	Giurgiu	7.4
	Buzau	12.6
SUD-OESTE	Dolj	8.7
	Gorj	13.0
	Hunedora	18.7
RUMANIA	11.5	

La selección de la muestra de usuarios se realizó utilizando las listas oficiales de las oficinas de empleo. Dichas listas incluían el universo de participantes en dichas zonas, e información esencial para contactar a los usuarios, así como información sobre en qué PAO participaron.

Con el fin de obtener una muestra representativa de usuarios de las cuatro PAO, se seleccionaron aleatoriamente en cada región y para cada PAO 10 por ciento de los usuarios en las 15 regiones seleccionadas. La única excepción fue la muestra de usuarios del programa de formación ocupacional donde, debido al reducido tamaño de la población de usuarios para el año 1999, se decidió utilizar una tasa de muestreo superior (del 25 por ciento). En total, se seleccionó una muestra aleatoria de 2.836 usuarios.

V.4.3 Selección del grupo de comparación

Si bien la metodología más rigurosa consiste en realizar un experimento en el cual se asignan aleatoriamente los individuos que presentan su solicitud a un programa al grupo de tratamiento y al grupo de control, tal como se explica en la sección IV.3.3, el experimento aleatorio no fue factible en esta evaluación.

Cuando la implementación del diseño experimental no es factible, el reto consiste en encontrar un grupo de comparación cuyos individuos se parezcan lo más posible a los participantes del programa antes de participar en éste. A continuación se explica el proceso de selección de los individuos del grupo de comparación.

Para seleccionar a los no-usuarios, se utilizó la misma lista del registro de la oficina de empleo que se había utilizado para seleccionar a los usuarios. Más en concreto, primero se identificó el número de usuarios seleccionados para la muestra en cada región, y, segundo, se seleccionó aleatoriamente, en cada región, una muestra del mismo tamaño de no-usuarios. En total se seleccionó una muestra de 2.905 personas que se inscribieron en la oficina de empleo durante el año 1999 pero que no recibieron ningún servicio de las PAO.

V.4.4 Encuesta y recogida de datos

Si bien se utilizaron datos administrativos para valorar la utilización de las PAO y seleccionar la muestra, dudas sobre: (1) la facilidad en obtener los datos administrativos de las distintas agencias de empleo regionales, (2) la homogeneidad de los datos, y (3) la calidad de dichos datos, nos llevaron a utilizar datos obtenidos mediante una encuesta que diseñamos exclusivamente para esta evaluación.22 La encuesta puede solicitarse a los autores.

Debido a las restricciones presupuestarias y de tiempo, se optó por realizar sólo una encuesta que tuvo lugar lo más tarde posible para poder medir las variables de interés a medio plazo.

El cuadro VI muestra la secuencia temporal del diseño de la evaluación. Durante el año 1999, los trabajadores se inscribieron en la oficina de empleo. Algunos de ellos fueron usuarios de una de las cuatro PAO descritas anteriormente durante ese año, y otros no. Durante los años 2000 y 2001 los usuarios y los no-usuarios trabajaron o buscaron trabajo. Durante los meses de Enero y Febrero del 2002 se realizaron las entrevistas.

Cuadro VI
Secuencia temporal

Durante el 1999	**2000**	**2001**	**Enero y Febrero, 2002**
Trabajadores en paro se inscriben en la Oficina de Empleo. Algunos participan en uno de los cuatro programas presentados en la sección IV.3.3.	Los trabajadores encuentran trabajo, o buscan trabajo.		Se entrevista a los trabajadores.

Se realizaron tres tipos de preguntas: (1) preguntas acerca de la situación laboral de los usuarios y no-usuarios en el momento de la encuesta, (2) preguntas retrospectivas sobre la situación laboral de los usuarios y no-usuarios durante los años 2000 y 2002, y (3) preguntas retrospectivas sobre la situación laboral y personal de los usuarios y no-usuarios durante el año 1998, es decir antes de que los usuarios participaran en una de las cuatro PAO, así como preguntas sobre la utilización y satisfacción de los servicios percibidos (estas últimas sólo se hizo a los usuarios de los programas).

La muestra recogió datos de unas casi 6.000 personas inscritas en la oficina de empleo durante el año 1999. Más o menos la mitad de la muestra fueron usuarios de uno de las PAO bajo evaluación. Los datos fueron recogidos por una empresa externa, el Institute of Marketing and Polls. El resultado de las encuestas fue satisfactorio con una tasa de respuesta del 70 por ciento. Por lo tanto, nuestra muestra consistió en 2.047 usuarios y 1.949 no-usuarios. El cuadro VII muestra el resultado de las entrevistas.

V.5 Evaluación econométrica y resultados

Como la implementación del diseño experimental no fue factible, el reto consistió en encontrar un grupo de comparación con individuos que se parecieran lo más posible a los usuarios del programa antes de participar en este. Ese fue el motivo de incluir en la encuesta preguntas retrospectivas sobre la situación laboral y personal antes de la implementación del programa.

El análisis de los datos, que puede encontrarse explicado detalladamente en Benus y Rodríguez-Planas, 2006, muestra que hay una gran diferencia entre las característi-

Cuadro VII

Análisis de los resultados de las entrevistas

	Usuarios	No-Usuarios
Realizadas	72.3 %	67.1 %
Dirección Equivocada	2.6 %	3.9 %
Mudado de Dirección	9.8 %	1.4 %
Fuera del País	2.3 %	3.4 %
No se Encuentra	9.6 %	9.2 %
Se niega a Contestar	1.9 %	2.1 %
Otros Motivos	1.5 %	3.0 %
Entrevistas Realizadas	**2,095**	**1,949**

cas personales y laborales de los usuarios de las distintas PAO antes de participar en dichas PAO. Este resultado no sorprende ya que, como vimos en la sección IV.3.3, estos programas fueron ofrecidos a individuos con características personales y profesionales muy distintas. Por un lado, los autores encuentran que los usuarios del programa de creación de trabajo público eran los grupos con más dificultad en encontrar trabajo al ser individuos con frecuentes historiales de desempleo de larga duración, bajos niveles educativos, y que residían en zonas mayoritariamente rurales. Este resultado es consistente con la idea de que los programas de creación de trabajo público tienden a ser subsidios o transferencias, y que se ofrecen en aquellas zonas donde hay pocas oportunidades económicas. Por otro lado, los usuarios de los programas de formación eran los más jóvenes, lo cual es consistente con la idea de que las inversiones en capital humano son más beneficiosas al principio de la carrera profesional. En cambio, los usuarios del programa de apoyo a la auto-ocupación y de intermediación laboral tenían un historial laboral más estable. Dicho estudio también encuentra que los usuarios son distintos a los no-usuarios, y que estos últimos tienden a tener historiales laborales más estables y trabajos mejor retribuidos.

En Benus y Rodríguez-Planas, la metodología utilizada para identificar al grupo de comparación adecuado para cada PAO consiste en el "matching". Utilizando dicho método, los autores seleccionan cuatro sub-grupos de no-usuarios (uno para cada PAO) que después del "matching" se parecen mucho a los usuarios en las características laborales y personales antes de participar en el programa.

Dicho estudio encuentra que tres de los cuatro programas (el programa de formación, el de apoyo a la auto-ocupación, y el de intermediación laboral) consiguieron mejorar la situación laboral de sus usuarios. Más concretamente, el programa de intermediación laboral incrementó la probabilidad de empleo de sus usuarios y mejoró sus salarios, el programa de apoyo a la auto-ocupación mejoró las posibilidades de empleo de sus usuarios, si bien no tuvo ningún efecto en sus ingresos económicos, y el programa de formación ocupacional mejoró los salarios de sus usuarios y redujo la probabilidad de que recibieran subsidio por desempleo. En cambio, dicho estudio encuentra que el programa de creación de trabajo público no mejoró la situación laboral de sus usuarios.

VI Los efectos de los servicios de recolocación en la duración del desempleo en España[1]

F. Alfonso Arellano
Universidad de Alicante

VI.1 Introducción

Buena parte de los trabajadores que han buscado un puesto de trabajo en España, han acudido en ocasiones a organismos públicos (INEM o Servicios de Empleo Autonómicos) para recibir servicios de orientación profesional. Sin embargo, no siempre todas las personas que demandan estos servicios pueden acceder a ellos o reciben todo el apoyo que requiere cada caso, ya que dichos organismos están sujetos a limitaciones de tiempo y presupuesto.

Hasta hace poco, el término *outplacement* (recolocación) no estaba asociado a la creación de empleo en la cultura del empresariado español. Los servicios de recolocación consisten en la ayuda por parte de un consultor al profesional desemple-

[1] Me gustaría agradecer a César Alonso y Juan José Dolado (Universidad Carlos III de Madrid) por la supervisión de este trabajo, y a Manuel Arellano (CEMFI), Juan F. Jimeno (Banco de España), Florentino Felgueroso (Universidad de Oviedo) y los participantes del XXX Simposio de Análisis Económico de la Spanish Economic Association en Murcia, del 2006 EEA-ESEM Congress en Viena y del II Workshop on Policy Evaluation en Sevilla por sus útiles comentarios. También quisiera agradecer a Josep Pau Hortal (Creade), Eugenio Sanz (Creade) y Antonio Hernando (INEM) por las bases de datos. Finalmente quisiera agradecer la financiación del Ministerio de Educación a través de la beca FPU AP2000-0853 y de la DGI por la ayuda BEC2003-03943.

ado a descubrir sus habilidades y a utilizar herramientas eficaces en la búsqueda de empleo, en función de sus características personales. El consultor que se dedica a este servicio no es un reclutador ni un cazatalentos, y desarrolla su función de forma totalmente confidencial.

Los antecedentes de esta actividad se remontan a los años sesenta en EE.UU., a partir de los profundos cambios sociales y políticos que se produjeron y a los que no fue ajeno el mercado de trabajo. El desarrollo de esta actividad ha sido mayor en EE.UU. que en los países europeos gracias a su marco legislativo en materia laboral y a factores culturales (Cowden, 1992, y Mendels, 2001). A nivel europeo, además de Gran Bretaña (por similitudes al sistema estadounidense), Francia es uno de los países que muestra un mayor crecimiento de esta actividad. A pesar de la existencia de empresas de servicios de recolocación durante años en España, su importancia ha empezado a crecer desde la última crisis bursátil de 2002.

Las ventajas de este servicio son múltiples para la empresa y el trabajador, además de generar efectos colaterales positivos para las Administraciones Públicas. Para la empresa que despide al trabajador, ofrecerle y costearle una asistencia personal a su recolocación redunda en una separación no traumática, mitiga el posible efecto negativo en las relaciones entre el resto de trabajadores y la empresa, mantiene la motivación y el esfuerzo de estas personas y mejora su imagen de empresa. El trabajador consigue ayuda en el plano psicológico y en el estrictamente profesional que le permitirá enfrentarse en mejores condiciones a una nueva etapa laboral. Finalmente, las Administraciones Públicas obtienen un ahorro de costes por la pérdida de población trabajadora.

Pese a la extensa literatura desde el punto de vista teórico y la descripción de experiencias en infinidad de sectores, la mayor parte de la investigación sobre esta actividad se ha centrado en el aspecto psicológico y sociológico (Wolfer y Wong, 1988). Se estudian las fases de este proceso (Aquilanti y Leroux, 1999, Meyer y Shadle, 1994, y De Ramos y Hernández, 1999), basándose en la influencia de esta actividad en el estado anímico del trabajador despedido (Lattack y Dozier, 1986). Los trabajos empíricos realizados evidencian la utilidad de esta actividad, aunque han centrado su metodología en el análisis de la varianza-covarianza (Gowan y Nassar-Mc Millan, 2001, y Westaby, 2004).

Dada la importancia de estos servicios, el objetivo de este trabajo consiste en el estudio de los servicios de recolocación desarrollados por una de las empresas punteras del sector en España, Creade. La organización del resto del trabajo se estructura de la siguiente manera: la Sección 2 realiza una descripción de estos servicios. En la Sección 3 se comentan los métodos de estimación que se utilizan con las bases de datos descritas en las Secciones 4 y 5. La Sección 6 muestra el análisis de los resultados y la Sección 7 incorpora las conclusiones.

VI.2 La realidad de la recolocación

Hortal (1999) define esta actividad como "una metodología que define al conjunto de servicios prestados por un consultor a una empresa (cliente) y a un profesional (candidato) en el momento en que éstos negocian la ruptura del vínculo contractual por cualquier causa no imputable a éste y dirigidos a facilitar consultoría y apoyo para asegurar la continuación de la carrera profesional del empleado".

La empresa que despide es la que generalmente sufraga el coste del programa, al margen de la indemnización por despido. Las empresas de recolocación deben moverse entre el cliente y el candidato, conociendo las posibles restricciones de cada parte. No pueden garantizar al candidato su recolocación. Si el plazo del programa finaliza sin que el candidato haya encontrado un puesto de trabajo, el contacto entre el trabajador y la empresa de recolocación no se perdería, dado que el prestigio de la empresa quedaría claramente comprometido. El fracaso puede producirse, pero sólo un pequeño porcentaje de candidatos abandona el programa antes de alcanzar el objetivo.

Aunque el servicio de recolocación tiene un carácter específico, existen ciertas características generales que lo describen: diagnóstico de la situación, proyecto profesional, plan de acción, estrategia de búsqueda y proceso de integración. Inicialmente, el consultor se encarga de descubrir e identificar las capacidades, habilidades y conocimientos del candidato y cómo puede desarrollarlas, así como sus ambiciones y motivaciones. En el proyecto profesional, se valoran los resultados, para dar coherencia al perfil profesional del candidato y, en función de la relación oferta-demanda, desarrollar sus potenciales. Posteriormente se desarrollan el plan de carrera y las estrategias de búsqueda en función del proyecto y se elaboran las herramientas de comunicación, se entrena al candidato a afrontar una entrevista de trabajo, así como la identificación de objetivos. En la estrategia de búsqueda, se eligen las vías de acceso para la búsqueda de ofertas de trabajo, en la que el consultor le guía y le va proporcionando ofertas laborales de acuerdo con su perfil profesional. Finalmente, se inicia la nueva actividad profesional y se hace un seguimiento hasta que el candidato está plenamente satisfecho e integrado en su nuevo puesto de trabajo.

Según De Ramos y Hernández (2000), este programa puede ser individual, colectivo, para el cónyuge o grupal especial. Si el grupo de trabajadores es homogéneo en los niveles de organización y áreas se habla de programa colectivo. En caso contrario, se denomina programa grupal. Los programas más importantes son los servicios de recolocación individual y colectiva. Los motivos asociados a cada uno de estos programas son distintos. La recolocación individual está causada por motivaciones personales, como inadecuación al puesto de trabajo actual o diferencias irreconciliables en el seno de la empresa. Las causas que motivan la recolocación colectiva están asociadas tanto a dificultades económicas de las empresas como a fusiones, absorciones y planes estratégicos de las mismas.

La iniciativa de la utilización y la elección del tipo de servicio provienen generalmente de la empresa. Este hecho es mucho más evidente en el caso del programa colectivo. La influencia del candidato es mayor en el caso individual, ya que este servicio constituye una salida pactada entre ambas partes. El programa individual va orientado a directivos, que disponen de más recursos financieros y tienen más tiempo para examinar las opciones. Sin embargo, la oferta de puestos similares al que disfrutaba antes es más pequeña. El programa colectivo está orientado a grupos de plantilla de nivel medio y bajo, que por motivos de reestructuración se convierten en excedentes de personal. En estos casos, el tiempo juega un papel importante, no sólo por motivos financieros sino porque la oferta de puestos de trabajo es más amplia que en el caso anterior.

Según los análisis descriptivos realizados en España (Sáenz, 2000, Grupo MOA, 2000, y Creade, 2003), la recolocación individual se centra en hombres de nivel educativo universitario, entre 35 y 45 años. Las empresas privadas que contratan estos servicios pertenecen a sectores de Gran Consumo y Servicios, y forman parte de grandes empresas multinacionales. Estos resultados son similares en la recolocación colectiva, si bien el nivel educativo se reduce, al igual que el periodo de obtención de un nuevo puesto de trabajo. En media, la obtención de un trabajo se consigue en menos de seis meses, a través de la red de contactos del individuo, con un salario mayor o igual al anterior y en un nivel jerárquico parecido al trabajo perdido.

En el caso de España, estas empresas han podido constituirse al amparo de la Constitución Española, si bien la legislación no es suficientemente explícita. Las consultoras especializadas en este servicio surgen a mitad de los años ochenta por el lado de las empresas multinacionales, aunque aún su metodología no estaba todavía muy extendida entre las empresas españolas. Las cinco empresas consultoras de recolocación que copan el sector en España en 2003 – Creade, Lee Hecht Harrison, MOA Groupe BPI, Right Management Consultants y Uniconsult –, incluidas en la Asociación Española de Empresas Consultoras de Outplacement (AECO), han ayudado a encontrar una salida laboral a casi siete mil profesionales procedentes de más de ochocientas compañías. Estas empresas también prestan otros servicios, como *career management, coaching* y consultoría de transición.

VI. 3 Métodos de estimación

La aproximación teórica se basa en la terminología de Heckman, Lalonde y Smith (1999) sobre el modelo de Roy (1951) y Rubin (1974). En un momento del tiempo, los individuos pueden encontrarse en uno de los dos estados mutuamente excluyentes: "1" denota el estado de tratamiento y "0" denota el estado sin tratamiento. Sea Y la variable objeto de estudio (i.e., duración del desempleo en días), Y_{it}^1 es el valor de la variable para el individuo i en el momento del tiempo t si el trabajador ha recibido el tratamiento, y Y_{it}^0 en el caso de ausencia de tratamiento. En este artículo, el grupo de tratamiento está formado por los trabajadores que han recibido los servicios de la empresa Creade, mientras que el resto de trabajadores están incluidos en el grupo de control. El impacto para el individuo i en el periodo t de esta medida es $Y_{it}^1 - Y_{it}^0$. Sin embargo, esta diferencia es desconocida porque no es posible observar estos dos términos para un mismo individuo al mismo tiempo:

$$Y_{it} = D_i \cdot Y_{it}^1 + (1 - D_i) \cdot Y_{it}^0$$

donde D_i es un indicador igual a uno si el individuo i recibe el tratamiento y cero en caso contrario. Esta dificultad se conoce como Problema Fundamental de Evaluación. La solución está relacionada con el tipo de base de datos disponible. En este caso, se intentará resolver con los métodos de estimación no paramétricos conocidos como *matching* (emparejamiento).

Se considera que el valor de la variable Y para un individuo no está influenciado por el resto de individuos ni por el mecanismo de asignación al tratamiento. Esta condición, planteada por Rubin (1980), se conoce como Supuesto de Estabilidad del Valor Individual del Tratamiento. El objetivo consiste en determinar el efecto medio del tratamiento sobre la variable de estudio. Uno de los más utilizados es el Efecto Medio del Tratamiento en los Tratados:

$$E(Y^1 | D = 1) - E(Y^0 | D = 1) \tag{1}$$

Sin embargo, el segundo término de (1) es inobservable. Una alternativa consiste en adoptar el Supuesto de Independencia Condicional:

$$Y^1, Y^0 \perp D | X \tag{2}$$

Este supuesto se satisface si todas las variables que influyen en el proceso de selección y en la variable objeto de estudio son usadas en el proceso de emparejamiento. A partir de ese supuesto, se deriva que:

$$E(Y^0 | D = 1, X) = E(Y^0 | D = 0, X)$$

Por tanto, el efecto del tratamiento se puede expresar como la diferencia de dos términos observables:

$$E(Y^0 \mid D=1, X) = E(Y^0 \mid D=0, X)$$

Una primera opción que se plantea con esta metodología es el emparejamiento exacto, asociando cada elemento tratado con otro del grupo de control con las mismas características. Este proceso presenta un problema de dimensionalidad. Una solución consiste en el emparejamiento a través de la probabilidad de pertenencia al grupo de tratamiento (Rosenbaum y Rubin, 1983):

$$P(X) = \Pr(D=1 \mid X) = E(D \mid X) \tag{3}$$

Este nuevo instrumento conlleva la condición de soporte común. Esta condición es necesaria para identificar el efecto del tratamiento de forma insesgada.

Según Rosenbaum y Rubin (1983), es posible determinar el efecto del tratamiento utilizando la función $P(X)$ si se satisfacen dos condiciones. En primer lugar,

$$Y^1, Y^0 \perp D \mid P(X) \tag{4}$$

Este requisito se verifica si se cumple la expresión (3). En segundo lugar, es necesaria la Propiedad de Equilibrio (PE). Esta condición se cumple cuando la probabilidad de pertenecer al grupo de tratamiento es una probabilidad de equilibrio:

$$X \perp D \mid P(X) \tag{5}$$

A partir de las condiciones (4) y (5), el efecto del tratamiento es igual a la diferencia:

$$E\left[Y^1 \mid D=1, P(X)\right] - E\left[Y^0 \mid D=0, P(X)\right]$$

Usando la expresión (3), se define el conjunto de elementos del grupo de control emparejados al elemento i del grupo de tratamiento como $C(i)$. Cada uno de los cuatro métodos de emparejamiento considerados define $C(i)$ de forma diferente.

El método de estratificación divide en Q partes los grupos de tratamiento y control usando la probabilidad de pertenencia al grupo de tratamiento. En cada intervalo $I(q)$ (q=1, ..., Q), los individuos del grupo de tratamiento y de control tienen en media la misma probabilidad. En este caso, $C(i)$ vendría dado por $I(q)$. Se calcula la diferencia de las medias de la variable de estudio entre individuos tratados y controlados en cada intervalo. El efecto global consistiría en la media ponderada de los efectos de cada intervalo.

El método del vecino más cercano se encarga de seleccionar para cada individuo del grupo de tratamiento aquel elemento del grupo de control cuya probabilidad (3) sea más cercana.

$$C(i)=\left\{ j \middle| \min_j \| p_i - p_j \| \right\}$$

Este método calcula el valor medio de las diferencias de cada unión:

$$\tau^M = \frac{1}{N^1}\sum_{i \in T} Y_i^1 - \frac{1}{N^1}\sum_{i \in T}\sum_{j \in C(i)} \omega_{ij} Y_j^0$$

donde N_i^1 es el número de observaciones del grupo de control emparejadas con la observación i del grupo de tratamiento $(i \in T)$, y $\omega_{ij} = 1/N_i^1$ si $j \in C(i)$ y cero en caso contrario.

Una desventaja de este método es que el emparejamiento se produce siempre, pese a la distancia entre el individuo tratado y el del grupo de control. Las alternativas se concentran en el método radial y el método del núcleo. El método radial establece un límite predeterminado r que determina si se acepta o se descarta dicho emparejamiento:

$$C(i)=\left\{ j \middle| \| p_i - p_j \| < r \right\}$$

El efecto del tratamiento se define igual que en el método del vecino más cercano.

El método del núcleo establece el emparejamiento de cada elemento del grupo de tratamiento con una media ponderada de todos los elementos del grupo de control. Dicha ponderación es inversamente proporcional a la distancia, en términos de la expresión (3), entre la observación del grupo de tratamiento y de control. Sean $G(\cdot)$ *una función de distribución normal y* h_n *una amplitud de banda:*

$$\tau^K = \frac{1}{N^1}\sum_{i \in T}\left\{ Y_i^1 - \frac{\sum_{j \in C(.)} Y_j^0 G\left(\frac{p_j - p_i}{h_n}\right)}{\sum_{k \in C(.)} G\left(\frac{p_k - p_i}{h_n}\right)} \right\}$$

Cada método presenta ventajas e inconvenientes en cuanto a la cantidad y calidad de los emparejamientos. En consecuencia, ninguno de ellos prevalece sobre los demás a priori.[1]

[1] Para una información más detallada sobre los métodos, véase Heckman, Lalonde y Smith (1999), y Becker e Ichino (2002).

VI.4 Datos

Se utilizan datos administrativos de dos fuentes diferentes: INEM y Creade. La compañía Creade inició su actividad en 1988. Son socios fundadores de AECO desde 1993 y miembros de la AOCFI (Association of Career Management Consulting Firms International) desde 1997. En 1992 gestionó el primer gran programa de recolocación colectiva en España y en 2002 coordinaron el primer programa de recolocación para el INEM. En 2003, su facturación fue de 3,5 millones de euros, equivalente a un 13,78% del total de ingresos de AECO. En cuanto a las recolocaciones, realizó un total de 3.000, lo que representa un 23,76% del total de actuaciones hechas por la AECO.

La base de datos de Creade incorpora información sobre los candidatos de los programas de recolocación. La base de datos del INEM incluye todos los trabajadores que buscan un puesto de trabajo a final de mes y cuyo contrato se ha inscrito en las oficinas del INEM de la región de Madrid. Se encuentra dividida a su vez en dos grandes ficheros. El primer conjunto de ficheros presenta información diaria sobre los contratos realizados a los trabajadores. El segundo conjunto de ficheros incluye información sobre los trabajadores y presenta sus características a final de cada mes. El intervalo temporal de las bases de datos se sitúa entre octubre de 1998 y septiembre de 2003.

Dado el elevado número de observaciones en la base de datos del INEM, se ha realizado un proceso más exhaustivo de homogeneización. Inicialmente se han eliminado los individuos incluidos en algún grupo especial, ya sea por razones personales, profesionales o sociales (trabajadores minusválidos, trabajadores no desempleados, con renovaciones y reconversiones de contratos, así como aquéllos menores de 21 y mayores de 61 años). También han sido eliminados los individuos que estaban realizando algún curso de formación. La muestra intermedia está constituida por 262.983 trabajadores con información completa (494 de ellos pertenecientes al grupo de tratamiento).

El Anexo A incluye los estadísticos descriptivos selectivos para diferentes muestras, distinguiendo por la región de Madrid. La proporción de trabajadores cuya residencia se encuentra en Madrid es obviamente mayor en el grupo de control. La limitación a la región de Madrid elimina aquellos efectos inobservables derivados de factores geográficos.

Según el Cuadro A.I, los trabajadores que reciben el servicio de recolocación individual son mayoritariamente hombres, de mediana edad, con carrera universitaria y conocedores de otros idiomas. De esta forma se confirma que estos servicios van destinados a personas que se sitúan en el escalafón alto de las empresas. Los trabajadores que han participado en el servicio de recolocación colectiva siguen siendo mayoritariamente hombres de mediana edad, aunque su proporción es menor que en el caso anterior. El nivel de educación y de conocimiento de otros idiomas es algo más bajo y sus despidos se deben exclusivamente a factores empresariales. Esta descripción suele corresponder a personas que se sitúan en un nivel medio o bajo de la estructura empresarial.

La variable objeto de estudio es el tiempo que un candidato tarda en acceder a un nuevo empleo. Para determinar el número de días de desempleo, se considera que el inicio de la situación de desempleo para los individuos tratados coincide con la fecha de inicio del tratamiento. El periodo de desempleo finaliza con la fecha de recolocación. Para los individuos del grupo de control se utilizan las fechas de inicio de los contratos y el número de días de búsqueda activa de empleo ininterrumpida.

Junto a las características personales de los trabajadores, se introduce información referente al contexto macroeconómico, a la legislación en materia laboral y a la fecha de inicio del desempleo.[2] La incorporación de la fecha de inicio del periodo de desempleo al vector de variables puede evitar sesgos en las estimaciones, al unir a individuos con características comunes en momentos similares del tiempo. En el caso de los trabajadores del grupo de tratamiento, la fecha de inicio del desempleo coincide con el inicio del servicio. Estos programas se ofrecen al trabajador cuando es evidente la ruptura con la empresa. Por tanto, la probabilidad de encontrar un puesto de trabajo no se encuentra afectada por ningún tipo de efecto de anticipación por parte del trabajador (Ashenfelter, 1978).

Dada la amplitud del periodo de estudio, se incluye la influencia de la situación económica, ya que la efectividad de los servicios de recolocación puede ser distinta en función del ciclo económico, tal y como señalan Heckman, Ichimura y Todd (1997). Se utiliza la tasa de paro trimestral de cada región como indicador de la situación económica. Dado que se analizan las transiciones del desempleo al empleo indefinido, las modificaciones legislativas en materia de empleo son también incluidas para controlar sus efectos, como Kugler, Jimeno y Hernanz (2002) y Arellano (2005) evidencian.

Respecto al grupo de tratamiento, los programas que ofrece Creade no se complementan entre sí en una misma actuación, luego el efecto de la recolocación se puede analizar de forma nítida.

El diseño del grupo de control aún presenta varios problemas potenciales, como la inconsistencia entre grupos, problemas de autoselección y otros servicios de recolocación sustitutivos en el grupo de control. Para evitar que un mismo trabajador

[2] Para conocer la importancia de la utilización del historial laboral de los individuos en este tipo de estudios, véase Heckman y Smith (1999).

aparezca tanto en el grupo de tratamiento como en el grupo de control, son eliminados los individuos del grupo de control que comparten las mismas características de los individuos del grupo de tratamiento (el número de observaciones afectadas no supera la decena).

El servicio de recolocación es una medida voluntaria que la empresa ofrece al trabajador. En caso de aceptarla, es necesaria la implicación y colaboración plena del trabajador. Este hecho supone una importante limitación en las estimaciones y evaluaciones realizadas (Westaby, 2004). El efecto de este problema se reduce si los trabajadores, cuando entran en una empresa, no conocen la existencia de este servicio.

No se dispone de información sobre si los individuos del grupo de control se han beneficiado de algún servicio de recolocación proporcionado por otra empresa. Sin embargo, a partir de la información disponible sobre la historia laboral, es posible saber si ciertos trabajadores del grupo de control no han recibido servicios de recolocación. Pese al posible sesgo en la estimación, imponemos estas condiciones a los individuos del grupo de control.

Estos comentarios y restricciones sobre la transición desde el desempleo al empleo indefinido permiten la creación de un subconjunto de trabajadores a partir de la muestra intermedia. La nueva submuestra, calificada como "muestra de empleo indefinido", incluye todos los trabajadores tratados con información completa (494 observaciones) y 44.096 trabajadores del grupo de control que han conseguido un contrato indefinido dado su historial laboral. Según la parte de los Cuadros AII, AIII y AIV llamada "Empleo Indefinido", se produce una ligera convergencia de características entre ambos grupos, especialmente con las mujeres.

VI.5 Aproximación bayesiana

Dada la información de la sección anterior, existen dudas sobre el carácter aleatorio de la muestra. Un proceso para homogeneizar el grupo de control ha sido la transición laboral de sus trabajadores. Teniendo en cuenta toda la información disponible, se establece otro proceso de determinación de un grupo de control comparable al de tratamiento, calculando un nuevo conjunto de probabilidades condicionales (Ledermann, 1984).

Sea el evento de interés D (variable binaria sobre la pertenencia al grupo de tratamiento), que se produce bajo cualquier hipótesis A_k (combinación de características observables para un trabajador), donde $A_k \in A_k$ clase de eventos contable, disjunta y con probabilidad positiva. Usando el teorema de Bayes, la probabilidad de tener una combinación de características dado que el trabajador pertenece al grupo de tratamiento se define como:

$$P(A_k \mid D=1) = \frac{P(D=1 \mid A_k) \cdot P(A_k)}{P(D=1)}$$

Cada observación representa un contrato para un trabajador particular. Sin embargo, el evento *D* hace referencia a trabajadores, realizaciones en la partición de combinaciones de características, luego la aplicación de la fórmula de Bayes requiere una relación biunívoca entre observaciones e individuos.

El proceso de selección del contrato para un trabajador es el siguiente: se prima el contrato indefinido al contrato temporal (excluyendo renovaciones o conversiones de contratos temporales); en ausencia de contrato indefinido, se elige el primer contrato temporal. A partir de la muestra intermedia, se elabora un segundo subconjunto de observaciones (calificada como "muestra de probabilidad condicionada") del mismo tamaño que el generado por la muestra de empleo indefinido (44.590 trabajadores incluidos 494 trabajadores tratados), eligiendo los individuos del grupo de control con mayor probabilidad condicionada.

Los Cuadros AII, AIII y AIV presentan las características de estas dos submuestras. Los estadísticos del grupo de tratamiento coinciden porque ambas muestras utilizan las mismas observaciones. Con respecto a los grupos de control, los estadísticos descriptivos son más parecidos con el grupo de tratamiento en la muestra de la probabilidad condicionada. El uso de la muestra limitada a la región de Madrid reafirma las diferencias.

Sin embargo, el grado de convergencia del grupo de control a los valores del grupo de tratamiento en la muestra de probabilidad condicionada no es el mismo para todas las variables. Las mujeres están infrarrepresentadas, como en el grupo de tratamiento. El nivel de educación medio y el conocimiento de otros idiomas aumenta, pero las diferencias siguen siendo aún significativas. Esta tendencia es también incompleta con la posición en el anterior empleo y la titulación académica. Las diferencias sobre las razones del anterior despido se reducen. Estas propiedades se mantienen considerando a hombres y mujeres por separado, aunque la homogeneidad es ligeramente mayor en las mujeres.

VI.6 Resultados

Dado que sólo se dispone de información sobre el historial laboral del trabajador antes de la realización del servicio y su supervisión se mantiene hasta la consecución del empleo, el análisis de los resultados se enfoca en el corto plazo.

Se elaboran dos grupos de estimaciones en función de las dos muestras creadas (la muestra de empleo indefinido y la muestra de probabilidad condicionada).

Ambas muestras tienen el mismo número de observaciones en el grupo de control y las mismas observaciones en el grupo de tratamiento (494 tratadas y 44.096 pertenecientes al grupo de control).

El Anexo B presenta las estimaciones del incremento medio del periodo de desempleo (en días) del grupo de tratamiento frente al grupo de control en la muestra de probabilidad condicionada. El Anexo C ofrece las estimaciones para la muestra de empleo indefinido. El análisis se hace de forma separada por sexos pues, como señalan Gowan y Nassar-McMillan (2001), las mujeres tienen mayor predisposición a aceptar estos servicios que los hombres. Debido a la existencia de programas diferentes, se analizan los servicios de recolocación individual y colectiva de forma separada.

Las cifras aparecen de igual forma en todas los Cuadros: en columnas aparecen las estimaciones con su desviación típica y nivel de significación para cada método de estimación. Las cifras de la parte superior corresponden al número de observaciones del grupo de tratamiento y control usadas en el proceso, respectivamente. La última columna incorpora información sobre la PE. Las filas se dividen en dos grupos en función de la residencia del trabajador: muestra completa o sólo región de Madrid.

La PE es necesaria para que las estimaciones obtenidas sean válidas. Se estudia el valor medio de esta propiedad, que es una condición necesaria pero no suficiente. Dadas las dificultades de cumplimiento de la PE se han considerado diferentes opciones. La opción A incorpora todas las variables disponibles, aunque en ocasiones no se satisface la propiedad de equilibrio. Las alternativas se centran en la eliminación de variables[3], la reducción de los niveles de significación[4] y la reducción de la muestra. Los resultados donde las opciones no satisfacen la PE no constituyen más que una referencia respecto a las restantes. La opción B1 es aquélla con el máximo número de grupos de variables posible que satisface con mayores garantías la PE, aunque el nivel de significación puede ser diferente. La opción C utiliza todas las variables pero sólo con la muestra de trabajadores de la región de Madrid. En general, este modelo no satisface la PE. La opción D1 utiliza la reducción de muestra y de variables para cumplir con dicha propiedad a diferentes niveles de significación.

Las estimaciones del Anexo B sugieren que los servicios de recolocación aumentan la duración del desempleo en cuatro y dos meses para la recolocación individual y colectiva respectivamente (Cuadros BI y BIII). Estas cifras se reducen a la

[3] Esta operación se ha realizado eliminando grupos de variables de la misma característica (Anexo A).

[4] Se han utilizado tres niveles de significación, el estándar igual a 0.01, y otros dos más laxos, 0.005 y 0.001.

mitad con el método del radio. Las estimaciones para los hombres muestran una gran variabilidad entre opciones. Los resultados cualitativos quedan inalterados salvo para el método del vecino más cercano, pues cualquier programa de recolocación considerado aumenta significativamente el periodo de desempleo.

Los resultados para los hombres usando la muestra de Madrid no muestran grandes diferencias entre opciones en la recolocación individual, y comparten las mismas características cualitativas que los obtenidos con la recolocación colectiva. Las estimaciones confirman el efecto negativo de la recolocación en la duración del desempleo, aunque las cifras son ligeramente menores que las obtenidas en la muestra completa. En el caso de la recolocación colectiva, los métodos del núcleo y del radio presentan incrementos del periodo de desempleo en torno a un mes.

Respecto a las mujeres, los resultados sobre la PE sugieren un destacable grado de homogeneidad, especialmente en la recolocación individual. Las estimaciones negativas de la recolocación individual (Cuadro BII) no son significativas, solo la recolocación colectiva (Cuadro BIV) en la muestra completa parece afectar a las mujeres, aumentando su periodo de desempleo en dos meses (un mes con el método del radio). Los resultados para la región de Madrid confirman el peso irrelevante de la recolocación individual y colectiva en la duración del desempleo de las mujeres.

La muestra de empleo indefinido (Anexo C) comparte el mismo comportamiento general sobre la PE que el obtenido con la muestra de probabilidad condicionada, pese a que ésta última requiere requisitos más laxos para satisfacer la PE.

En términos generales, las características de las estimaciones se mantienen constantes pero las cifras son menores que las obtenidas en la muestra de probabilidad condicionada. Las estimaciones de la muestra completa presentan diferencias mayores que las realizadas en la muestra de Madrid con las mujeres (Cuadro CIV), mientras que los hombres (Cuadro CIII) presentan una relación opuesta. El método del radio constituye una excepción, pues sus estimaciones en la muestra de probabilidad condicionada al menos duplican las cifras de la muestra de empleo indefinido.

Los Cuadros que hacen referencia a las mujeres (Cuadro CII y CIV) presentan mejores resultados que los hombres (Cuadro CI). Muestran estimaciones negativas en muchos casos (en torno a la mitad del mes) aunque no son estadísticamente significativas. Cuando la muestra se restringe a la región de Madrid, los resultados mejoran y confirman las características de los servicios de recolocación, la recolocación colectiva muestra mejores cifras que la recolocación individual.

VI.7 Conclusiones

Los servicios de recolocación consisten en la ayuda a los profesionales que se desvinculan de la empresa en la que trabajaban y deben iniciar la búsqueda de un nuevo puesto de trabajo. El objetivo del artículo consiste en evaluar el efecto de los servicios de recolocación que ofrece la empresa Creade en la duración del desempleo.

La recolocación, que forma parte de las medidas activas de empleo proporcionadas por el sector privado, ha empezado a tener importancia en la realidad laboral española. Su potencial de crecimiento es destacable, en especial en lo que respecta al colectivo de trabajadores de mayor edad, ya que estos servicios pueden constituir una alternativa efectiva y constructiva frente al recurso a las prejubilaciones.

El número de días que se reduce el desempleo constituye una variable fundamental para las Administraciones Públicas por lo que representa en la partida de gastos por prestaciones de desempleo. Utilizando este indicador como variable de estudio, las estimaciones sugieren que estos servicios no generan efectos positivos salvo para las mujeres. Esta reacción se puede definir como el efecto "salario reserva". Los trabajadores que reciben los servicios de recolocación se hacen más exigentes en el proceso de selección del nuevo puesto de trabajo. El consejo y ayuda del consultor les incentiva a esperar por un puesto de trabajo más apropiado a sus características, sacrificando el salario de una colocación más rápida.

Por tanto, el salario es una medida de calidad del empleo y constituye otra característica central en estos servicios. Una aproximación al efecto monetario de los servicios de recolocación se puede realizar utilizando el salario medio de los trabajadores. La información sobre costes laborales que ofrece el Instituto Nacional de Estadística (INE) indica que el salario medio de un trabajador en el tercer cuatrimestre de 2005 en España era de 1.489,74 euros, y de 1.783,11 euros en Madrid. Considerando los mejores resultados (reducción del periodo de desempleo de dos semanas para las mujeres) el beneficio medio por trabajador sería de 744,87 euros en España y 891,56 euros en Madrid. En el caso de los hombres, un aumento medio de ochenta días en el periodo de desempleo supone unas pérdidas de 3.907,51 y 4.677 euros, respectivamente.

A pesar de estos comentarios, el artículo analiza gran parte de los múltiples efectos que los programas de recolocación presentan. El factor heterogéneo de los servicios de recolocación, en términos de medidas y especialmente de tiempo dedicado al candidato, debe tenerse también en cuenta, como indica Westaby (2004). A parte de la distinción entre recolocación individual y colectiva, puede resultar interesante distinguir en futuras investigaciones entre grupos de edad, ya que una persona joven muestra más confianza en su futuro y parece menos necesaria la ayuda psicológica que la persona de mayor edad, con mayores responsabilidades familiares y financieras.

ANEXO A: Estadísticos descriptivos

Cuadro A.I
Estadísticos descriptivos de los tipos de recolocación

RECOLOCACIÓN	INDIVIDUAL		COLECTIVA	
Variables	Total	Solo Madrid	Total	Solo Madrid
Mujer	15,35	8,47	43,37	36,73
Edad	40,21	39,86	35,68	34,59
	(7,67)	(7,62)	(8,15)	(8,53)
EDUCACIÓN				
Sin Educación	0,93	0,00	13,26	2,04
Educación Primaria	4,65	0,00	9,32	2,04
Educación Secundaria	7,91	10,17	11,83	8,16
Formación Profesional	9,77	5,08	24,73	20,41
Educación Universitaria	76,74	84,75	40,86	67,35
CONOCIMIENTO DE OTROS IDIOMAS				
No idiomas	9,77	6,78	39,43	22,45
Inglés	83,72	93,22	58,42	75,51
Francés	5,58	0,00	2,15	2,04
Alemán	0,00	0,00	0,00	0,00
RESIDENCIA				
Madrid	27,44	-	17,56	-
Barcelona	66,05	-	65,59	-
POSICIÓN DEL ANTERIOR EMPLEO				
Ayudante	6,05	3,39	6,45	6,12
Director	34,88	32,20	7,89	8,16
Oficial	0,93	3,39	0,00	0,00
Encargado	12,09	13,56	12,18	8,16
Técnico	2,79	0,00	6,09	0,00
RAZONES DEL ANTERIOR DESPIDO				
Debido al trabajador	12,56	15,25	0,00	0,00
Debido a la empresa	83,26	81,36	100,00	100,00
CUALIFICACIÓN ACADÉMICA - NIVEL UNIVERSITARIO				
Médico-Sanitaria, Física y Matemáticas	13,49	18,64	5,38	4,08
Economía y Administración de Empresas	20,00	16,95	9,32	12,24
Ingenierías	8,84	8,47	6,45	10,20
Otras Ciencias Sociales y Filologías	5,12	5,08	4,30	8,16
CALIDAD DEL EMPLEO				
Duración del desempleo (días)	151,60	146,32	138,39	124,06
	(102,46)	(121,56)	(97,63)	(75,16)
Contrato permanente	100,00	100,00	100,00	100,00
Número de observaciones	215	59	279	49

Cuadro A.II Estadísticos descriptivos de muestras homogéneas

	EMPLEO INDEFINIDO						PROBABILIDAD CONDICIONADA					
	MUESTRA COMPLETA			SOLO MADRID			MUESTRA COMPLETA			SOLO MADRID		
Variables	Total	Tratamiento	Control	Total	Tratamiento	Control	Total	Tratamiento	Control	Total	Tratamiento	Control
Mujer	54,03	31,17	54,29	54,18	21,30	54,27	49,00	31,17	48,85	49,22	21,30	49,29
Edad	31,42	37,65	31,35	31,40	37,47	31,38	32,55	37,65	32,58	32,58	37,47	32,57
	(9,67)	(8,25)	(9,66)	(9,68)	(8,43)	(9,68)	(9,85)	(8,25)	(9,92)	(9,87)	(8,43)	(9,87)
EDUCACIÓN												
Sin Educación	12,26	7,89	12,31	12,32	0,92	12,35	10,68	7,89	11,26	10,77	0,92	10,79
Educación Primaria	36,29	7,29	36,62	36,63	0,93	36,72	16,40	7,29	17,17	16,57	0,93	16,61
Educación Secundaria	21,16	10,12	21,28	21,19	9,26	21,22	20,18	10,12	20,54	20,25	9,26	20,28
Formación Profesional	10,94	18,22	10,86	10,92	12,04	10,92	21,77	18,22	21,24	21,86	12,04	21,89
Educación Universitaria	19,35	56,48	18,93	18,94	76,85	18,79	30,97	56,48	29,79	30,55	76,85	30,43
CONOCIMIENTO DE OTROS IDIOMAS												
No idiomas	62,68	26,52	63,09	63,13	13,89	63,26	49,08	26,52	50,36	49,56	13,89	49,65
Inglés	31,72	69,43	31,30	31,29	85,18	31,16	48,23	69,43	47,07	47,81	85,18	47,72
Francés	4,29	3,64	4,29	4,27	0,93	4,28	2,17	3,64	2,05	2,15	0,93	2,15
Alemán	0,43	0,00	0,43	0,43	0,00	0,43	0,13	0,00	0,13	0,12	0,00	0,12
RESIDENCIA												
Madrid	98,06	21,86	98,91	-	-	-	96,92	21,86	97,80	-	-	-
Barcelona	0,78	65,79	0,03	-	-	-	0,96	65,79	0,24	-	-	-
POSICIÓN DEL ANTERIOR EMPLEO												
Ayudante	33,24	6,28	33,54	33,49	4,63	33,56	22,15	6,28	22,56	22,38	4,63	22,43
Director	0,33	19,64	0,12	0,17	21,30	0,12	0,52	19,64	0,32	0,35	21,30	0,30

Cuadro A.11 (Continuación)

Oficial	13,14	0,40	13,28	13,31	1,85	13,34	5,24	0,40	5,45	5,31	1,85	5,32
Encargado	6,04	12,15	5,97	5,96	11,11	5,94	5,73	12,15	5,57	5,70	11,11	5,69
Técnico	35,27	4,66	35,61	35,44	5,56	35,52	55,82	4,66	55,80	56,07	5,56	56,20
RAZONES DEL ANTERIOR DESPIDO												
Debido al trabajador	14,46	5,47	14,56	14,49	8,33	14,51	7,88	5,47	7,63	7,88	8,33	7,88
Debido a la empresa	47,79	92,71	47,29	47,47	89,81	47,37	73,70	92,71	74,94	73,42	89,81	73,38
CUALIFICACIÓN ACADÉMICA - NIVEL UNIVERSITARIO												
Médico-Sanitaria, Física y Matemáticas	1,78	8,91	1,69	1,71	12,04	1,68	3,30	8,91	3,14	3,25	12,04	3,23
Economía y Administración de Empresas	2,35	13,97	2,22	2,22	14,81	2,19	3,14	13,97	2,88	3,00	14,81	2,97
Ingenierías	0,59	7,49	0,51	0,52	9,26	0,50	0,87	7,49	0,76	0,79	9,26	0,77
Otras Ciencias Sociales y Filologías	3,24	4,66	3,22	3,22	6,48	3,21	4,14	4,66	3,92	4,14	6,48	4,13
CALIDAD DEL EMPLEO												
Duración del desempleo (días)	126,68	144,14	126,49	126,47	136,22	126,44	103,01	144,14	101,12	103,47	136,22	103,39
	(171,25)	(99,88)	(171,87)	(171,54)	(103,28)	(171,67)	(134,24)	(99,88)	(132,90)	(135,07)	(103,28)	(135,13)
Contrato permanente	100,00	100,00	100,00	100,00	100,00	100,00	41,20	100,00	41,58	40,97	100,00	40,83
Número de observaciones	44.590	494	44.096	43.723	108	43.615	44.590	494	44.096	43.218	108	43.110

NOTAS: Los Cuadros presentan medias y porcentajes para el grupo indicado. Las desviaciones típicas aparecen entre paréntesis donde sean apropiadas. Sin Educación incluye cualquier tipo de educación que no satisface el nivel de Educación Primaria. La Formación Profesional se divide en tres grupos (Básica, Media y Superior) y la Educación Universitaria incluye Diplomaturas, Licenciaturas e Ingenierías. Se incluyen sólo las opciones más importantes para los idiomas, la residencia, la posición del anterior empleo, las razones del anterior despido y la titulación académica. La posición del anterior empleo sigue la Clasificación Nacional de Ocupaciones (CNO-94) y la Titulación académica sigue la Clasificación Nacional de Actividades Económicas (CNAE).

Cuadro A.III
Estadísticos descriptivos para hombres

	EMPLEO INDEFINIDO						PROBABILIDAD CONDICIONADA					
	MUESTRA COMPLETA			SOLO MADRID			MUESTRA COMPLETA			SOLO MADRID		
Variables	Total	Tratamiento	Control	Total	Tratamiento	Control	Total	Tratamiento	Control	Total	Tratamiento	Control
Edad	32,94	38,94	32,84	32,89	38,89	32,87	32,83	38,94	32,73	32,83	38,89	32,81
	(10,73)	(8,14)	(10,74)	(10,75)	(8,06)	(10,76)	(10,60)	(8,14)	(10,60)	(10,64)	(8,06)	(10,65)
EDUCACIÓN												
Sin Educación	16,52	6,18	16,69	16,65	1,18	16,71	13,45	6,18	13,56	13,62	1,18	13,67
Educación Primaria	39,60	6,18	40,17	40,11	1,18	40,28	18,64	6,18	18,83	18,92	1,18	18,98
Educación Secundaria	19,59	7,35	19,80	19,70	8,23	19,75	21,51	7,35	21,72	21,66	8,23	21,72
Formación Profesional	9,82	14,41	9,74	9,77	9,41	9,78	19,30	14,41	19,38	19,36	9,41	19,40
Educación Universitaria	14,47	65,88	13,60	13,77	80,00	13,48	27,10	65,88	26,51	26,44	80,00	26,23
CONOCIMIENTO DE OTROS IDIOMAS												
No idiomas	70,12	24,41	70,89	70,82	15,29	71,06	54,73	24,41	55,19	55,42	15,29	55,58
Inglés	25,38	70,88	24,61	24,72	83,53	24,47	42,97	70,88	42,55	42,38	83,53	42,22
Francés	3,39	4,71	3,37	3,35	1,18	3,36	1,81	4,71	1,76	1,76	1,18	1,76
Alemán	0,39	0,00	0,39	0,39	0,00	0,40	0,14	0,00	0,14	0,13	0,00	0,13
RESIDENCIA												
Madrid	97,74	25,00	98,96	-	-	-	96,50	25,00	97,59	-	-	-
Barcelona	1,07	62,94	0,03	-	-	-	1,15	62,94	0,21	-	-	-

Cuadro A.III (Continuación)

POSICIÓN DEL ANTERIOR EMPLEO												
Ayudante	26,33	0,00	26,78	26,67	0,00	26,79	20,31	0,00	20,62	20,70	0,00	20,78
Director	0,64	26,17	0,21	0,32	25,88	0,21	0,91	26,17	0,53	0,63	25,88	0,53
Oficial	18,26	0,59	18,56	18,58	2,35	18,65	7,15	0,59	7,25	7,27	2,35	7,29
Encargado	8,27	17,06	8,12	8,12	14,12	8,09	7,88	17,06	7,74	7,82	14,12	7,79
Técnico	30,64	6,18	31,05	30,82	7,06	30,92	48,87	6,18	49,52	49,02	7,06	49,19
RAZONES DEL ANTERIOR DESPIDO												
Debido al trabajador	16,08	6,76	16,24	16,19	9,41	16,22	8,88	6,76	8,91	8,93	9,41	8,93
Debido a la empresa	50,96	91,76	50,27	50,48	88,24	50,32	71,38	91,76	71,07	70,97	88,24	70,90
CUALIFICACIÓN ACADÉMICA - NIVEL UNIVERSITARIO												
Médico-Sanitaria, Física y Matemáticas	1,34	10,88	1,18	1,24	15,29	1,18	2,56	10,88	2,44	2,48	15,29	2,43
Economía y Administración de Empresas	2,21	17,35	1,95	1,99	15,29	1,94	3,31	17,35	3,10	3,08	15,29	3,03
Ingenierías	0,91	9,41	0,76	0,79	9,41	0,75	1,43	9,41	1,31	1,31	9,41	1,28
Otras Ciencias Sociales y Filologías	1,61	4,41	1,57	1,58	4,71	1,56	2,74	4,41	2,72	2,72	4,71	2,72
CALIDAD DEL EMPLEO												
Duración del desempleo (días)	123,18	147,79	122,76	122,62	142,95	122,54	98,35	147,79	97,60	98,55	142,95	98,37
	(169,21)	(101,35)	(170,10)	(169,54)	(110,45)	(169,74)	(130,68)	(101,35)	(130,94)	(131,50)	(110,45)	(131,55)
Contrato permanente	100,00	100,00	100,00	100,00	100,00	100,00	42,67	100,00	41,80	42,40	100,00	42,18
Número de observaciones	20.496	340	20.156	20.032	85	19.947	22.742	340	22.402	21.946	85	21.861

Cuadro A.IV
Estadísticos descriptivos para mujeres

	EMPLEO INDEFINIDO						PROBABILIDAD CONDICIONADA					
	MUESTRA COMPLETA			SOLO MADRID			MUESTRA COMPLETA			SOLO MADRID		
Variables	Total	Tratamiento	Control	Total	Tratamiento	Control	Total	Tratamiento	Control	Total	Tratamiento	Control
Edad	30,13	34,81	30,10	30,13	32,22	30,13	32,26	34,81	32,24	32,32	32,22	32,32
	(8,45)	(7,79)	(8,45)	(8,47)	(7,80)	(8,47)	(8,99)	(7,79)	(8,99)	(9,01)	(7,80)	(9,01)
EDUCACIÓN												
Sin Educación	8,64	11,69	8,62	8,67	0,00	8,67	7,78	11,69	7,76	7,83	0,00	7,83
Educación Primaria	33,48	9,74	33,63	33,69	0,00	33,72	14,08	9,74	14,11	14,15	0,00	14,17
Educación Secundaria	22,49	16,23	22,53	22,45	13,04	22,46	18,81	16,23	18,83	18,79	13,04	18,80
Formación Profesional	11,90	26,62	11,81	11,89	21,74	11,89	24,33	26,62	24,31	24,45	21,74	24,45
Educación Universitaria	23,49	35,72	23,41	23,30	65,22	23,26	35,00	35,72	34,99	34,78	65,22	34,75
CONOCIMIENTO DE OTROS IDIOMAS												
No idiomas	56,35	31,17	56,51	56,63	8,70	56,68	43,20	31,17	43,28	43,51	8,70	43,55
Inglés	37,13	66,23	36,94	36,85	91,30	36,80	53,69	66,23	53,60	53,42	91,30	53,38
Francés	5,05	1,30	5,07	5,05	0,00	5,06	2,54	1,30	2,55	2,56	0,00	2,56
Alemán	0,46	0,00	0,47	0,46	0,00	0,46	0,11	0,00	0,12	0,11	0,00	0,11
RESIDENCIA												
Madrid	98,33	14,94	98,86	-	-	-	97,36	14,94	97,95	-	-	-
Barcelona	0,49	72,08	0,03	-	-	-	0,77	72,08	0,26	-	-	-
POSICIÓN DEL ANTERIOR EMPLEO												
Ayudante	39,11	20,13	39,23	39,26	21,74	39,27	24,07	20,13	24,10	24,13	21,74	24,13
Director	0,07	5,19	0,04	0,04	4,35	0,04	0,11	5,19	0,08	0,07	4,35	0,07
Oficial	8,78	0,00	8,83	8,86	0,00	8,87	3,25	0,00	3,27	3,29	0,00	3,29
Encargado	4,15	1,30	4,17	4,13	0,00	4,13	3,50	1,30	3,51	3,51	0,00	3,52
Técnico	39,21	1,30	39,46	39,35	0,00	39,39	63,04	1,30	63,48	63,35	0,00	63,41

Cuadro A.IV (Continuación)

RAZONES DEL ANTERIOR DESPIDO												
Debido al trabajador	13,08	2,60	13,15	13,06	4,35	13,06	6,83	2,60	6,86	6,80	4,35	6,81
Debido a la empresa	45,09	94,81	44,78	44,93	95,65	44,88	76,10	94,81	75,97	75,94	95,65	75,92
CUALIFICACIÓN ACADÉMICA - NIVEL UNIVERSITARIO												
Médico-Sanitaria, Física y Matemáticas	2,15	4,55	2,13	2,10	0,00	2,10	4,07	4,55	4,07	4,05	0,00	4,05
Economía y Administración de Empresas	2,46	6,49	2,44	2,41	13,04	2,40	2,95	6,49	2,93	2,92	13,04	2,91
Ingenierías	0,31	3,25	0,29	0,30	8,70	0,29	0,28	3,25	0,26	0,25	8,70	0,24
Otras Ciencias Sociales y Filologías	4,62	5,19	4,62	4,61	13,04	4,61	5,58	5,19	5,59	5,60	13,04	5,59
CALIDAD DEL EMPLEO												
Duración del desempleo (días)	129,66	136,08	129,62	129,72	111,35	129,74	107,87	136,08	107,67	108,55	111,35	108,55
	(172,90)	(96,37)	(173,29)	(173,15)	(66,97)	(173,22)	(137,68)	(96,37)	(137,91)	(138,47)	(66,97)	(138,53)
Contrato permanente	100,00	100,00	100,00	100,00	100,00	100,00	39,68	100,00	39,25	39,50	100,00	39,43
Número de observaciones	24.094	154	23.940	23.691	23	23.668	21.848	154	21.694	21.272	23	21.249

NOTAS: Los Cuadros presentan medias y porcentajes para el grupo indicado. Las desviaciones típicas aparecen entre paréntesis donde sean apropiadas. Sin Educación incluye cualquier tipo de educación que no satisface el nivel de Educación Primaria. La Formación Profesional se divide en tres grupos (Básica, Media y Superior) y la Educación Universitaria incluye Diplomaturas, Licenciaturas e Ingenierías. Se incluyen sólo las opciones más importantes para los idiomas, la residencia, la posición del anterior empleo, las razones del anterior despido y la titulación académica. La posición del anterior empleo sigue la Clasificación Nacional de Ocupaciones (CNO-94) y la Titulación académica sigue la Clasificación Nacional de Actividades Económicas (CNAE).

ANEXO B: Estimaciones usando la muestra de probabilidad condicionada

Cuadro B.I

Recolocación individual — Sólo hombres

Método emparejamiento		Vecino más cercano		Núcleo		Estratificación		Radio		Propiedad Equilibrio
Muestra Completa	Opción A	182	53	182	22.402	69	22.515	86	22.402	NO
		113,159* (67,276)		113,097*** (14,150)		74,517*** (12,939)		44,265*** (11,489)		
	Opción B1	182	63	182	22.402	182	22.402	179	22.402	SI - 0.005
		11,005*** (40,022)		107,051*** (13,973)		109,076*** (16,764)		60,317*** (8,023)		
Solo Madrid	Opción C	54	41	54	21.861	51	21.864	53	21.861	NO
		98,907*** (27,541)		72,590*** (20,629)		81,302*** (22,706)		51,201*** (17,137)		
	Opción D1	54	39	54	21.861	51	21.651	53	21.861	SI - 0.01
		104,241*** (22,286)		71,582** (27,916)		80,539*** (21,651)		51,159*** (17,137)		

NOTAS:
Opción A: Todas las variables (edad, nivel de educación, nivel profesional, titulación académica, conocimiento de otros idiomas, razones del anterior despido, semana, trimestre y año de inicio del periodo de desempleo, tasa de desempleo trimestral de cada región, provincia de residencia del trabajador y fecha de inicio de las reformas) se incluyen con la muestra completa.
Opción B1: Opción A excluyendo el nivel profesional y la tasa de desempleo trimestral de cada región.
Opción C: Todas las variables se incluyen con la muestra restringida a la región de Madrid.
Opción D1: Opción C excepto el año de inicio del periodo de desempleo.
* significativo al 10%, ** significativo al 5%, *** significativo al 1%.

Cuadro B.II

Recolocación individual — Sólo mujeres

Método emparejamiento		Vecino más cercano		Núcleo		Estratificación		Radio		Propiedad Equilibrio
Muestra Completa	Opción A	33	18	33	21.694	33	21.694	32	21.694	SI - 0.01
		-29,606 (53,317)		-16,374 (35,147)		-11,769 (32,557)		15,585 (13,203)		
Solo Madrid	Opción C	5	5	5	21.249	5	21.249	5	21.248	SI - 0.01
		90,000** (44,049)		-5,824 (42,057)		39,094 (52,852)		-5,948 (43,092)		

NOTAS:
Opción A: Todas las variables (edad, nivel de educación, nivel profesional, titulación académica, conocimiento de otros idiomas, razones del anterior despido, semana, trimestre y año de inicio

del periodo de desempleo, tasa de desempleo trimestral de cada región, provincia de residencia del trabajador y fecha de inicio de las reformas) se incluyen con la muestra completa.
Opción C: Todas las variables posibles se incluyen con la muestra restringida a la región de Madrid.
* significativo al 10%, ** significativo al 5%, *** significativo al 1%.

Cuadro B.III
Recolocación colectiva — Sólo hombres

Método emparejamiento		Vecino más cercano		Núcleo		Estratificación		Radio		Propiedad Equilibrio
Muestra Completa	Opción A	158	60	158	22.402	99	22.461	126	22.402	NO
		87,453** (35,124)		78,092*** (10,596)		64,919*** (11,675)		39,287*** (8,275)		
	Opción B1	158	145	158	22.402	182	22.402	153	22.402	SI - 0.001
		35,596** (14,010)		38,123*** (9,970)		42,464*** (10,181)		40,491*** (7,713)		
Solo Madrid	Opción C	31	35	31	21.861	31	21.861	31	21.861	NO
		46,430* (27,796)		31,312** (14,486)		49,530*** (15,436)		31,729** (14,949)		
	Opción D1	31	41	31	21.861	31	21.861	31	21.861	SI - 0.005
		10,590 (26,596)		31,711*** (11,854)		41,160*** (13,249)		31,659** (14,919)		

NOTAS:
Opción A: Todas las variables (edad, nivel de educación, nivel profesional, titulación académica, conocimiento de otros idiomas, semana, trimestre y año de inicio del periodo de desempleo, tasa de desempleo trimestral de cada región, provincia de residencia del trabajador y fecha de inicio de las reformas) se incluyen con la muestra completa.
Opción B1: Opción A excluyendo la provincia de residencia del trabajador y la tasa de desempleo trimestral de cada región.
Opción C: Todas las variables se incluyen con la muestra restringida a la región de Madrid.
Opción D1: Opción C excepto el nivel profesional y la fecha de inicio de las reformas.
* significativo al 10%, ** significativo al 5%, *** significativo al 1%.

Cuadro B.IV

Recolocación colectiva — Sólo mujeres

<table>
<tr><th colspan="2">Método emparejamiento</th><th colspan="2">Vecino más cercano</th><th colspan="2">Núcleo</th><th colspan="2">Estratificación</th><th colspan="2">Radio</th><th>Propiedad Equilibrio</th></tr>
<tr><td rowspan="4">Muestra Completa</td><td rowspan="2">Opción A</td><td>121</td><td>46</td><td>121</td><td>21.694</td><td>121</td><td>21.694</td><td>121</td><td>21.694</td><td rowspan="2">NO</td></tr>
<tr><td colspan="2">67,698***
(24,727)</td><td colspan="2">62,600***
(21,839)</td><td colspan="2">62,442***
(21,325)</td><td colspan="2">32,060***
(9,294)</td></tr>
<tr><td rowspan="2">Opción B1</td><td>121</td><td>42</td><td>121</td><td>21.694</td><td>121</td><td>21.694</td><td>121</td><td>21.694</td><td rowspan="2">SI - 0.001</td></tr>
<tr><td colspan="2">67,028**
(27,765)</td><td colspan="2">58,225***
(17,594)</td><td colspan="2">61,792***
(23,417)</td><td colspan="2">32,049***
(9,294)</td></tr>
<tr><td rowspan="4">Solo Madrid</td><td rowspan="2">Opción C</td><td>18</td><td>59</td><td>18</td><td>21.249</td><td>5</td><td>21.249</td><td>18</td><td>21.249</td><td rowspan="2">NO</td></tr>
<tr><td colspan="2">64,561***
(22,613)</td><td colspan="2">5,295
(11,561)</td><td colspan="2">36,261**
(15,333)</td><td colspan="2">5,215
(14,157)</td></tr>
<tr><td rowspan="2">Opción D1</td><td>18</td><td>65</td><td>18</td><td>21.249</td><td>18</td><td>21.249</td><td>18</td><td>21.249</td><td rowspan="2">SI - 0.005</td></tr>
<tr><td colspan="2">25,380
(23,603)</td><td colspan="2">5,218
(14,156)</td><td colspan="2">20,571
(15,484)</td><td colspan="2">5,200
(14,157)</td></tr>
</table>

NOTAS:

Opción A: Todas las variables (edad, nivel de educación, nivel profesional, titulación académica, conocimiento de otros idiomas, semana, trimestre y año de inicio del periodo de desempleo, tasa de desempleo trimestral de cada región, provincia de residencia del trabajador y fecha de inicio de las reformas) se incluyen con la muestra completa.

Opción B1: Opción A excluyendo el trimestre de inicio del periodo de desempleo.

Opción C: Todas las variables se incluyen con la muestra restringida a la región de Madrid.

Opción D1: Opción C excepto la fecha de inicio de las reformas.

* significativo al 10%, ** significativo al 5%, *** significativo al 1%.

ANEXO C: Estimaciones usando la muestra de empleo indefinido

Cuadro C.I

Recolocación individual — Sólo hombres

Método emparejamiento		Vecino más cercano		Núcleo		Estratificación		Radio		Propiedad Equilibrio
Muestra Completa	Opción A	182	34	182	20.156	176	20.156	58	20.156	NO
		126,357		112,066***		126,634***		23,617		
		(104,459)		(32,698)		(36,412)		(15,311)		
	Opción B1	182	40	182	20.156	182	20.156	59	20.156	SI - 0.005
		132,640		129,457***		134,299***		20,088		
		(87,011)		(22,027)		(32,475)		(15,039)		
Solo Madrid	Opción C	54	31	54	19.947	40	19.961	42	19.947	NO
		114,167***		81,285***		92,240***		29,507		
		(33,139)		(19,876)		(25,642)		(19,856)		
	Opción D1	54	34	54	19.947	40	19.961	43	19.947	SI - 0.001
		104,148***		81,055***		86,293***		32,548*		
		(34,926)		(18,199)		(24,168)		(19,628)		

NOTAS:

Opción A: Todas las variables (edad, nivel de educación, nivel profesional, titulación académica, conocimiento de otros idiomas, razones del anterior despido, semana, trimestre y año de inicio del periodo de desempleo, tasa de desempleo trimestral de cada región, provincia de residencia del trabajador y fecha de inicio de las reformas) se incluyen con la muestra completa.

Opción B1: Opción A excluyendo las razones del anterior despido.

Opción C: Todas las variables se incluyen con la muestra restringida a la región de Madrid.

Opción D1: Opción C excepto la fecha de inicio de las reformas.

* significativo al 10%, ** significativo al 5%, *** significativo al 1%.

Cuadro C.II

Recolocación individual — Sólo mujeres

Método emparejamiento		Vecino más cercano		Núcleo		Estratificación		Radio		Propiedad Equilibrio
Muestra Completa	Opción A	33	5	33	23.940	29	23.944	13	23.934	SI - 0.01
		-11,303 (56,813)		-25,466 (32,880)		-18,934 (67,292)		-30,396 (21,678)		
Solo Madrid	Opción C	5	5	5	23.668	4	23.669	4	23.665	SI - 0.01
		25,400 (66,067)		-1,600 (42,912)		32,034 (62,935)		-15,249 (53,467)		

NOTAS:

Opción A: Todas las variables (edad, nivel de educación, nivel profesional, titulación académica, conocimiento de otros idiomas, razones del anterior despido, semana, trimestre y año de inicio del periodo de desempleo, tasa de desempleo trimestral de cada región, provincia de residencia del trabajador y fecha de inicio de las reformas) se incluyen con la muestra completa.

Opción C: Todas las variables posibles se incluyen con la muestra restringida a la región de Madrid.

* significativo al 10%, ** significativo al 5%, *** significativo al 1%.

Cuadro C.III
Recolocación colectiva— Sólo hombres

Método emparejamiento		Vecino más cercano		Núcleo		Estratificación		Radio		Propiedad Equilibrio
Muestra Completa	Opción A	158	42	158	20.156	99	22.461	158	20.156	NO
		101,517 (89,806)		96,204* (53,601)		108,007*** (27,519)		14,645** (7,629)		
	Opción B1	158	42	158	20.156	158	20.156	156	20.156	SI - 0.001
		110,427 (71,040)		99,315* (56,503)		108,519*** (30,315)		16,273** (7,640)		
Solo Madrid	Opción C	31	28	31	19.947	28	19.950	28	19.947	NO
		71,887*** (25,026)		23,146 (15,222)		62,930*** (19,312)		7,876 (15,963)		
	Opción D1	31	34	31	19.947	28	19.950	28	19.947	SI - 0.001
		47,855** (22,559)		20,804 (16,890)		63,876*** (18,049)		7,672 (15,963)		

NOTAS:
Opción A: Todas las variables (edad, nivel de educación, nivel profesional, titulación académica, conocimiento de otros idiomas, semana, trimestre y año de inicio del periodo de desempleo, tasa de desempleo trimestral de cada región, provincia de residencia del trabajador y fecha de inicio de las reformas) se incluyen con la muestra completa.
Opción B1: Opción A excluyendo trimestre de inicio del periodo de desempleo.
Opción C: Todas las variables se incluyen con la muestra restringida a la región de Madrid.
Opción D1: Opción C excepto la semana de inicio del periodo de desempleo.
* significativo al 10%, ** significativo al 5%, *** significativo al 1%.

Cuadro C.IV
Recolocación colectiva — Sólo mujeres

Método emparejamiento		Vecino más cercano		Núcleo		Estratificación		Radio		Propiedad Equilibrio
Muestra Completa	Opción A	121	32	121	23.940	116	23.940	37	23.940	NO
		-7,802 (61,137)		0,740 (41,899)		-15,639 (29,113)		-6,721 (14,039)		
	Opción B1	121	29	121	23.940	116	23.940	38	23.40	SI - 0.01
		-8,822 (73,052)		-7,922 (55,729)		-17,689 (30,091)		-5,317 (13,739)		
Solo Madrid	Opción C	18	43	18	23.668	18	23.668	18	23.668	NO
		50,150* (26,034)		-15,690 (15,998)		47,335** (22,164)		-15,891 (14,170)		
	Opción D1	18	52	18	23.668	18	23.668	18	23.668	SI - 0.01
		53,847** (24,750)		-15,705 (15,544)		42,717** (17,325)		-15,991 (14,170)		

NOTAS:
Opción A: Todas las variables (edad, nivel de educación, nivel profesional, titulación académica, conocimiento de otros idiomas, semana, trimestre y año de inicio del periodo de desempleo, tasa de desempleo trimestral de cada región, provincia de residencia del trabajador y fecha de inicio de las reformas) se incluyen con la muestra completa.
Opción B1: Opción A excluyendo la tasa de desempleo trimestral de cada región.
Opción C: Todas las variables se incluyen con la muestra restringida a la región de Madrid.
Opción D1: Opción C excepto el nivel profesional.
* significativo al 10%, ** significativo al 5%, *** significativo al 1%.

VII Empresas de trabajo temporal y estabilidad en el empleo

Catalina Amuedo-Dorantes,
San Diego State University

Miguel A. Malo
Universidad de Salamanca

Fernando Muñoz Bullón
Universidad Carlos III (Madrid)

VII. 1 Introducción

Las empresas de trabajo temporal (ETT) son intermediarios del mercado de trabajo que ponen en contacto a oferentes y demandantes de trabajo, pero creando una peculiar relación triangular, ya que formalmente el trabajador contratado es asalariado de la ETT y presta sus servicios laborales en una empresa diferente. Dicha relación se construye, por tanto, con un contrato mercantil de puesta a disposición entre la ETT y la empresa usuaria, y por otro lado, mediante un contrato, éste ya sí de trabajo, que celebra la ETT con el trabajador cedido en misión. Este tipo de intermediación tiene como finalidad el suministro temporal de trabajadores a otras empresas —las empresas usuarias o clientes— con el objetivo de satisfacer sus necesidades temporales de mano de obra, recibiendo por ello una contraprestación en dinero. Por esta razón, el trabajo gestionado a través de ETT se encuadra habitualmente en la literatura económica dentro del denominado trabajo "contingente" —término acuñado por Audrey

Freedman en 1985— que, en su concepción más amplia, engloba también a otras formas de empleo atípicas tales como el trabajo a tiempo parcial, el trabajo temporal (sin recurso a ETT) o las contratas y subcontratas de bienes y servicios.

Desde la reforma laboral de 1994, las ETTs han canalizado un creciente volumen de empleo, que se ha estabilizado en torno al medio millón de trabajadores anuales desde el año 2000 (un 14% de la totalidad de los contratos temporales; véase Cuadro I)[1]. Por tanto, España constituye un interesante caso de estudio para analizar la influencia de las ETT en la trayectoria laboral de los trabajadores, dada la extensión de la contratación a través de este tipo de intermediarios.

Cuadro I

Evolución del sector de las ETTs en España en los últimos años

	1994	1995	1996	1997	1998	1999	2000	2001	2002	2003	2004
Valores absolutos											
No. ETTs	86	316	399	428	435	410	364	346	335	326	342
Trabajadores cedidos (miles)	-	301.3	622.7	442.5	587.7	618.9	593.6	552.8	549.5	551.3	636.2
Contratos puesta a disposición (miles)	-	378.7	809.1	1309	1803.5	2002	2005.1	1901.3	1849.4	1991.1	2209.4
Variación porcentual											
No. ETTs	-	267.44	26.27	7.27	1.64	-5.75	-11.22	-4.95	-3.18	-2.68	4.90
Trabajadores cedidos (miles)	-	-	106.67	-28.94	32.81	5.31	-4.09	-6.87	-0.60	0.32	-15.39
Contratos puesta a disposición	-	-	113.65	61.78	37.78	11.01	0.15	-5.18	-2.73	-7.66	10.96

Fuente: Anuario de Estadísticas Laborales y Asuntos Sociales (Ministerio de Trabajo y Asuntos Sociales) y elaboración propia.

Notas: Los datos son a 31 de Diciembre de cada año.

[1] Como se aprecia en el Cuadro I, entre 1999 y 2003 se observa una disminución en el número de ETTs. Este cambio de tendencia podría ser debido bien a los efectos de la reforma normativa de 1999, en la que se equipararon los derechos laborales de los trabajadores cedidos a los reconocidos en el convenio colectivo de las empresas usuarias (Ley 29/1999 de 16 de Julio), bien a otras circunstancias económicas o productivas que pudieran estar afectando especialmente al sector.

En concreto, resulta importante explorar las implicaciones económicas que se derivan de esta forma de contratación laboral para los trabajadores. El debate social en torno a las ETT se centra en su papel de "fomentadores" de la temporalidad en contra de la estabilidad de las relaciones de empleo a través de contratos indefinidos. Además, se suele insistir que la relación triangular que existe en los contratos temporales de las ETT crea riesgos de fraude para el trabajador temporal. En concreto, existe un supuesto implícito sobre las motivaciones de las empresas usuarias para dirigirse a estos intermediarios, consistente en que esta forma de contratación laboral implica un intento por parte de aquéllas de reducir su estructura de costes y de incrementar la flexibilidad para reducir o expandir su fuerza de trabajo de cara a adaptarse rápidamente a entornos cambiantes. No obstante, caben también enfoques desde un punto de vista positivo o, al menos, no negativo de la actividad de las ETT, complementarios de los anteriores y que resulta imprescindible tener en cuenta para valorar en su conjunto su actividad: las ETT también realizan una tarea de selección con el objetivo de asignar a los individuos a los puestos de trabajo más adecuados a sus características. Dicho con otras palabras, estos intermediarios no solamente proporcionan trabajadores contingentes a empresas usuarias con el objetivo de que éstas puedan absorber más fácilmente las fluctuaciones cíclicas en su demanda, sino que, además, funcionan como servicios de colocación hacia puestos de trabajo con contratos indefinidos.[2]

En concreto, analizaremos de qué modo las experiencias de empleo por medio de ETT influyen en las carreras laborales de los trabajadores. Para ello, llevaremos a cabo una evaluación por medio de técnicas de matching del efecto causal que presenta la contratación vía ETTs sobre la probabilidad de alcanzar un contrato indefinido en el futuro. La base de datos utilizada es el Registro de Contratos del Instituto Nacional de Empleo, mediante el cual compararemos dos grupos de trabajadores: uno de ellos compuesto por individuos contratados por ETTs (grupo de tratamiento) y el otro compuesto por individuos contratados temporalmente de forma directa (grupo de control).

El siguiente apartado describe las características del análisis matching; a continuación se detallan los datos utilizados y se presentan los resultados obtenidos junto a las conclusiones del estudio.

2 Algunas empresas subcontratan directamente todos los procesos de selección de ciertas categorías de trabajadores permanentes a las ETT, con lo que todos los trabajadores que se piensen contratar en el futuro por medio de contratos indefinidos deberán empezar a trabajar de forma temporal por medio de estos intermediarios. En el mercado laboral de EE.UU., esta línea de negocio recibe el nombre de "temp-to-hire".

VII. 2. El problema de la evaluación: propensity score matching

Nuestro objetivo consiste en medir el impacto "causal" del trabajo vía ETTs sobre la probabilidad que tienen los individuos de encontrar un contrato indefinido posterior. Una situación ideal consistiría en observar al mismo individuo contratado por una ETT y contratado a través de un contrato temporal directo. En este caso, podríamos medir sin problema alguno cuál es el efecto de la contratación vía ETT respecto a cuál habría sido la situación en caso de que el individuo no hubiera sido contratado por ninguna ETT. Seríamos capaces, en este caso, de identificar la causalidad entre el tratamiento y el efecto esperado, al recoger en qué medida la transición desde un contrato temporal hacia uno indefinido es atribuible exclusivamente a haber sido contratado a través de una ETT.

Desafortunadamente, para los individuos que pertenecen al grupo de tratamiento desconocemos qué habría ocurrido en caso de que no hubieran sido contratados por una ETT. Además, la contratación vía ETTs no permite la realización de un experimento natural, pues es de esperar que sólo merezca la pena acudir a una ETT en caso de que al trabajador le compense esta forma de empleo frente a la búsqueda propia de empleo sin ayuda del intermediario. Por tanto, la decisión de acudir a una ETT (es decir, recibir el tratamiento) estará correlacionada con la probabilidad de alcanzar con posterioridad un contrato indefinido. La ausencia de aleatoriedad en la pertenencia al grupo de tratamiento impide asegurar la dirección de la causalidad, y por tanto, hace que resulte inadecuada una simple comparación de los resultados en el mercado de trabajo alcanzados por los dos grupos de individuos analizados (tratamiento y control)[3]; es decir, se desconocería si las diferencias en la probabilidad de salir de la temporalidad entre los dos grupos de individuos analizados (en caso de existir) se deben o no al tratamiento, puesto que no se podría aislar el efecto esperado de la contratación vía ETT de otras características de los individuos, ya sean observables o no (como, por ejemplo, la motivación).

Para estimar los efectos derivados de la intermediación de la ETT en el contrato de trabajo (en términos de probabilidad de obtención de contratos indefinidos por parte de los trabajadores cedidos en misión) se pueden utilizar dos

[3] Aquí reside precisamente la principal ventaja del método experimental: en la aleatoriedad del proceso de asignación al grupo de tratamiento y al grupo de control. En este caso, la participación aleatoria elimina la posibilidad de que se produzca una correlación entre el tratamiento y las características –observables o inobservables– de los participantes, de manera que se evite el sesgo de selección (Burtless, 1995)

aproximaciones. Por un lado, métodos paramétricos que utilizan una modelización más o menos completa tanto del proceso de selección como del proceso que determina el resultado esperado. El inconveniente de estos métodos reside en que exigen un conjunto más o menos restrictivo de supuestos sobre los términos de error y sus formas funcionales, que, en algunos casos, podrían resultar inválidos. Por otro lado, tenemos métodos no paramétricos de evaluación, que permiten explotar la información sobre los grupos de control y de tratamiento, como, por ejemplo, los métodos de matching (Heckman et. al., 1998).

En cuanto al segundo de los métodos, denotemos por Y_1 al resultado obtenido en caso de que el individuo haya sido contratado por una ETT, y denotemos por Y_0 al resultado en caso de que el individuo no haya sido contratado por una ETT. Para un individuo en concreto *i*, el efecto de la pertenencia al grupo de tratamiento, Δ_i, se define de la siguiente forma:

$$\Delta_i = Y_{1i} - Y_{0i} \tag{1}$$

Supongamos que *D* es un indicador que toma el valor 1 para los individuos que han sido contratados vía una ETT, y 0 para el resto, y que el vector *X* incluye las variables que pueden influir tanto en la decisión relativa a acudir a una ETT como en el resultado esperado (la consecución posterior de un contrato indefinido). Se pueden, entonces, estimar, distintas medidas del efecto de la ETT. Nos centraremos en dos de ellas. Por un lado, el efecto medio del tratamiento (ATE) es de interés en caso de que estemos considerando la conveniencia de que cualquier contrato temporal se realice a través de una ETT:

$$E(\Delta) = E(Y_1 - Y_0) \tag{2}$$

Por otro lado, tenemos el efecto medio del tratamiento sobre los tratados (ATT):

$$E(\Delta | D=1) = E(Y_1 - Y_0 | D=1) = E(Y_1 | D=1) - E(Y_0 | D=1) \tag{3}$$

El ATT mide la ganancia media para los individuos que decidieron trabajar vía una ETT con respecto a la situación que habrían experimentado en caso de pertenecer al grupo de control, y es de utilidad para decidir sobre la conveniencia de la contratación vía ETT se mantenga tal y como está en la actualidad.

Dado que, como comentamos anteriormente, Y_0 no es observable para los trabajadores del grupo de tratamiento, el problema principal para estimar el ATT consiste en evaluar $E(Y_0 | D=1)$. Para resolver esta dificultad, los distintos métodos de evaluación construyen el contrafactual, esto es, el resultado que se habría obtenido en caso de que los individuos tratados no hubieran pertenecido al grupo de

[4] Es decir: $Y_1, Y_0 \perp D | X$.

tratamiento. Suponiendo que se cumple el supuesto de independencia condicional (esto es, que condicional en *X*, la asignación al grupo de tratamiento y al grupo de control es aleatorio)[4], tendremos que: $E(Y_0 \mid D=1, X) = E(Y_0 \mid D=0, X)$ Por tanto, escogiendo un grupo de control con una distribución de características exógenas similar al grupo de tratamiento, se podrá estimar tanto $Y_1, Y_0 \perp D \mid X.$ como el efecto medio del tratamiento sobre los tratados.

Por tanto, el objetivo del método de *matching* consiste en restablecer las condiciones de un experimento, para lo cual se construye un grupo de control "adecuado", en el sentido de que sea lo más similar posible en términos de sus características observables al grupo de tratamiento. La hipótesis básica subyacente es que el sesgo de selección se elimina al condicionar en las variables observables X (Heckman, Ichimura y Todd, 1998). Así, el resultado de la participación en un programa de empleo será el mismo para participantes y no participantes, una vez que se ha controlado por dichas variables observables.

Obtener, no obstante, un estimador no paramétrico de $E(Y0 \mid D=1)$ es complicado en caso de que se condicione en muchas variables. Para resolver este problema, el vector *X* se condensa en un escalar: el *propensity score* (o puntuación de asignación). El *propensity score* se define como la probabilidad de pertenecer al grupo de tratamiento condicional en *X*, esto es: $p(x) = P(D=1 \mid X=x)$[5] Rosenbaum y Rubin (1983) demostraron que, si se cumple el supuesto de independencia condicional, es decir, si $Y_1\, Y_0 \perp D \mid X$, y $0 < p(X) < 1$, entonces $Y_1\, Y_0 \perp D \mid p(X)$. Es decir, el resultado de pertenecer al grupo de tratamiento será el mismo para participantes y no participantes, una vez que se ha controlado por las variables *X* o por el *propensity score, p(X)*. De este modo, se asegura la independencia estadística entre el resultado esperado y el tratamiento. Para garantizar el supuesto de independencia condicional, (es decir, que una vez que se ha estimado el propensity score, la participación en el programa evaluado es independiente del resultado en caso de no participación), todas las variables que afectan a la participación y al resultado en caso de no participación deben estar incluidas en la estimación del *propensity score* (Smith, 2000).

Por definición, los individuos pertenecientes al grupo de tratamiento y los pertenecientes al grupo de control que tengan el mismo valor del propensity score tendrán la misma distribución dado el vector de variables $X : D \perp X \mid p(X)$. Por tanto, para conseguir la misma distribución de características recogidas en *X* entre los individuos tratados y los no tratados, es suficiente con emparejar exactamente atendiendo a los valores del *propensity score*. No obstante, dado que el pro-

[5] Se resumen, así, las características de cada individuo en una única variable, lo cual resulta muy útil cuando el número de variables *X* es elevado.

pensity score es una variable continua, resultará muy complicado (por no decir, imposible) encontrar dos observaciones (en el grupo de tratamiento y en el de control) con un mismo propensity score. Por este motivo, los distintos métodos de matching permiten realizar emparejamientos uno a uno o con una media ponderada de observaciones del grupo de control, y con reemplazamiento (es decir, utilizando cada observación del grupo de control en más de una ocasión como pareja de varias observaciones del grupo de tratamiento) o sin reemplazamiento.

El método de matching más intuitivo es el *nearest neighbour matching* (o emparejamiento con el vecino más cercano), por medio del cual, para cada individuo tratado se busca el individuo del grupo de control que tenga el *propensity score* más cercano. Una vez que cada observación del grupo de tratamiento se empareja con una observación del grupo de control, se calcula la diferencia entre los resultados para los tratados y el resultado de los no tratados. El ATT se obtiene, entonces, promediando estas diferencias.

Otros dos métodos son el método del radio (*radius matching*) y el de kernel (*kernel matching*). Con el primero de ellos, cada observación del grupo de tratamiento se empareja con la observación del grupo de control que tenga un *propensity* score perteneciente a un entorno predefinido alrededor del *propensity score* de la observación del grupo de tratamiento. Con el método de kernel, todas las observaciones del grupo de tratamiento se emparejan con una media ponderada de todas las observaciones del grupo de control, siendo las ponderaciones inversamente proporcionales a la distancia entre los *propensity score* de tratados y no tratados. El resultado del individuo del grupo de control con el que se empareja el individuo del grupo de tratamiento se calcula como:

$$\hat{y}_i = \frac{\sum_{j \in \{D=0\}} K\left(\frac{p_i - p_j}{h}\right) y_j}{\sum_{j \in \{D=0\}} K\left(\frac{p_i - p_j}{h}\right)} \tag{4}$$

Cada resultado del grupo de comparación, y_j, se pondera por:

$$w_{ij} = \frac{K\left(\frac{p_i - p_j}{h}\right)}{\sum_{j \in \{D=0\}} K\left(\frac{p_i - p_j}{h}\right)} \tag{5}$$

donde p_i y p_j son los *propensity score* de las observaciones del grupo de tratamiento y del grupo de control, respectivamente; h es la longitud del intervalo que se elija (cuando menor sea, más cercanía se exige a los emparejamientos) y K es la función de Kernel, que puede ser Gaussiana (utiliza todas las observaciones del grupo de comparación) o de Epanechnikov (utiliza las observaciones que se encuentran en un determinado intervalo).

VII. 3 Base de datos y definición de los grupos de control y de tratamiento

Los datos utilizados proceden del registro oficial de contratos del Instituto Nacional de Empleo. Esta base de datos recoge información sobre todos los contratos registrados en España. Debido a su tamaño, utilizamos una submuestra que contiene a un grupo más pequeño de individuos seleccionados en función del tipo de contrato observado inicialmente en el año 1998. La muestra incluye a todos los individuos que tenían inicialmente en dicho año un contrato indefinido, el 20% de los que tenían un contrato eventual por circunstancias de la producción, de prácticas, o de obra o servicio, y el 50% de los que tenían un contrato de formación o interinidad.

Esta base de datos presenta varias ventajas para la implementación de *matching*. En primer lugar, permite seguir a los individuos desde el año 1998 hasta el año 2004. En segundo lugar, la información del grupo de tratamiento y del grupo de control se obtienen de la misma fuente. En tercer lugar, es posible controlar las condiciones de los mercados de trabajo locales, a través de la región de residencia y de la tasa de desempleo regional.

Dado que nuestro objetivo consiste en analizar si el trabajo vía una ETT influye en la transición desde contratos temporales hacia contratos indefinidos en comparación al contrato temporal directo, excluimos del análisis los individuos que inicialmente en 1998 ostentaban un contrato indefinido. Además, borramos los individuos que son cedidos por medio de una ETT en el primer contrato observado en 1998, puesto que para ellos no disponemos de información anterior al tratamiento. Finalmente, debido al tamaño de la base de datos, extraemos una muestra aleatoria, lo cual da lugar a un total de 29,398 individuos que inicialmente ostentaban contratos temporales en 1998. El tratamiento se define como el primer momento en que los individuos estudiados son contratados por una ETT con posterioridad al primer contrato temporal observado en 1998.Existen 3,673 individuos en el grupo de tratamiento. Por su parte, el grupo de control incluye a los trabajadores inicialmente temporales en 1998 que nunca fueron contratados por una ETT en el período de observación (es decir, hasta 2004). Hay un total de 25,725 individuos en el grupo de control. El resultado analizado consiste en alcanzar un contrato indefinido en cualquier momento del tiempo con posterioridad al primer contrato observado en 1998 (y hasta 2004). Finalmente, las variables anteriores al tratamiento se refieren a características personales y al tipo de contrato de que disfrutaban los individuos inicialmente en 1998. Por tanto, estas variables no están influidas por el hecho de la pertenencia o no al grupo de tratamiento.

Cuadro II

Diferencias en medias entre el grupo de control y el grupo de tratamiento

Grupo	**Tratamiento**	**Control**	**Sesgo (%)**	**Estadístico-t**
Hombre	0.653	0.654	-0.3	-0.15
Edad				
Edad 16-20	0.338	0.161	42	26.38
Edad 21-25	0.312	0.225	19.7	11.6
Edad 26-30	0.163	0.184	-5.5	-3.08
Edad 31-35	0.082	0.139	-18.3	-9.59
Edad 36-40	0.053	0.102	-18.3	-9.4
Edad 41-50	0.044	0.129	-30.6	-14.97
Edad > 51	0.008	0.061	-29.1	-13.21
Educación				
Sin estudios	0.277	0.386	-23.4	-12.85
Ecuación primaria	0.445	0.354	18.7	10.77
Formación profesional	0.127	0.094	10.6	6.36
Educación secundaria (Bachillerato o E.S.O.)	0.105	0.085	6.8	4
Universidad	0.047	0.082	-14.4	-7.48
Contrato temporal inicial				
Contrato de prácticas	0.038	0.044	-3	-1.65
Contrato de formación	0.121	0.067	18.3	11.57
Contrato de interinidad	0.106	0.108	-0.6	-0.37
Contrato eventual por circunstancias de la producción	0.449	0.399	10	5.68
Contrato de obra o servicio	0.287	0.382	-20.1	-11.13
Ocupación inicial				
Profesional/Directivo	0.019	0.055	-18.9	-9.23
Técnico	0.030	0.042	-6.4	-3.43
Trabajador administrativo	0.117	0.088	9.7	5.78
Servicios	0.179	0.145	9.1	5.34
Agricultura	0.032	0.090	-24.6	-12.05

Trabajador industrial cualificado	0.179	0.223	-11	-6.05
Trabajador industrial semi-cualificado	0.057	0.064	-2.7	-1.53
Trabajador de servicios no cualificado	0.097	0.106	-2.9	-1.63
Trabajador de la minería no cualificado	0.289	0.187	24.2	14.56
Región				
Andalucía	0.106	0.259	-40.6	-20.56
Aragón	0.037	0.024	7.7	4.78
Asturias	0.015	0.021	-4.3	-2.31
Baleares	0.022	0.031	-5.7	-3.04
Canarias	0.044	0.053	-4.4	-2.4
Cantabria	0.011	0.011	0.2	0.09
Castilla- la - Mancha	0.025	0.039	-8.2	-4.29
Castilla y León	0.060	0.044	7.1	4.29
Cataluña	0.261	0.130	33.4	21.12
Valencia	0.101	0.103	-0.6	-0.36
Extremadura	0.013	0.032	-13	-6.44
Galicia	0.050	0.056	-2.6	-1.45
Murcia	0.022	0.031	-5.3	-2.84
Navarra	0.023	0.011	8.7	5.71
País Vasco	0.053	0.038	7.3	4.38
La Rioja	0.008	0.005	3.3	2.02
Madrid	0.151	0.112	11.6	6.91
Valencia	0.101	0.103	-0.6	-0.36
Sector				
Agricultura & Minería	0.051	0.121	-24.8	-12.46
Manufactura	0.084	0.065	7.5	4.47
Industria química	0.134	0.081	17.2	10.7
Comercio	0.161	0.131	8.5	4.98
Turismo	0.093	0.071	8	4.78
Transporte y Comunicaciones	0.031	0.042	-5.8	-3.11
Servicios Financieros	0.196	0.092	29.9	19.31
Servicios públicos/personales	0.114	0.172	-16.8	-8.97
Construcción	0.136	0.226	-23.6	-12.47
Número de observaciones	3,673	25,725	-	-

El Cuadro II contiene las principales características para los dos grupos de individuos. Ambos casos (tratamiento y control) tienen un porcentaje similar de hombres (aproximadamente el 65%). Sin embargo, los trabajadores del grupo de control son más jóvenes (el 65% tienen 25 años o menos, en comparación al 38.6% en el grupo de control). Además, la formación profesional y la educación secundaria son más frecuentes entre los trabajadores que han sido contratados vía ETTs frente a los que no lo han sido. Por otro lado, el contrato eventual por circunstancias de la producción es el predominante en ambos grupos, mientras que el contrato de formación está más extendido entre los trabajadores tratados (siendo el contrato por obra o servicio relativamente más frecuente entre los del grupo de control). En cuanto a la ocupación, los trabajadores tratados están esencialmente ocupados en la minería y los servicios en el primer contrato temporal observado, mientras que entre los temporales directos, la categoría más extendida es la de empleados cualificados en la industria. Por último, Cataluña presenta la mayor incidencia de empleo vía ETTs (un 26.1%), mientras que Andalucía presenta la mayor concentración de trabajadores del grupo de control (un 25.9%), y los trabajadores del grupo de control muestran una mayor concentración en la construcción (en oposición a los servicios financieros, más presentes entre los contratos temporales de los del grupo de tratamiento).

Finalmente, como se observa en el Cuadro III, un 30.19% de los individuos del grupo de tratamiento alcanzan un contrato indefinido a lo largo del período de observación, mientras que esta transición hacia la estabilidad laboral ocurre en un 44.56% entre los individuos del grupo de control.

Cuadro III

Transiciones hacia otros contratos después de 1998

	Contrato indefinido	Contrato temporal	Total
Grupo de tratamiento	**1,109 (30.19%)**	**2,564 (69.81%)**	**3,673**
Control de control	**11,464 (44.56%)**	**14,261 (55.44%)**	**25,725**
Total	—	—	**29,398**

VII. 4 Resultados y conclusiones

Después de estimar la probabilidad de pertenecer al grupo de tratamiento a través de un modelo probit[6], se estimó el efecto medio del tratamiento sobre los tra-

[6] Este modelo (que confirma la significatividad estadística de las diferencias entre las características del grupo de control y del grupo de tratamiento) puede consultarse en Amuedo-Dorantes et. al (2006). "The Role of Temporary Help Agencies in Facilitating Temp-to-Perm Transitions", *IZA Discussion Paper* no. 2177 (accessible electrónicamente en la siguiente dirección web: http://ideas.repec.org/p/iza/izadps/dp2177.html)

tados (ATT) y el efecto medio del tratamiento (ATE) por medio de los métodos de *matching* descritos en el apartado 1 anterior. En todos los casos (véase el Cuadro IV), el empleo vía ETT presenta un impacto negativo y estadísticamente significativo (que fluctúa entre un 15% y un 27%) sobre la probabilidad de ser contratado bajo un contrato indefinido con posterioridad al primer contrato temporal observado en 1998 y hasta el final del año 2004. El rango de fluctuación para el ATE (de un 15% a un 21%) es más estrecho que para el ATT (de un 15% a un 27%). Además, ambos efectos medios son robustos ante los distintos métodos de *matching* utilizados.

Cuadro IV

Efecto medio del tratamiento sobre los tratados (ATT) y Efecto medio del Tratamiento (ATE)

Método de Matching	**Tratados**	**Controles emparejados**	**ATT**	**ATE**
Vecino más cercano	.3019	.5747	-.2728 (.0154)	-.2059 (.0116)
Matching de Kernel	—	—	—	—
Funcion Gaussiana	.3019	.5434	-.2415 (.0072)	-.1841 (.0102)
Función de Epanechnikov	.3019	.5643	-.2624 (.0081)	-.1959 (.0085)
Matching de radio	.3019	.4476	-.1456 (.0085)	-.1456 (.0086)
Número de observaciones	3,673	25,565		

Nota: Todos los cálculos están hechos con reemplazamiento y soporte común. Los números entre paréntesis son los errores estándares.

Por tanto, los resultados obtenidos muestran que los trabajadores que fueron cedidos a empresas clientes sufren una probabilidad significativamente inferior (entre un 15 y un 27%) de alcanzar un contrato indefinido que los contratados temporales directos. Por tanto, incluso aunque los trabajadores que han sido contratados por una ETT disfrutan de una mayor probabilidad de salir del desempleo el análisis empírico llevado a cabo indica que las ETTs no están facilitando la transición desde la temporalidad hacia la estabilidad laboral entre sus trabajadores cedidos[7]. Estos resultados indicarían que la relación unilateral entre los contratados temporales directos y sus empleadores permite a aquéllos desarrollar una relación más estrecha con el mercado de trabajo, la cual se manifiesta en futuros contratos indefinidos en comparación a la situación de los trabajadores de ETTs. Por otro lado, el hecho de que actualmente en España esté prohibida la contratación vía ETTs con el objetivo de seleccionar a trabajadores temporales para ocupar en el futuro puestos de trabajo de carácter indefinido, podría explicar el hecho de que estos intermediarios estén siendo utilizados para satisfacer casi exclusivamente necesidades temporales de mano de obra y facilitar a las empresas clientes su adaptación a cambios en la variabilidad de la demanda. De hecho, en caso de eliminación de esta prohibición sería de esperar una mejora en las transiciones hacia contratos indefinidos por parte de los trabajadores cedidos por las empresas de trabajo temporal.

[7] Véase García-Pérez y Muñoz-Bullón (2005a). Los resultados aquí obtenidos son similares a los de otros estudios que han implementado *matching* (véase, por ejemplo, Ichino *et. al.*, 2004). Difieren, no obstante, de los obtenidos en Malo y Muñoz-Bullón (2002), Muñoz-Bullón y Rodes (2004) y García-Pérez y Muñoz-Bullón (2005b). En cualquier caso, hay que señalar que tanto la metodología como las muetras de estos trabajos difieren sensiblemente con respecto a las aquí utilizadas.

VIII ¿Funcionan las subvenciones a la contratación indefinida? Una evaluación de las políticas regionales en España usando datos administrativos

J. Ignacio García Pérez
Yolanda F. Rebollo Sanz
Universidad Pablo de Olavide (Sevilla)

VIII.1 Introducción

Durante la década de los noventa, se han llevado a cabo varias reformas laborales en España con la intención de reducir el uso de los contratos temporales. Como complemento de las reformas laborales, también desde 1997, tanto la administración central como la mayoría de los gobiernos autonómicos han dedicado grandes cantidades de dinero a subvencionar la contratación indefinida. España es, de hecho, el país de la OCDE con el mayor porcentaje de gasto respecto al PIB en esta política: 0.28% en el periodo 1999-2002. Sin embargo, a pesar de las distintas medidas implementadas y de este dinero invertido en apoyarlas, el uso de la contratación temporal apenas se ha reducido. De hecho, la tasa de empleo permanente solo ha experimentado un pequeño incremento (del 66.4% en 1996 al 66.7% en 2006). La teoría económica nos dice que, en un mercado donde prevalece el exceso de oferta de trabajo, tras el intenso uso de los contratos temporales debe haber básicamente un deseo de las empresas de reducir sus costes laborales. También existe evidencia de que la mayor tasa de temporalidad esta asociado al componente idiosincrásico de algunas regiones españolas relacionado básicamente con su estructura productiva, poblacional y/o empresarial (García-Pérez y Rebollo, 2006).

En este trabajo se evalúa el impacto de las políticas regionales que subvencionan los nuevos contratos indefinidos tomando una muestra de trabajadores con contratos temporales y desempleados para la economía española. Si bien las políticas regionales que subvencionan la contratación indefinida se llevan aplicando en España casi 10 años, este es el primer estudio centrado en el análisis de su impacto en el funcionamiento del mercado de trabajo. En concreto, se estudia la probabilidad de entrada a un contrato indefinido tanto desde el desempleo como desde un contrato temporal a partir de una nueva base de datos procedente de los registros de la Seguridad Social denominada la "Muestra Continua de Vidas Laborales", que se utiliza por primera vez para realizar ejercicios de evaluación de políticas públicas en el mercado de trabajo español. Esta base de datos ofrece importantes ventajas respecto a la Encuesta de Población Activa dado que tiene toda la historia laboral del trabajador.

Partimos de los modelos de duración para identificar el efecto de la política sobre la probabilidad de transitar a un contrato indefinido. Por otra parte, dado que nuestra base de datos ofrece información longitudinal y nuestra variable de política económica tiene variabilidad individual, regional y temporal aplicaremos el método de triples diferencias para identificar el efecto medio de la política. Nuestra variable de política mide la existencia potencial de subsidio para cada individuo en la muestra en un momento determinado en el tiempo. La especificación final de la ecuación estimada incluye controles por numerosas características individuales y del puesto de trabajo (edad, sexo, educación, ocupación, tamaño de la empresa, carácter estacional, tiempo parcial, propiedad de la empresa). Además, se incluyen la tasa de paro regional y la tasa de crecimiento del PIB.

Nuestros principales resultados son que, en media, esta política tiene efectos positivos, pero pequeños, en la probabilidad de transición a un contrato permanente, tanto desde el desempleo como desde un contrato temporal. No obstante, la incidencia de esta política difiere notablemente entre hombres y mujeres y en menor medida entre los grupos de edad. Es mayor para las mujeres mientras que para los hombres esta política no tiene impacto positivo relevante. Para el colectivo de mujeres con un contrato temporal, el ratio de probabilidades de entrar en un contrato indefinido frente a la alternativa del desempleo o de otro contrato temporal está en torno al 35% y el 27%, respectivamente. Para el colectivo de mujeres desempleadas, el ratio de probabilidades de entrar en un contrato indefinido frente a la alternativa de otro contrato temporal está en torno al 42%.

Sin embargo, dado que la probabilidad de conversión de un contrato temporal en indefinido es muy baja, este cambio en la probabilidad deja prácticamente inalterada la tasa de conversión de un contrato temporal a uno indefinido. Los ratios de probabilidades estimados para la población desempleada son aún menores y por tanto, también es pequeño el impacto total de la política. Estos resultados coinciden con la predicción teórica de que los subsidios a la contratación pueden suponer, en el mejor de los casos, solo una rebaja temporal en los costes de contratación pero que no inciden en la existencia de diferencias persistentes en los costes totales que implica la contratación indefinida frente a la temporal.

Finalmente, también hemos estimado la probabilidad de que estos subsidios impliquen una cierta sustitución entre trabajadores elegibles y no elegibles a ser subvencionados. Nuestros resultados parecen indicar que la transición entre contratos permanentes es mayor para mujeres, especialmente las de edades intermedias. Este resultado ya fue puesto de manifiesto en el trabajo de Mortensen y Pissarides (2001). La idea aquí es que los subsidios a la contratación pueden incentivar la contratación en si pero, una vez el empleo se ha creado, el coste de oportunidad de mantenerlo a lo largo del tiempo aumenta por lo que se destruyen a una tasa mayor, dado que siguen existiendo subsidios para la creación de nuevos empleos permanentes.

VIII. 2 Los subsidios regionales a la contratación indefinida

Los datos que utilizaremos sobre subsidios regionales al empleo indefinido cubren únicamente aquellos concedidos por las Comunidades Autónomas y que son independientes de los ofrecidos a nivel nacional. Las principales características de estos subsidios aparecen en los Cuadros I y II. En el Cuadro I aparecen las regiones y los periodos temporales en los que se ofrecen dichos subsidios así como las características personales que se requieren para tener derecho a ellos. Por otra parte, el Cuadro II ofrece el nivel mínimo, máximo y medio, en euros de 2002, de dichos subsidios en cada comunidad autónoma. Como se puede observar en el Cuadro I, esta política empezó a ser utilizada en 1997 en algunas comunidades autónomas, mientras que en otras no ha sido implementada nunca, como es el caso de Cataluña o Navarra. En este Cuadro también se observa que las condiciones individuales que determinan la elegibilidad varían considerablemente entre regiones y a lo largo del tiempo. Mientras existen comunidades, como Andalucía, donde la política se aplica casi a todo tipo de trabajadores, en otras se restringe solo a mujeres o a trabajadores jóvenes.

En el Cuadro II se muestra también el ratio entre el subsidio medio y los costes laborales del puesto de trabajo medio en cada comunidad autónoma. De nuevo, se observa una gran variabilidad entre regiones, aunque en todas las regiones la cuantía que supone dicho subsidio sobre los costes laborales es sustancial. En términos per cápita se observa que dichos subsidios varían notablemente desde el 9% en Baleares, la región con menores subsidios, hasta más del 60% en Extremadura.

VIII. 3 La base de datos: la muestra continua de vidas laborales

La base de datos que utilizaremos en este trabajo es la Muestra Continua de Vidas Laborales (MCVL) de la Seguridad Social. Esta base de datos, recién puesta a disposición de la comunidad investigadora, se ba en una muestra de personas que han estado en situación de afiliado en alta para cotización, o han recibido alguna pensión o prestación por desempleo en el año 2005. Para cada persona contiene información sobre la vida laboral - en algunos casos de varias décadas- y pensiones contributivas recibidas. La población de la que se ha tomado la muestra está formada por todas las personas que han estado en situación de afiliado en alta para cotización, o recibiendo alguna pensión contributiva o prestación de desempleo en el algún momento del año de referencia, 2005, sea cual sea el tiempo en que hayan permanecido en esa situación.

Concretamente, a partir de la población de referencia del año 2005 se obtuvo una muestra aleatoria de 1,1 millones de personas, un 4% del total. Para cada individuo incluido en la muestra se cuenta con una exhaustiva información tanto sobre sus características personales como sobre su situación laboral. En concreto, existe información sobre el sexo, la nacionalidad, el lugar de nacimiento y la edad de cada trabajador. Respecto a su situación laboral se cuenta con información sobre el tipo de contrato, su duración exacta, su grupo de cotización (que nos permite medir la cualificación requerida para su puesto de trabajo) y el sector, tamaño y tipo de empresa donde trabaja.

La duración de las experiencias de empleo se construye en base a las fechas de inicio y fin de cada empleo y está medida en meses. Asimismo, podemos calcular la duración de las experiencias de desempleo usando la fecha de fin de cada empleo y la de inicio del siguiente.[1] Para las experiencias de desempleo, podemos distinguir además cuando el individuo está cobrando prestaciones por desempleo, contributivas o asistenciales, y cuando no. Por tanto, para cada individuo tenemos tan-

[1] No estamos considerando empleos de menos de 15 días de duración ni tampoco periodos de desempleo de menos de esa duración. La justificación es que pueden estar representando básicamente rotación entre empresas o incluso dentro de la misma empresa. Esta situación es bastante usual en España pero para edades más tempranas de las aquí consideradas por lo que para nuestra muestra estas duraciones pueden deberse a otras situaciones no representativas de las transiciones a analizar.

tos registros como experiencias de empleo y desempleo haya tenido en su historia laboral. Dado el volumen tan alto de información hemos tenido que aplicar criterios restrictivos para quedarnos con una muestra lo más homogénea posible de trabajadores.[2]

En definitiva, cada periodo de empleo del individuo está identificado de forma separada. También es posible deducir si los trabajadores cambian de empresa tanto en el caso de una transición directa entre empleos como si se produce con un periodo de desempleo intermedio. En concreto, cada empresa tiene un código de identificación único en la base de datos que permite identificar estas transiciones. Finalmente, dado que se conoce la trayectoria laboral completa del trabajador, esta base de datos no sufre el típico problema de censura por la izquierda relacionado con la falta de información de las experiencias laborales previas a la analizada.

Nuestro estudio de la transición al empleo indefinido lo realizaremos tanto para trabajadores parados, que pueden transitar a dicho empleo indefinido o bien a uno temporal y también para trabajadores con empleo temporal. Estos pueden transitar al desempleo, a otro empleo temporal en la misma empresa o, y esta es la transición que más nos interesa, a un empleo indefinido en la misma empresa.

Dados nuestros criterios de selección, en nuestra muestra de estimación contaremos con 472.406 y 585.602 experiencias de desempleo y con 299.841 y 437.262 experiencias de empleo con contrato temporal para mujeres y hombres, respectivamente. En los Cuadros III y IV se presentan las principales características de dichas experiencias para trabajadores desempleados y empleados con contrato temporal. Los trabajadores desempleados son básicamente poco cualificados, inmigrantes, que provienen del sector de la construcción y que muestran tasas muy bajas de transición al empleo indefinido. Por otra parte, los trabajadores con contrato temporal son de nuevo básicamente poco cualificados, con contrato a tiempo parcial y de dos sectores productivos: construcción y servicios.

[2] Hemos aplicado una serie de filtros para eliminar registros con información incompleta o incorrecta (fechas de inicio y fin de empleo incoherentes, por ejemplo) además de unificar registros sucesivos de un mismo trabajador con la misma empresa y que tienen interrupciones de menos de 15 días. Asimismo, cuando un mismo individuo está trabajando en más de un empleo, nos quedamos con el de mayor duración. Finalmente, cuando un empleo empieza antes de que termine el anterior, hemos unificado ambos para dar lugar a una única experiencia de empleo con las características del empleo final.

VIII. 4 Método de estimación: triples diferencias en diferencias

Nuestro principal objetivo en este artículo es medir el efecto causal que los subsidios regionales a la contratación indefinida tienen sobre la tasa de transición al empleo indefinido, tanto desde el desempleo como desde el empleo temporal. Para este ejercicio estimaremos dos modelos de duración, uno para cada estado de origen (desempleo o empleo temporal) permitiendo múltiples destinos. Concretamente, desde el desempleo se puede salir hacia el empleo temporal o hacia el indefinido y desde el empleo temporal se puede ir al desempleo o a otro empleo en la misma empresa, distinguiendo si el contrato es temporal de nuevo o indefinido. También, con el objeto de contrastar la existencia de efectos sustitución estimaremos un modelo de duración en el que el estado de origen es tener un contrato permanente y los destinos potenciales son el desempleo, un contrato temporal u otro contrato indefinido.

Como es tradicional en la literatura de duración, el objetivo es estimar la tasa de salida o "hazard". Para cada individuo observamos la duración en un determinado estado, ya sea de desempleo o de empleo temporal, hasta que cambia a uno de los posibles destinos. Una técnica de estimación muy utilizada recientemente se basa en transformar el modelo de duración en una secuencia de ecuaciones de elección discreta sobre la salida en cada duración definidas en la población superviviente a cada una de ellas (Jenkins, 1995). Por tanto definimos una variable, y_{lkt}, que toma valor uno si el individuo sale en el momento t del estado l al estado k, y cero en caso contrario. Para esta variable, se define un modelo de elección discreta sobre la base de datos donde hay tantas observaciones por individuo como dure cada experiencia de empleo o desempleo. Por tanto, la aportación a la verosimilitud de cada individuo es:

$$\ln l_i = \sum_{t=1}^{T}\sum_{l=1}^{L}\sum_{k=1}^{J} y_{lkt} * \ln(\Pi_{lkt}) + (1 - y_{lkt}) * \ln(\Pi_{lkt})$$

donde π_{lkt} es la tasa de salida desde el estado l al estado k:

$$\Pi_{lkt} = \Pr\left(T_{lkt} = t \middle/ T_{lkt} > t \right)$$

Nuestro procedimiento econométrico tratará de identificar el efecto del tratamiento que suponen estas políticas regionales de subvención a la contratación indefinida aplicando el enfoque de diferencias en diferencias. Para estimar el efecto de dichas políticas sobre el comportamiento económico necesitamos alguna fuente de variación en la aplicación de la misma. Los tratamientos empíricos en este enfoque suelen utilizar variaciones espaciales o temporales (véase Besley y Case, 2000). Nuestra estrategia de identificación es interesante porque tendremos tres fuentes de variación para obtener la identificación del efecto causal de dicha política. Utilizaremos la variación en el tiempo, a través de las distintas comunidades autónomas y en las características individuales que determinan la elegibilidad como fuentes de identificación del efecto de nuestra política. Por tanto, realizaremos la comparación en los resultados en términos de transición al empleo indefinido de individuos similares en regiones diferentes y en periodos diferentes así como entre grupos individuales distintos dentro de una misma región, en periodos de tiempo distintos, antes y después de implementar el uso de estos subsidios a la contratación indefinida.

Como ya se indicó anteriormente, no contamos con información sobre si un individuo concreto que consigue un contrato indefinido ha recibido la subvención regional o no, por tanto el efecto del tratamiento que identificamos lo podemos denominar como "potencial" ya que solo recoge el efecto de dichos subsidios sobre individuos potencialmente tratados por la política. El grupo de control[3] está compuesto por trabajadores que no pueden haber recibido subvenciones a la contratación en la región y el periodo temporal en los que los observamos.

La especificación concreta del modelo a estimar para la tasa de transición al empleo indefinido, tanto en el caso de origen en el desempleo como en el de un empleo temporal es la siguiente:

$$\Pi_{ijt} = F(\delta(t) + \alpha_t x_{ijt} + \gamma_t z_{jt} + \beta_0 D_{ijt} + \beta_1 D_{ij} + \beta_2 D_j + \beta_3 D_t + \beta_4 D_{jt} + \beta_5 D_i + \beta_6 D_{it} + \varepsilon_{ijt})$$

donde *i* se refiere a individuos, *j* a regiones y *t* al tiempo; la función $\delta(t)$ recoge la dependencia de la duración de la tasa de salida; la matriz x_{ijt} contiene los regresores que varían entre individuos y para distintas regiones y periodos temporales; z_{jt} recoge características regionales que varían a lo largo del tiempo. Todas estas variables ayudan a la identificación insesgada del efecto causal de la política analizada dado que recogen los posibles cambios en otros determinantes de la transición al empleo indefinido que pueden estar afectando simultáneamente al resultado tanto de individuos tratados como de no tratados.

La variable que identificará el efecto causal de la política es D_{ijt} y toma un valor igual a uno si el individuo *i*, que trabaja en la región *j* es elegible para la política

[3] Un buen grupo de control está compuesto de aquellos trabajadores que pueda demostrarse que tienen un comportamiento similar al grupo tratado sin que hayan sido sujetos al tratamiento. De hecho, el interés de la técnica de diferencias en diferencias viene de la facilidad con que, si el grupo de control está bien definido, se puede obtener la identificación del efecto causal sin sesgos de endogeneidad o autoselección (Meyer, 1995).

regional en el momento temporal *t* y cero en caso contrario. El resto de variables "*D*" ayudan a identificar correctamente el efecto causal de la política en base al conocido como "efecto medio del tratamiento sobre los tratados". Estas variables se resumen en el siguiente cuadro:

$D_j=1$	⇔	El trabajador reside en una región tratada
$D_i=1$	⇔	Las características individuales del trabajador lo hacen elegible, independientemente de su región y el momento temporal.
$D_{ij}=1$	⇔	El trabajador pertenece a un grupo elegible en una región tratada.
$D_{jt}=1$	⇔	El trabajador reside en una región que aplica el subsidio en el momento t, independientemente de si es elegible o no.
$D_{it}=1$	⇔	El trabajador es elegible en el momento t, independientemente de si vive o no en una región tratada.
$D_t=1$	⇔	El año t es un año donde se aplica la política

Por tanto, las variables D_i, D_j y D_{ij} controlan por las diferencias permanentes que existan entre trabajadores elegibles y no elegibles, entre regiones con y sin tratamiento y entre tratados y no tratados dentro de las regiones con tratamiento, respectivamente. Las variables D_{it} y D_{jt} recogen las diferencias que cambian con el tiempo para los individuos y las regiones tratadas, respectivamente. Finalmente, D_t controla por los efectos comunes a nivel agregado, básicamente cambios en el ciclo económico, que puedan afectar por igual a tratados y no tratados.

El principal objetivo de nuestro ejercicio de evaluación es estimar correctamente el parámetro β_0. La interpretación de este coeficiente se basa, como ya se dijo anteriormente en una triple diferencia: es el cambio, tras el tratamiento, en la transición al empleo indefinido para individuos elegibles y no elegibles, en las regiones tratadas frente al mismo cambio para regiones no tratadas. Es decir, este efecto es neto del cambio medio en los resultados observados antes y después del tratamiento y viene medido por las diferencias medias entre el grupo de tratamiento y el de control.

Finalmente, el término de error en la ecuación a estimar tiene la siguiente especificación:

$$\varepsilon_{ijt} = \eta_i + \upsilon_{ijt}$$

donde η_i representa la posible existencia de heterogeneidad inobservable a nivel individual y υ_{ijt} es el término de error de error de dicha ecuación. Finalmente, hay que recordar que la estimación mediante el procedimiento de diferencias en diferencias ya trata de controlar por la existencia de efectos invariantes en el tiempo e inobservables a nivel individual. Por ello, nuestra estimación del parámetro β_0 debería ser la misma en un modelo que controle econométricamente por la presencia de dicha heterogeneidad y la presentada aquí.[4] En cualquier caso, también hemos testado esta hipótesis estimando el mismo modelo de duración que seguidamente se presenta con un control de heterogeneidad inobservable a la Heckman y Singer (1984). Los resultados, no mostrados aquí pero disponibles, muestran que dicho parámetro no cambia mucho cuando se controla la presencia de dicha heterogeneidad.

VIII. 5 Resultados

En esta sección se muestran los resultados del análisis de la incidencia de las subvenciones salariales a los contratos indefinidos sobre la probabilidad de pasar del desempleo a un contrato indefinido y sobre la tasa de conversión de los contratos temporales en indefinidos. Adicionalmente, y en la medida en que este tipo de política puede dar lugar a efectos sustitución entre diferentes tipos de trabajadores (Calmfors, 1994) también estudiamos el impacto de estas subvenciones salariales sobre la tasa de salida de un contrato permanente. Es decir, es posible que se obtenga que las subvenciones sobre los contratos indefinidos aumenten la tasa de entrada de los trabajadores beneficiados por la política a este tipo de contratos pero que a su vez aumente la tasa de salida de un contrato indefinido para los que no sean elegibles. Dado que la variación en la tasa de empleo permanente durante el periodo analizado ha sido escasa, es posible que se esté produciendo este tipo de fenómeno.[5]

La muestra usada en la estimación se compone de trabajadores de entre 18-64 años. En todos los casos descomponemos la muestra por género para ganar homogeneidad entre el grupo de tratamiento y el de control. Nuestro indicador de polí-

[4] En cualquier caso, también hemos testado esta hipótesis estimando el mismo modelo de duración que seguidamente se presenta con un control de heterogeneidad inobservable a la Heckman y Singer (1984). Los resultados, no mostrados aquí pero disponibles, muestran que dicho parámetro no cambia mucho cuando se controla la presencia de dicha heterogeneidad.

[5] Kugler, Herranz y Jimeno (2003) sugieren la existencia de efectos substitución de los trabajadores de mediana edad a favor de las mujeres jóvenes como consecuencia de los incentivos a la contratación indefinida creados con la reforma laboral de 1997.

tica es una variable binaria que toma valor la unidad cuando un individuo es elegible y cero en caso contrario.[6] Además, tenemos en cuenta la existencia de heterogeneidad en el impacto de la política en base a la edad del individuo. Para ello, construimos interacciones de la variable de política con el grupo de edad al que pertenece el individuo. En concreto usamos tres grupos de edad: menores de 30 años, 30-45 años y mayores de 45 años. Esta distinción es también relevante dado que los criterios de elegibilidad suelen variar entre estos grupos de edad.

La dependencia temporal de cada tasa de salida se especifica como un polinomio en la duración de grados dos. Nuestra especificación también incluye varias variables que describen las características personales y laborales de la muestra y que permiten controlar por las diferencias entre los trabajadores elegibles y los no elegibles por la política que podrían sesgar los resultados de nuestro estudio. Brevemente, estas variables son: categoría salarial, tamaño de la empresa, edad de la empresa, jornada laboral, sector de actividad, titularidad de la empresa, si se trabaja en una empresa de trabajo temporal, entre otras. También incluimos en el análisis determinadas variables que controlan por efectos agregados y temporales a nivel nacional y regional. De esta forma nos aseguramos que el coeficiente de nuestra variable de política no está sesgado por efectos tendenciales o estructurales que podrían estar correlacionados con nuestra variable de resultados. Las variables consideradas son la tasa de desempleo regional y la tasa de crecimiento del PIB nacional. También se incluyen una serie de variables ficticias que controlan por el grupo de edad del individuo e interaccionamos estas variables ficticias con la tasa de desempleo regional y con la tasa de crecimiento del PIB con el objeto de controlar por efectos específicos del ciclo económico para cada grupo de edad.

En la medida que estimamos un modelo de riesgos en competencia para cada modelo de duración, se obtiene un vector de parámetros específicos para cada alternativa. Además, cada modelo se estima por género y teniendo en cuenta la existencia de heterogeneidad no observada. También estimamos especificaciones alternativas del modelo inicial para contrastar la robustez de los resultados. No obstante, para evitar una extensión excesiva en esta sección de resultados, hemos optado por exponer los más relevantes y sobre los que se sustentan nuestras conclusiones principales. Finalmente, dado que no existen diferencias relevantes entre los modelos con y sin heterogeneidad inobservada, los resultados que se presentan a continuación hacen referencia a la estimación sin heterogeneidad inobservada.

[6] También se ha estimado los efectos de la política con una especificación alternativa donde la variable de política toma el valor de la subvención para cada individuo elegible y cero en caso contrario (Ver García Pérez y Rebollo, 2007). La ventaja de esta especificación alternativa es que la identificación del efecto de la política se basa en un dimensión adicional que es la variabilidad en la cuantía de la subvención.

VIII. 5. 1 Efectos de las subvenciones salariales a la contratación indefinida sobre la conversión de un contrato temporal en indefinido en la misma empresa

Las subvenciones a la contratación indefinida para los trabajadores que tienen un contrato temporal solo existen cuando dicho contrato se convierte en indefinido en la misma empresa. Este planteamiento de la política introduce tres consecuencias principales en el análisis. En primer lugar, la definición de los riesgos en competencia difiere de los que se plantean para la muestra de trabajadores desempleados. Los riesgos en competencia son: nuevo contrato temporal en la misma empresa, nuevo contrato indefinido en la misma empresa y desempleo o transición a otra empresa. Hemos emparejado la alternativa de desempleo y transición a otra empresa porque se puede suponer que el individuo que pasa a otra empresa está al menos un día desempleado. Para agilizar la exposición, nos referiremos en este caso a la salida de un contrato temporal al desempleo. En segundo lugar, los trabajadores que son empleados a través de una empresa de trabajo temporal no pueden verse beneficiados por la política al menos que pasen al desempleo. Por tanto, son eliminados de la muestra. En tercer lugar, eliminamos los periodos de empleo inferiores a un mes. El motivo es que este tipo de contratos temporales deben tener una naturaleza claramente temporal[7] y por tanto, no forman parte del objetivo de la política analizada. Su inclusión podría distorsionar los resultados puesto que la demanda de estos contratos es inelástica a las subvenciones salariales sobre la contratación indefinida.

La dependencia de la duración de la tasa de salida del contrato temporal se especifica como un polinomio de grado dos en el logaritmo de la duración del contrato. Adicionalmente, incluimos una serie de variables ficticias que controlan por determinadas duraciones en las que la evidencia empírica muestra que existe un pico en la tasa de salida. Esto se produce en el mes 6, 12, 24 y 36. También incluimos una variable ficticia que indica si el contrato temporal es de duración inferior a cuatro meses.

Presentamos los resultados generales en los Cuadros V y VI para hombres y mujeres, respectivamente. La primera idea a destacar es que la variable de política y el resto de las variables "D" difieren entre las alternativas consideradas. Este resultado apoya el interés de estimar un modelo de riesgos en competencia para valorar el impacto de la política. Por otra parte, dado que en conjunto las variables "D" son estadísticamente significativas, se puede afirmar que existen diferencias temporales y perma-

[7] Hay varios estudios empíricos que muestran que parte del problema de la alta tasa de temporalidad de la economía española reside en que las empresas utilizan los contratos temporales para cubrir puestos de trabajo de carácter permanente (Guell, 2000; Rebollo, 2006).

nentes entre los trabajadores elegibles y no elegibles y las regiones que necesitan ser tenidas en cuentas para valorar adecuadamente el efecto causal de nuestra variable de política sobre la tasa de conversión de un contrato temporal en indefinido.

Dado que nuestro análisis se va a centrar en el efecto causal de la política ofrecemos en el Cuadro VII un resumen de los resultados fundamentales sobre el que se basan nuestros comentarios. En concreto, en este Cuadro incluimos el coeficiente estimado (también el error estándar correspondiente y la T-Student) asociado a nuestra variable de política así como el ratio de probabilidades de acceder a un contrato permanente frente al resto de alternativas incluida la permanencia en el contrato temporal. Todos estos resultados se presentan por género y grupos de edad en dicho Cuadro VII. En primer lugar, se observa que el coeficiente de política asociado a la alternativa de acceder a un contrato indefinido no es siempre estadísticamente significativo al 95%. No obstante, esto no implica que los efectos de la política no son relevantes en su conjunto puesto que cuando se hace un test de significatividad conjunta se rechaza la hipótesis nula de ausencia de significatividad estadística, excepto para el grupo de trabajadores jóvenes.

Los efectos de la política sobre la tasa de conversión de temporal a indefinido difieren notablemente por género y en menor medida por grupo de edad. En el colectivo de mujeres, se observa que el efecto más relevante es en relación a la alternativa de salir del desempleo. Se observa que el coeficiente asociado a esta última alternativa es negativo y estadísticamente significativo excepto para las mujeres mayores de 45 años. Por tanto, para las trabajadores elegibles, la política reduce la tasa de salida de un contrato temporal al desempleo. Por el contrario, el coeficiente asociado a la alternativa de salir a otro contrato temporal no es estadísticamente significativo.

Analizando los ratios de probabilidades se obtiene una idea del efecto de la política sobre la probabilidad de obtener un contrato permanente en relación al resto de alternativas para el colectivo de mujeres. Se observa que para las trabajadoras elegibles, la política incide positivamente sobre la probabilidad de conversión del contrato temporal en permanente en relación a la probabilidad de entrar en un nuevo contrato temporal. El ratio de probabilidades está en torno al 27%. Este ratio asciende al 35% cuando se computa en relación al desempleo. Cuando comparamos por grupos de edad, la única diferencia relevante es que la incidencia de la política es menor para el colectivo de mujeres mayores de 45 años. Ambos ratios de probabilidades son 14% y 10%, respectivamente.

En relación al grupo de hombres, se observa que en media, los efectos de la política son insignificantes con la excepción de los mayores de 45 años. En este caso, parece que la política incide negativamente en la probabilidad de acceder a un contrato permanente puesto que el ratio de probabilidades es negativo en relación a todas las alternativas.

No obstante, cuando tratamos de cuantificar la importancia de estos ratios de probabilidades sobre la transición a un contrato indefinido se observa que el efecto de la política es prácticamente insignificante dado que la tasa de conversión de un contrato temporal a indefinido es muy baja. Por ejemplo, la tasa de conversión de un contrato temporal a indefinido está en torno a 0.064% para las mujeres menores de 30 años. Un aumento del 27% en dicha tasa de conversión apenas supone un cambio importante en el número de contratos que se convierten de temporal a fijo.

VIII.5.2 Los efectos de las subvenciones a la contratación indefinida sobre la probabilidad de transitar del desempleo a un contrato indefinido

Para analizar los efectos de la política de subvenciones sobre la creación de nuevos contratos indefinidos a partir del desempleo también se ha considerado conveniente restringir el análisis a las duraciones de desempleo no superiores al año. Para ello se impone una censura artificial en el mes doce de duración del desempleo. Esta restricción ayuda a garantizar homogeneidad entre los trabajadores elegibles en la muestra. Es importante tener presente que la política que se está analizando no tiene como cometido principal aumentar la tasa de empleo o reducir la duración media del desempleo de grupos de trabajadores en situaciones desventajosas como los desempleados de larga duración sino fomentar la contratación indefinida. Por otra parte, desde 1994 existe una importante variedad de políticas activas de empleo a nivel nacional, regional e incluso local, especialmente dirigidas a los desempleados de largo plazo, entre otros.

Como en el modelo de duración estimado para los trabajadores con contratos temporales, la dependencia de la duración se especifica como un polinomio de grado dos en el logaritmo de la duración del desempleo. La especificación del modelo de duración es similar a la comentada en la sección anterior pero con algunas variaciones que se comentan a continuación. Concretamente, añadimos dos variables que identifican si el trabajador recibe prestaciones por desempleo y si las recibe en el momento de salir del desempleo. También incluimos si el trabajador había sido contratado por una agencia de trabajo temporal o si vuelve a la misma empresa.

En los Cuadros VIII y IX se presentan los resultados generales de estimar el modelo de riesgos en competencia para la población desempleada de hombres y mujeres, respectivamente. Recordemos que en este caso las alternativas en competencia son salir del desempleo con un contrato temporal o con un contrato permanente. Al igual que en el modelo anterior, los resultados relativos a la variable de política y al resto de variables "D" de control indican la conveniencia de especificar un modelo de riesgos en competencia y la necesidad de considerar la existencia de diferencias temporales y permanentes entre los trabajadores elegibles y no elegibles para identificar correctamente el efecto de la política. Igualmente, se observa que es importante tener en cuenta los efectos específicos de la edad y del ciclo económico sobre nuestra variable de resultados.

En el Cuadro X presentamos un resumen de los principales resultados relativos al efecto causal de la política sobre la tasa de entrada a un contrato permanente desde el desempleo. De nuevo se observan importantes diferencias por género. En primer lugar, la política parece ser más efectiva para las mujeres. La variable de política es estadísticamente significativa en todos los casos y para ambas alternativas con la excepción de las mujeres mayores de 45 años. Centrando nuestra atención en los ratios de probabilidades se observa que las subvenciones regionales a la contratación permanente aumentan la tasa de entrada de los trabajadores elegibles a estos contratos. Por ejemplo, en el grupo de mujeres, el ratio de probabilidad de entrar en un contrato permanente frente a seguir al desempleo es del 24% y este mismo ratio en relación a salir a un contrato temporal es superior y está en torno al 42%. Por grupos de edad se observa que el impacto de la política decrece con la edad y la mayor incidencia se encuentra en el grupo de trabajadoras menores de 30 años. De nuevo, cuando se trata de valorar cuantitativamente la importancia de este efecto se observa que la variación en la probabilidad de entrar en un contrato permanente desde el desempleo a causa de la política sigue siendo pequeña. Pensemos que la probabilidad estimada de transición a un contrato indefinido desde el desempleo está en torno al 2%.

De nuevo cuando se analizan los efectos de la política sobre el grupo de hombres trabajadores no surgen resultados relevantes. La variable de política no es siempre estadísticamente significativa y el valor de los ratios de probabilidades es pequeño. El impacto más relevante se produce sobre los trabajadores mayores de 45 años para los que parece que la política les desfavorece puesto que reduce la probabilidad de entrada a un contrato permanente desde el desempleo independientemente de la alternativa de referencia. El ratio de probabilidad en relación a un contrato temporal es del -15% y en relación a la permanencia en el desempleo está en torno al -18%.

VIII.5.3 Los efectos de las subvenciones a la contratación indefinida sobre la probabilidad de salir del contrato permanente: ¿existen efectos sustitución?

Otro efecto potencial de la política que estamos analizando es la existencia de efectos sustitución entre diferentes grupos de trabajadores. Los efectos sustitución existen si los trabajadores elegibles acceden a contratos permanentes que tenían los trabajadores no elegibles. Pensemos que el subsidio que estamos analizando puede influir en la probabilidad individual de tener un contrato permanente de dos formas. En primer lugar, la empresa que contrata al trabajador con un contrato indefinido recibe una subvención al inicio del mismo. En consecuencia, esto puede favorecer que la empresa contrate a los trabajadores elegibles con un contrato permanente. En segundo lugar, los trabajadores no elegibles podrían ver reducida su probabilidad de acceder a este mismo contrato permanente. En esta situación, se observaría que la política de subvenciones a la contratación indefinida no aumenta la tasa de empleo permanente. La importancia de este fenómeno depende de varios factores. En primer lugar, depende de si el subsidio cubre las diferencias de productividad entre los trabajadores con y sin contrato permanente. Si este subsidio simplemente cubre estas diferencias, entonces no es probable que se observen efectos sustitución. En segundo lugar, depende del grado de sustituibilidad entre los trabajadores elegibles y los no elegibles.

Para estimar los efectos de la política sobre la tasa de salida del contrato permanente seguimos el mismo enfoque de las secciones anteriores. Estimamos un modelo de riesgos en competencia en el que el trabajador con un contrato permanente se enfrenta a las siguientes alternativas: desempleo, contrato temporal, otro contrato permanente. En términos de este modelo, si los efectos sustitución son importantes, deberíamos observar que la tasa de salida del contrato permanente es mayor para los no elegibles. En los Cuadros XI y XII presentamos los resultados generales y en el Cuadro XIII un resumen de los mismos centrándonos en el efecto de la política sobre la tasa de salida de un contrato permanente a cada uno de los riesgos en competencia considerados.

En términos generales, el coeficiente de la variable de política no es siempre estadísticamente significativo. No obstante, cuando se realiza un test de significatividad conjunta, esta variable si resulta ser relevante en el modelo de duración. Como en los análisis realizados para la muestra de trabajadores con contratos temporales y desempleados, los efectos de la política sobre la tasa de salida de un contrato permanente difieren entre hombres y mujeres. De hecho, los únicos efectos relevantes encontrados aparecen de nuevo para este último colectivo de trabajadores aunque no se encuentra evidencia de existencia de efectos sustitución. Para las trabajadoras elegibles, la tasa de salida de un contrato permanente a otro temporal se reduce –el ratio de probabilidades es -33%-, mientras que aumenta la tasa de salida a otro contrato permanente –el ratio de probabilidades es de 34%-. Este último efecto es significativamente mayor en el caso de las mujeres entre 30-45 años cuyo ratio de probabilidad es del 49%. Por tanto, parece que la política de subvenciones salariales a los nuevos contratos indefinidos aumenta la rotación entre contratos permanentes para las mujeres trabajadoras, especialmente las de mediana edad.

Como en casos anteriores, cuando se procede a valorar cuantitativamente la importancia de este efecto se observa que la variación en el número de transiciones debe ser pequeño puesto que, en media, la probabilidad estimada de transitar de un contrato permanente a otro permanente está en torno al 0.8%.

VIII.6 Conclusiones

España es uno de los países con la mayor tasa de temporalidad de la Unión Europea y esto puede llevar aparejado costes tanto desde el punto de vista de eficiencia como desde la perspectiva de la equidad. Conscientes de los potenciales costes de esta alta tasa de temporalidad, los gobiernos regionales y nacionales han diseñado diferentes medidas para fomentar la creación de contratos indefinidos. Desde la reforma laboral de 1997, el gobierno nacional ofrece descuentos en los pagos a la Seguridad Social a cargo de la empresa para los nuevos contratos permanentes. Simultáneamente, algunos gobiernos regionales han comenzado a incentivar el uso de contratos permanentes ofreciendo subvenciones salariales sobre los nuevos contratos permanentes para determinados trabajadores, en algunas regiones, y para la población en general en otras.

En este estudio se toma información de tales políticas regionales para evaluar su impacto sobre la tasa de entrada a un contrato indefinido. Dado el carácter longitudinal de la base de datos, aplicamos un enfoque de diferencias en diferencias para identificar el efecto de la política. En concreto, para identificar el efecto causal de la política hacemos uso de toda la variabilidad que tales políticas regionales nos ofrecen. Básicamente, variabilidad en las condiciones de elegibilidad a lo largo del tiempo y entre regiones. Con este enfoque controlamos por la heterogeneidad observada e inobservada entre el grupo de tratamiento y el grupo de control. Para ganar homogeneidad en nuestras estimaciones, el análisis lo realizamos separadamente por género y permitimos la existencia de heterogeneidad en el efecto del tratamiento en función de la edad del trabajador.

Estimamos la incidencia de las subvenciones regionales sobre la tasa de entrada a un contrato indefinido a partir de un contrato temporal en la misma empresa y a partir del desempleo. También estimamos la incidencia de tales subvenciones sobre la tasa de salida de un contrato permanente. En todos los casos seguimos un enfoque de riesgos en competencia dado que permite un análisis más detallado de los efectos de la política en las transiciones laborales de los trabajadores. Nuestra variable de política es una variable ficticia que toma valor la unidad cuando se trata de un trabajador elegible y cero en caso contrario.

A partir de los resultados presentados concluimos que el efecto de la política de subvenciones a la contratación indefinida tiene pocos efectos positivos sobre la probabilidad de acceder a un contrato indefinido, independientemente de que se trate de una conversión o de un nuevo contrato. En el caso de los hombres no se observan efectos positivos relevantes ni desde la temporalidad ni desde el desempleo. En el caso de las mujeres los resultados presentados indican que la política tiene algún impacto. En concreto, parece que estos subsidios reducen la probabilidad de que las trabajadoras acumulen contratos temporales en la misma empresa y aumentan la tasa de entrada a un contrato permanente desde el desempleo y desde la temporalidad. No obstante, dado el bajo valor de los ratios de probabilidades, el cambio en la tasa de entrada a un contrato permanente es bastante pequeño.

Otro efecto no esperado de la política se produce sobre la tasa de salida de un contrato permanente. En concreto se obtiene que esta política puede estar favoreciendo la transición entre contratos permanentes para el colectivo de mujeres elegibles, especialmente, las mujeres entre 30-45 años. Esto idea es coherente con el planteamiento del análisis presentado en Mortensen y Pissarides (2001). Estos autores apuntan que las subvenciones a la contratación estimulan la creación de empleo, pero una vez que el contrato se ha creado, la subvención también aumenta el coste de oportunidad de mantenerlo.

Apéndice: Figuras y cuadros

Figura 1: Tasa de empleo permanente, regiones españolas (EPA, 1995-2002)

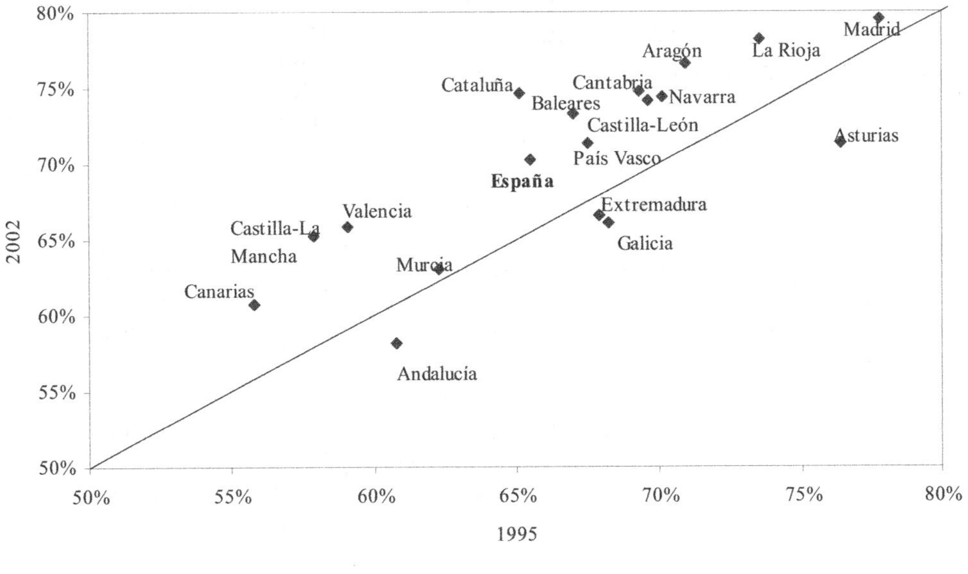

Cuadro I

Subsidios regionales a la creación de empleo indefinido: condiciones de elegibilidad para las distintas regiones españolas (1997-2004)

	HOMBRES		MUJERES	
Andalucía	Todas las edades	1997-2002	Todas las edades	1997-2002
Aragón	40 ó más	1998-2004	Todas las edades	1998-2004
Asturias	Todas las edades	1997-1998, 2000-2003	Todas las edades	1997-1998, 2000-2003
I. Baleares	NO		Todas las edades	2000-2004
I. Canarias	18-25	1.998	Todas las edades	1.998
	Todas las edades	1.999	Todas las edades	1.999
Cantabria	Todas las edades	1998, 2000-2004	Todas las edades	1998, 2000-2004
C. León	Todas las edades	1998-2004	Todas las edades	1998-2004
C. Mancha	16-30	1.998	Todas las edades	1.998
	16-29 & 45 ó más	1999-2003	Todas las edades	1999-2003
Cataluña	NO		NO	
Valencia	Todas las edades	1998-2001, 2003-2004	Todas las edades	1998-2004
Extremadura	Todas las edades	1997-2004	Todas las edades	1997-2004
Galicia	18-30 & 45 ó más	1998	Todas las edades	1.998
	Todas las edades	1999-2004	Todas las edades	1999-2004
Madrid	Todas las edades	1998-2004	Todas las edades	1998-2004
Murcia	Todas las edades	1998-2004	Todas las edades	1998-2004
Navarra	NO		NO	
País Vasco	Todas las edades	1998-2004	Todas las edades	1998-2004
Rioja	Todas las edades	1998-2004	Todas las edades	1998-2004

Cuadro II

Incentivos regionales a la creación de empleo indefinido: cuantías

		Mínimo	Media	Máximo	Media/Costes Totales*
Regiones	Andalucía	2.400	3.844	6.012	21.0%
	Aragón	1.200	3.684	5.160	18.9%
	Asturias	3.600	4.100	4.500	20.3%
	I. Baleares	1.653	1.726	1.800	9.6%
	I. Canarias	3.000	3.300	3.600	19.0%
	Cantabria	1.803	3.604	4.808	19.1%
	C. León	1.800	3.605	5.115	21.0%
	C. Mancha	3.000	3.300	3.600	17.4%
	Cataluña	0	0	0	0.0%
	Valencia	1.800	4.513	7.466	24.8%
	Extremadura	4.166	10.076	15.177	62.3%
	Galicia	3.000	3.600	4.200	20.6%
	Madrid	3.600	7.971	12.000	32.3%
	Murcia	3.000	4.838	7.200	29.4%
	Navarra	0	0	0	0.0%
	P. Vasco	3.273	4.459	7.512	19.2%
	Rioja	4.491	5.001	6.011	27.3%
Sexos	Hombres	1.200	4.764	15.177	-
	Mujeres	1.200	5.147	15.177	-
Edades	18-30	1.200	5.159	15.177	-
	31-44	1.200	4.078	15.177	-
	45-64	1.653	4.766	15.177	-

NOTA: Para computar la última columna, hemos tomado los costes laborales totales por año en cada región de la encuesta trimestral de Costes Laborales, INE.

Cuadro III

Principales características de la muestra de trabajadores desempleados

	Mujeres			Hombres		
	Censura	**C.T.**	**C.P.**	**Censura**	**C.T.**	**C.P.**
Duración del desempleo	13.4	5.3	5.8	11.9	4.8	5.4
Edad	31	29	29	32	30	29
Proviene de Europa trabajo temporal	6.1%	8.3%	7.6%	6.4%	10.0%	8.4%
Igual empresario en el siguiente empleo	—	37.7%	23.9	—	26.9%	17.5%
Cualificación alta	6.3%	7.5%	6.1%	4.9%	2.8%	5.4%
Cualificación medio-alta	13.1%	14.1%	14.9%	9.5%	7.0%	11.7%
Cualificación medio-baja	31.3%	33.4%	37.0%	34.1%	32.7%	31.4%
Cualificación baja	49.1%	44.7%	41.9%	52.1%	57.3%	51.0%
Inmigrante	3.5%	2.5%	3.2%	5.4%	5.7%	5.2%
Tiempo parcial	40.4%	37.2%	48.7%	18.9%	15.8%	19.5%
Industria	9.8%	9.8%	10.0%	12.1%	12.7%	17.6%
Construcción	2.9%	1.7%	1.7%	29.6%	34.6%	17.7%
Servicios	86.4%	88.7%	87.5%	56.8%	52.6%	64.6%
Con prestac. desempleo al salir del desempleo	20.0%	18.1%	22.1%	24.0%	23.9%	24.5%
Con prestaciones desempleo al inicio	35.4%	27.0%	32.8%	36.5%	31.7%	33.9%
Tamaño muestral	61,961	350,018	60,697	63,826	458,307	63,472

CP = contrato permanente; CT = contrato temporal

Cuadro IV
Principales características de la muestra de trabajadores temporales

	Mujeres				Hombres			
	Censura	**Al desempleo o a distinta empresa**	**A otro temporal con la misma empresa**	**A un contrato permanente con la misma empresa**	**Censura**	**Al desempleo o a distinta empresa**	**A otro temporal con la misma empresa**	**A un contrato permanente con la misma empresa**
Duración	11.4	5.9	5.2	7.5	11.7	6.2	6.3	8.7
Edad	33	30	32	31	34	31	33	32
Proviene de empresa trabajo temporal	1.6%	3.3%	6.7%	0.0%	1.3%	3.1%	5.5%	0.0%
Igual empresario en el siguiente empleo	4.1%	32.0%	—	—	2.7%	21.3%	—	—
Cualificación alta	18.7%	8.2%	10.3%	6.0%	8.9%	2.9%	2.9%	3.6%
Cualificación medio-alta	14.5%	13.9%	12.6%	15.0%	8.9%	7.0%	4.6%	9.1%
Cualificación medio-baja	28.4%	31.1%	25.8%	37.3%	40.7%	34.2%	40.3%	36.6%
Cualificación baja	37.4%	46.6%	51.7%	41.3%	41.8%	55.7%	52.1%	50.1%
Inmigrante	5.2%	3.0%	1.6%	3.4%	9.0%	6.4%	4.4%	4.5%
Tiempo parcial	35.6%	37.5%	28.2%	35.0%	11.0%	15.1%	13.1%	14.7%
Industria	8.9%	9.4%	11.7%	19.4%	12.9%	12.2%	12.0%	32.3%
Construcción	3.6%	1.7%	0.7%	1.6%	40.1%	34.5%	35.5%	18.3%
Servicios	87.0%	88.0%	87.4%	78.6%	46.0%	51.3%	51.5%	48.6%
Tamaño muestral	57,570	221,985	17,352	2,934	80,363	324,253	29,449	3,197

Cuadro V

Modelo de riesgos en competencia, hombres (estado inicial = contrato temporal)

	Hombres						Hombres-Edades					
	U.		C.T.		C.P.		U.		C.T.		C.P.	
	Coef.	D.E.	Coef.	D.E.	Coef.	D.E.	Coef.	D.E.	Coef.	D.E.	Coef.	D.E.
Dur CT (ln)	0.72	0.02	1.09	0.07	2.00	0.23	0.77	0.02	1.20	0.07	2.00	0.23
Dur^2 CT (ln)	-0.26	0.01	-0.34	0.02	-0.39	0.05	-0.27	0.01	-0.36	0.02	-0.39	0.05
Dur CT < 4 m.	0.53	0.01	0.56	0.03	0.86	0.10	0.54	0.01	0.57	0.03	0.87	0.10
Dur CT =6	0.87	0.01	0.58	0.02	1.37	0.05	0.88	0.01	0.60	0.02	1.37	0.05
Dur CT =12	1.00	0.01	0.50	0.04	1.39	0.07	1.00	0.01	0.51	0.04	1.38	0.07
Dur CT =24	0.82	0.03	0.27	0.11	0.63	0.20	0.82	0.03	0.26	0.11	0.63	0.20
Dur CT =36	1.94	0.03	2.69	0.09	2.58	0.17	1.95	0.03	2.71	0.09	2.58	0.17
Dijt	0.05	0.01	0.09	0.03	0.05	0.09	–	–	–	–	–	–
Dijt*Edad < 30	–	–	–	–	–	–	0.77	0.02	1.20	0.07	2.00	0.23
Dijt*Edad 30-45	–	–	–	–	–	–	0.00	0.01	0.00	0.04	-0.06	0.10
Dijt*Edad > 45	–	–	–	–	–	–	0.04	0.01	0.08	0.04	0.03	0.11
Dij	-0.12	0.01	-0.01	0.04	0.09	0.11	0.07	0.02	0.10	0.05	-0.14	0.13
Djt	-0.07	0.01	-0.05	0.04	-0.01	0.10	-0.13	0.01	-0.04	0.04	0.10	0.11
Dj	0.02	0.01	0.01	0.05	-0.30	0.12	-0.05	0.01	-0.03	0.04	0.08	0.10
Edad	0.00	0.00	0.08	0.00	0.06	0.01	0.05	0.01	0.14	0.05	-0.33	0.12
Edad2	0.00	0.00	0.00	0.00	0.00	0.00	0.02	0.00	0.12	0.01	0.15	0.01
y1995	-0.47	0.02	-0.70	0.06	-0.41	0.18	0.00	0.00	0.00	0.00	0.00	0.00
y1996	-0.06	0.01	-0.23	0.04	-0.05	0.12	-0.24	0.02	-1.04	0.06	0.41	0.18
y1997	-0.01	0.01	-0.15	0.03	-0.12	0.09	0.16	0.01	-0.60	0.04	0.75	0.11
y1998	0.00	0.01	-0.15	0.03	0.03	0.07	0.20	0.01	-0.52	0.04	0.68	0.11
y1999	0.00	0.01	-0.06	0.02	-0.01	0.07	0.22	0.01	-0.51	0.04	0.85	0.11
y2001	0.02	0.01	0.24	0.03	-0.22	0.09	0.23	0.01	-0.39	0.04	0.80	0.11
y2002	0.02	0.01	0.34	0.04	-0.44	0.11	0.23	0.01	-0.33	0.04	0.81	0.11
y2003	-0.06	0.01	0.44	0.03	-0.42	0.10	0.25	0.01	-0.06	0.03	0.58	0.10
y2004	-0.23	0.01	0.31	0.03	-0.81	0.11	0.25	0.01	0.03	0.03	0.34	0.10
Industria	-0.24	0.01	0.23	0.02	0.33	0.04	0.17	0.01	0.12	0.02	0.38	0.10
Construcción	-0.22	0.01	0.48	0.02	-1.04	0.05	-0.20	0.01	0.46	0.02	0.28	0.04
Trim1	-0.21	0.01	-0.67	0.02	-0.33	0.05	-0.18	0.01	0.68	0.02	-1.08	0.05
Trim2	-0.05	0.01	-0.41	0.02	-0.31	0.05	-0.21	0.01	-0.68	0.02	-0.33	0.05
Trim3	0.12	0.01	-0.30	0.02	-0.10	0.05	-0.06	0.01	-0.43	0.02	-0.32	0.05
T.C. del empleo	0.93	0.11	-0.08	0.34	-0.70	0.99	0.12	0.01	-0.29	0.02	-0.11	0.05
Tasa de paro	0.00	0.00	0.03	0.00	-0.02	0.00	1.01	0.11	0.13	0.35	-0.81	0.99
TC del PIB	0.01	0.00	0.06	0.01	0.05	0.03	0.01	0.00	0.04	0.00	-0.04	0.01
Tiempo parcial	0.28	0.01	0.09	0.03	0.35	0.05	-0.01	0.01	0.05	0.02	-0.01	0.05
G.Tarf. alta	-0.68	0.01	-0.51	0.04	-0.46	0.10	0.31	0.01	0.21	0.03	0.32	0.05
G.Tarf. med-alta	-0.27	0.01	-0.38	0.03	-0.06	0.07	-0.68	0.01	-0.41	0.04	-0.53	0.10
G.Tarf. med-baja	-0.12	0.00	-0.11	0.02	-0.01	0.04	-0.25	0.01	-0.26	0.03	-0.11	0.07

Inmigrante	0.13	0.01	-0.14	0.03	-0.11	0.09	-0.12	0.00	-0.06	0.02	-0.04	0.04
Despido	0.95	0.01	2.03	0.03	1.81	0.07	0.14	0.01	-0.14	0.03	-0.11	0.09
Emp. grande	-0.10	0.01	0.49	0.02	0.28	0.06	0.94	0.01	2.02	0.03	1.80	0.07
Emp. nueva	0.03	0.00	0.00	0.01	-0.18	0.04	-0.18	0.01	0.29	0.03	0.33	0.06
Privada	0.01	0.01	0.26	0.03	1.88	0.14	0.02	0.00	-0.05	0.02	-0.16	0.04
Inmigrante	0.13	0.01	-0.14	0.03	-0.11	0.09	-0.03	0.01	0.08	0.03	1.91	0.14
Edad < 3 0	–	–	–	–	–	–	0.64	0.03	0.64	0.08	0.00	0.23
Edad 30-45	–	–	–	–	–	–	0.26	0.02	0.25	0.07	-0.38	0.22
TC PIB*Edad < 30	–	–	–	–	–	–	0.03	0.01	0.02	0.02	0.10	0.04
TC PIB*Edad 30-45	–	–	–	–	–	–	0.01	0.01	0.00	0.02	0.01	0.05
TC Paro*Edad < 30	–	–	–	–	–	–	-0.01	0.00	0.00	0.00	0.03	0.01
TC Paro*Edad 30-45	–	–	–	–	–	–	-0.01	0.00	0.00	0.00	0.02	0.01
Constante	-2.85	0.04	-9.39	0.13	-12.74	0.38	-4.19	0.05	-10.71	0.16	-15.24	0.48

U = desempleo o empresa diferente; CT = contrato temporal-misma empresa; CP = contrato permanente-misma empresa; DE = desviación estándar

Cuadro VI

Modelo de riesgos en competencia, mujeres (estado inicial = contrato temporal)

	Mujeres						Mujeres-Edades					
	U.		C.T.		C.P.		U.		C.T.		C.P.	
	Coef.	D.E.	Coef.	D.E.	Coef.	D.E.	Coef.	D.E.	Coef.	D.E.	Coef.	D.E.
Dur CT (ln)	1.54	0.03	1.01	0.09	2.08	0.23	1.55	0.03	1.01	0.09	2.09	0.23
Dur^2 CT (ln)	-0.45	0.01	-0.36	0.02	-0.45	0.05	-0.45	0.01	-0.36	0.02	-0.45	0.05
Dur CT < 4 m.	0.78	0.01	0.70	0.04	0.96	0.10	0.78	0.01	0.71	0.04	0.96	0.10
Dur CT =6	1.07	0.01	0.87	0.03	1.40	0.05	1.07	0.01	0.87	0.03	1.40	0.05
Dur CT =12	1.37	0.01	1.13	0.05	1.66	0.08	1.37	0.01	1.12	0.05	1.65	0.08
Dur CT =24	1.28	0.03	0.86	0.15	1.26	0.19	1.28	0.03	0.86	0.15	1.26	0.19
Dur CT =36	1.80	0.05	1.89	0.20	2.15	0.26	1.80	0.05	1.89	0.20	2.15	0.26
Dijt	-0.05	0.02	0.01	0.07	0.25	0.16	–	–	–	–	–	–
Dijt*Edad < 30	–	–	–	–	–	–	-0.07	0.02	0.00	0.08	0.26	0.16
Dijt*Edad 30-45	–	–	–	–	–	–	-0.05	0.02	0.00	0.07	0.26	0.17
Dijt*Edad > 45	–	–	–	–	–	–	0.02	0.03	-0.01	0.09	0.12	0.20
Djt	0.04	0.02	0.02	0.07	-0.20	0.15	0.05	0.02	0.02	0.07	-0.20	0.15
Dj	-0.05	0.01	0.27	0.04	-0.15	0.07	-0.06	0.01	0.27	0.04	-0.15	0.07
Edad	-0.02	0.00	0.08	0.01	0.06	0.01	0.00	0.00	0.11	0.01	0.10	0.02
Edad2	0.00	0.00	0.00	0.00	0.00	0.00	0.00	0.00	0.00	0.00	0.00	0.00
y1995	0.29	0.02	0.33	0.07	-0.15	0.16	-0.10	0.02	-0.68	0.07	0.15	0.16
y1996	0.39	0.02	0.56	0.07	0.26	0.16	0.19	0.01	-0.36	0.05	-0.02	0.12
y1997	0.49	0.02	0.63	0.07	0.46	0.17	0.28	0.01	-0.13	0.05	0.40	0.11
y1998	0.48	0.02	0.72	0.08	0.50	0.17	0.39	0.01	-0.06	0.05	0.59	0.11
y1999	0.43	0.02	0.73	0.08	0.46	0.18	0.37	0.01	0.03	0.05	0.64	0.11
y2001	0.39	0.02	0.73	0.07	0.20	0.17	0.33	0.01	0.04	0.04	0.60	0.11
y2002	0.36	0.02	0.73	0.07	0.25	0.16	0.29	0.01	0.04	0.03	0.33	0.09
y2003	0.26	0.02	0.68	0.07	0.17	0.16	0.25	0.01	0.03	0.03	0.38	0.09
y2004	0.10	0.02	0.69	0.07	-0.13	0.16	0.16	0.01	-0.01	0.03	0.29	0.08
Industria	-0.09	0.01	0.87	0.03	0.41	0.05	-0.09	0.01	0.87	0.03	0.40	0.05
Construcción	-0.24	0.02	-0.15	0.06	-0.44	0.13	-0.24	0.02	-0.16	0.06	-0.44	0.13
trim1	-0.16	0.01	-0.47	0.03	-0.29	0.05	-0.16	0.01	-0.47	0.03	-0.29	0.05
trim2	0.27	0.01	-0.20	0.02	-0.16	0.05	0.27	0.01	-0.20	0.02	-0.16	0.05
trim3	0.42	0.01	-0.04	0.02	0.03	0.05	0.41	0.01	-0.04	0.02	0.03	0.05
T.C. del empleo	-0.07	0.14	-3.40	0.47	-0.27	1.09	-0.06	0.14	-3.38	0.47	-0.23	1.09
Tasa de paro	-0.01	0.00	0.02	0.00	0.00	0.00	-0.01	0.00	0.01	0.01	-0.01	0.01
TC del PIB	-0.02	0.00	0.03	0.02	-0.01	0.04	-0.04	0.01	0.02	0.03	-0.02	0.06
Tiempo parcial	0.13	0.01	0.09	0.02	0.05	0.04	0.13	0.01	0.09	0.02	0.06	0.04
G.Tarf. alta	-0.38	0.01	-0.04	0.03	-0.15	0.08	-0.41	0.01	-0.07	0.03	-0.19	0.08
G.Tarf. med-alta	-0.08	0.01	-0.06	0.03	0.26	0.06	-0.09	0.01	-0.07	0.03	0.24	0.06
G.Tarf. med-baja	-0.02	0.01	-0.12	0.02	0.35	0.04	-0.04	0.01	-0.13	0.02	0.33	0.04

Inmigrante	0.12	0.01	-0.18	0.06	0.26	0.10	0.12	0.01	-0.18	0.06	0.27	0.10
Despido	1.08	0.01	2.16	0.05	1.71	0.07	1.07	0.01	2.15	0.05	1.69	0.07
Emp. grande	-0.19	0.01	0.58	0.02	0.27	0.05	-0.19	0.01	0.58	0.02	0.27	0.05
Emp. nueva	-0.07	0.01	-0.09	0.02	0.01	0.04	-0.07	0.01	-0.09	0.02	0.01	0.04
Privada	0.06	0.01	0.04	0.03	1.67	0.10	0.06	0.01	0.03	0.03	1.66	0.10
Edad < 30	–	–	–	–	–	–	0.55	0.04	0.38	0.12	0.41	0.27
Edad 30-45	–	–	–	–	–	–	0.14	0.03	-0.05	0.11	0.01	0.25
TC PIB*Edad < 30	–	–	–	–	–	–	0.02	0.01	0.00	0.02	0.04	0.05
TC PIB*Edad 30-45	–	–	–	–	–	–	0.02	0.01	0.02	0.03	-0.07	0.06
TC Paro*Edad < 30	–	–	–	–	–	–	-0.01	0.00	0.01	0.01	0.01	0.01
TC Paro*Edad 30-45							0.00	0.00	0.01	0.01	0.03	0.01
Constante	-4.04	0.05	-9.98	0.18	-13.03	0.40	-4.75	0.06	-10.19	0.22	-14.37	0.48

U = desempleado o diferente empresa; CT = contrato temporal-misma empresa; P = contrato permanente-misma empresa

También se incluyen variables de control de año, sector de actividad y trimestres.

Cuadro VII
Principales resultados: salida de un contrato temporal

			U	C.T.	C.P.
Mujeres	Todas	Coef.	-0.050	0.008	0.250
		D.E.	0.02	0.07	0.16
		T-Student	-2.66	0.11	1.58
		Odd Ratio	34.96%	27.36%	28.34%
	Edad < 30	Coef.	-0.072	0.002	0.260
		D.E.	0.02	0.08	0.16
		T-Student	-3.62	0.02	1.59
		Odd Ratio	39.32%	29.47%	29.67%
	Edad 30-45	Coef.	-0.05	0.00	0.262
		D.E.	0.02	0.07	0.17
		T-Student	-2.54	0.04	1.57
		Odd Ratio	36.72%	29.58%	29.94%
	Edad > 45	Coef.	0.020	-0.011	0.12
		D.E.	0.03	0.09	0.20
		T-Student	0.79	-0.12	0.59
		Odd Ratio	10.15%	13.60%	12.35%
Hombres	Todos	Coef.	0.048	0.087	0.046
		D.E.	0.01	0.03	0.09
		T-Student	4.55	2.50	0.48
		Odd Ratio	-0.26%	-4.04%	4.66%
	Edad < 30	Coef.	0.003	0.005	-0.063
		D.E.	0.01	0.04	0.10
		T-Student	0.29	0.12	-0.60
		Odd Ratio	-6.41%	-6.54%	-6.09%
	Edad 30-45	Coef.	0.039	0.078	0.026
		D.E.	0.01	0.04	0.11
		T-Student	3.28	2.03	0.25
		Odd Ratio	-1.24%	-5.03%	2.66%
	Edad > 45	Coef.	0.071	0.100	-0.142
		D.E.	0.02	0.05	0.13
		T-Student	4.60	2.09	-1.11
		Odd Ratio	-19.17%	-21.51%	-13.24%

U= desempleado o otra empresa; CT= contrato temporal en la misma empresa;
CP = contrato permanente en la misma empresa
El Odd Ratio o Ratio de probabilidades mide el comportamiento de la probabilidad de acceder a un contrato permanente en relación al resto de alternativas.

Cuadro VIII

Modelo de riesgos en competencia, hombres (estado inicial = desempleo)

	Hombres				**Hombres-Edades**			
	CT		**CP**		**CT**		**CP**	
	Coef.	D.E.	Coef.	D.E.	Coef.	D.E.	Coef.	D.E.
Dur U (ln)	-0.65	0.01	-0.69	0.02	-0.65	0.01	-0.69	0.02
Dur^2 U (ln)	0.11	0.00	0.13	0.01	0.11	0.00	0.14	0.01
Dijt	0.04	0.01	0.09	0.02	–	–	–	–
Dijt*Edad < 30	–	–	–	–	-0.02	0.01	0.05	0.03
Dijt*Edad 30-45	–	–	–	–	0.00	0.01	-0.03	0.03
Dijt*Edad > 45	–	–	–	–	-0.03	0.02	-0.19	0.04
Dij	-0.03	0.01	-0.05	0.03	-0.03	0.01	-0.04	0.03
Djt	-0.04	0.01	-0.04	0.03	0.00	0.01	0.04	0.03
Dj	0.04	0.01	-0.16	0.03	0.03	0.01	-0.18	0.03
Edad	0.12	0.00	0.16	0.00	0.15	0.00	0.23	0.00
Edad^2	0.00	0.00	0.00	0.00	0.00	0.00	0.00	0.00
Cobra	-0.58	0.01	-0.34	0.02	-0.58	0.01	-0.34	0.02
Durcobra	0.05	0.01	0.13	0.01	0.05	0.01	0.13	0.01
Tasa de paro	0.00	0.00	-0.05	0.00	0.01	0.00	-0.06	0.00
TC del PIB	0.00	0.00	0.00	0.01	0.00	0.01	0.03	0.01
Tiempo parcial	-0.20	0.01	-0.18	0.01	-0.21	0.01	-0.19	0.01
Ettsi	0.29	0.01	-0.12	0.02	0.28	0.01	-0.14	0.02
G.Tarf. alta	-0.12	0.01	0.40	0.02	-0.16	0.01	0.35	0.02
G.Tarf. med-alta	-0.10	0.01	0.26	0.02	-0.12	0.01	0.22	0.02
G.Tarf. med-baja	0.07	0.00	0.19	0.01	0.06	0.00	0.17	0.01
Inmigrante	0.18	0.01	0.18	0.02	0.18	0.01	0.17	0.02
Despido	0.12	0.01	-0.18	0.01	0.11	0.01	-0.19	0.01
Emp. grande	0.03	0.01	-0.02	0.01	0.02	0.01	-0.02	0.01
Emp. nueva	0.02	0.00	0.01	0.01	0.02	0.00	0.01	0.01
Misma empresa	0.62	0.00	0.09	0.01	0.62	0.00	0.10	0.01
Edad < 30	–	–	–	–	0.98	0.03	0.58	0.06
Edad 30-45	–	–	–	–	0.32	0.03	0.03	0.06
TC PIB*Edad < 30	–	–	–	–	-0.01	0.01	-0.03	0.01
TC PIB*Edad 30-45	–	–	–	–	0.00	0.01	-0.06	0.01
TC Paro*Edad < 30	–	–	–	–	-0.02	0.00	0.02	0.00
TC Paro*Edad 30-45	–	–	–	–	-0.01	0.00	0.01	0.00
Constante	-3.97	0.03	-4.79	0.07	-4.95	0.04	-7.27	0.09

CT = contrato temporal; CP = contrato permanente

Cuadro IX

Modelo de riesgos en competencia, mujeres (estado inicial = desempleo)

	Mujeres				Mujeres-Edades			
	CT		CP		CT		CP	
	Coef.	D.E.	Coef.	D.E.	Coef.	D.E.	Coef.	D.E.
Dur CT (ln)	-0.42	0.01	-0.29	0.02	-0.42	0.01	-0.28	0.02
Dur^2 CT (ln)	0.03	0.00	-0.05	0.01	0.03	0.00	-0.04	0.01
Dijt	-0.13	0.02	0.22	0.06	–	–	–	–
Dijt*Edad < 30	–	–	–	–	-0.19	0.02	0.18	0.06
Dijt*Edad 30-45	–	–	–	–	-0.16	0.02	0.11	0.06
Dijt*Edad > 45	–	–	–	–	-0.15	0.03	0.08	0.07
Dij	-0.03	0.01	-0.24	0.02	-0.04	0.01	-0.24	0.02
Djt	0.12	0.02	-0.18	0.06	0.17	0.02	-0.13	0.06
Dj	–	–	–	–	–	–	–	–
Edad	0.09	0.00	0.13	0.00	0.13	0.00	0.21	0.00
Edad^2	0.00	0.00	0.00	0.00	0.00	0.00	0.00	0.00
Cobra	-0.69	0.01	-0.36	0.02	-0.31	0.02	0.27	0.04
Durcobra	0.08	0.01	0.15	0.01	0.08	0.01	0.14	0.01
Tasa de paro	-0.01	0.00	-0.04	0.00	0.13	0.01	0.33	0.01
TC del PIB	0.00	0.00	-0.01	0.01	0.02	0.01	0.03	0.02
Tiempo parcial	-0.12	0.00	-0.06	0.01	-0.12	0.00	-0.06	0.01
Ettsi	0.27	0.01	0.01	0.02	0.25	0.01	-0.01	0.02
G.Tarf. alta	0.25	0.01	0.14	0.02	0.20	0.01	0.06	0.02
G.Tarf. med-alta	0.06	0.01	0.19	0.01	0.04	0.01	0.14	0.01
G.Tarf. med-baja	0.09	0.01	0.24	0.01	0.06	0.01	0.19	0.01
Inmigrante	0.17	0.01	0.26	0.03	0.17	0.01	0.25	0.03
Despido	0.23	0.01	-0.22	0.01	0.22	0.01	-0.23	0.01
Emp. grande	0.09	0.01	-0.02	0.01	0.09	0.01	-0.01	0.01
Emp. nueva	0.01	0.00	0.04	0.01	0.01	0.00	0.04	0.01
Misma empresa	0.85	0.00	0.26	0.01	0.85	0.00	0.27	0.01
Edad < 30	–	–	–	–	1.02	0.04	1.09	0.08
Edad 30-45	–	–	–	–	0.33	0.03	0.36	0.07
TC PIB*Edad < 30	–	–	–	–	-0.02	0.01	-0.04	0.01
TC PIB*Edad 30-45	–	–	–	–	-0.03	0.01	-0.08	0.02
TC Paro*Edad < 30	–	–	–	–	-0.01	0.00	0.00	0.00
TC Paro*Edad 30-45	–	–	–	–	0.00	0.00	0.00	0.00
Constante	-3.47	0.03	-4.81	0.07	-4.95	0.05	-7.75	0.10

CT = contrato temporal; CP = contrato permanente.

Cuadro X

Principales resultados (salida del desempleo)

			C.T.	**C.P.**
Mujeres	Todas	Coef.	-0.131	0.217
		D.E.	0.02	0.06
		T-Student	-5.53	3.59
		Odd Ratio	41.61%	24.22%
	Edad < 30	Coef.	-0.194	0.183
		D.E.	0.02	0.06
		T-Student	-8.04	2.96
		Odd Ratio	45.79%	20.05%
	Edad 30-45	Coef.	-0.157	0.108
		D.E.	0.02	0.06
		T-Student	-6.52	1.74
		Odd Ratio	30.34%	11.37%
	Edad > 45	Coef.	-0.151	0.076
		D.E.	0.03	0.07
		T-Student	-5.21	1.08
		Odd Ratio	25.39%	7.86%
Hombres	Todos	Coef.	0.036	0.095
		D.E.	0.01	0.03
		T-Student	3.20	3.69
		Odd Ratio	6.12%	9.96%
	Edad < 30	Coef.	-0.018	0.046
		D.E.	0.01	0.03
		T-Student	-1.57	1.75
		Odd Ratio	6.61%	4.71%
	Edad 30-45	Coef.	-0.001	-0.030
		D.E.	0.01	0.03
		T-Student	-0.07	-1.07
		Odd Ratio	-2.90%	-2.99%
	Edad > 45	Coef.	-0.001	-0.030
		D.E.	0.01	0.03
		T-Student	-0.07	-1.07
		Odd Ratio	-2.90%	-2.99%

CT = contrato temporal; CP = contrato permanente

El Odd Ratio o Ratio de probabilidades mide el comportamiento de la probabilidad de acceder a un contrato permanente en relación al resto de alternativas.

Cuadro XI

Modelo de riesgos en competencia, hombres (estado inicial = contrato permanente)

	Hombres						Hombres-Edades					
	U		CT		CP		U		CT		CP	
	Coef.	D.E.	Coef.	D.E.	Coef.	D.E.	Coef.	D.E.	Coef.	D.E.	Coef.	D.E.
Dur PT (ln)	-1.33	0.04	-1.41	0.08	-1.54	0.11	-1.33	0.04	-1.41	0.08	-1.54	0.11
Dur^2 PT (ln)	0.25	0.01	0.26	0.02	0.31	0.02	0.25	0.01	0.26	0.02	0.31	0.02
Dur PT <4 m.	-0.40	0.04	-0.27	0.09	-0.48	0.12	-0.40	0.04	-0.27	0.09	-0.48	0.12
Dur PT =6	0.58	0.03	0.46	0.08	0.28	0.11	0.58	0.03	0.46	0.08	0.28	0.11
Dur PT =12	0.29	0.04	0.11	0.10	0.30	0.13	0.29	0.04	0.11	0.10	0.30	0.13
Dur PT =24	0.02	0.06	-0.18	0.15	-0.49	0.23	0.02	0.06	-0.18	0.15	-0.49	0.23
Dur PT =36	-0.30	0.08	-0.03	0.16	-0.06	0.21	-0.30	0.08	-0.03	0.16	-0.06	0.21
Dijt	-0.02	0.04	-0.21	0.09	-0.15	0.12	–	–	–	–	–	–
Dijt*Edad < 30	–	–	–	–	–	–	0.10	-0.19	0.12	0.10	-0.19	0.12
Dijt*Edad 30-45	–	–	–	–	–	–	0.10	-0.10	0.13	0.10	-0.10	0.13
Dijt*Edad > 45	–	–	–	–	–	–	0.14	-0.15	0.19	0.14	-0.15	0.19
Dij	-0.14	0.04	0.06	0.10	0.35	0.13	-0.14	0.04	0.06	0.10	0.35	0.13
Djt	-0.02	0.04	0.18	0.09	0.12	0.12	-0.02	0.04	0.20	0.10	0.13	0.12
Dj	0.14	0.04	0.00	0.11	-0.47	0.13	0.14	0.04	0.00	0.11	-0.46	0.13
Edad	0.11	0.01	0.13	0.01	0.18	0.02	0.11	0.01	0.13	0.01	0.18	0.02
Edad2	0.00	0.00	0.00	0.00	0.00	0.00	0.00	0.00	0.00	0.00	0.00	0.00
Tasa de paro	-0.01	0.00	0.01	0.01	-0.02	0.01	-0.01	0.00	0.01	0.01	-0.02	0.02
TC del PIB	-0.01	0.02	-0.10	0.05	-0.05	0.07	-0.01	0.02	-0.10	0.05	-0.05	0.07
Tiempo parcial	0.78	0.02	0.58	0.05	0.33	0.07	0.79	0.02	0.58	0.05	0.34	0.07
G.Tarf. alta	-0.71	0.03	-1.58	0.09	-0.41	0.08	-0.70	0.03	-1.56	0.09	-0.39	0.08
G.Tarf. med-alta	-0.36	0.02	-0.63	0.05	-0.08	0.06	-0.36	0.02	-0.63	0.05	-0.08	0.06
G.Tarf. med-baj	-0.30	0.02	-0.35	0.04	-0.20	0.05	-0.30	0.02	-0.35	0.04	-0.20	0.05
Inmigrante	0.36	0.03	0.26	0.07	0.05	0.11	0.35	0.03	0.26	0.07	0.05	0.11
Despido	1.78	0.02	1.15	0.04	0.81	0.05	1.78	0.02	1.15	0.04	0.81	0.05
Emp. grande	-0.33	0.02	-0.45	0.06	-0.53	0.07	-0.32	0.02	-0.44	0.06	-0.52	0.07
Emp. nueva	0.18	0.01	0.23	0.03	0.08	0.04	0.18	0.01	0.22	0.03	0.07	0.04
Edad < 30	–	–	–	–	–	–	1.63	0.10	1.67	0.23	2.00	0.31
Edad 30-45	–	–	–	–	–	–	0.71	0.09	0.75	0.23	0.96	0.30
TC PIB*Edad < 30	–	–	–	–	–	–	0.00	0.02	0.08	0.05	0.03	0.07
TC PIB*Edad 30-45	–	–	–	–	–	–	-0.02	0.02	-0.01	0.06	-0.05	0.07
TC Paro*Edad < 30	–	–	–	–	–	–	0.00	0.00	-0.02	0.01	-0.01	0.02
TC Paro*Edad 30-45	–	–	–	–	–	–	0.00	0.01	-0.01	0.01	0.00	0.02
Constante	-7.01	0.15	-8.29	0.34	-10.58	0.50	-7.35	0.16	-8.75	0.38	-10.92	0.53

U = desempleado; CT = contrato temoral; CP = contrato permanente

Cuadro XII

Modelo de riesgos en competencia, mujeres (estado inicial = contrato permanente)

	Mujeres						Mujeres-Edades					
	U		CT		CP		U		CT		CP	
	Coef.	D.E.	Coef.	D.E.	Coef.	D.E.	Coef.	D.E.	Coef.	D.E.	Coef.	D.E.
Dur PT (ln)	-1.31	0.04	-1.54	0.10	-1.56	0.11	-1.31	0.04	-1.54	0.10	-1.56	0.11
Dur^2 PT (ln)	0.25	0.01	0.27	0.02	0.31	0.02	0.25	0.01	0.27	0.02	0.31	0.02
Dur PT <4 m.	-0.58	0.04	-0.40	0.11	-0.37	0.12	-0.58	0.04	-0.40	0.11	-0.37	0.12
Dur PT =6	0.41	0.03	0.20	0.10	0.18	0.12	0.41	0.03	0.20	0.10	0.18	0.12
Dur PT =12	0.23	0.04	0.22	0.12	0.27	0.15	0.23	0.04	0.22	0.12	0.27	0.15
Dur PT =24	0.07	0.06	0.02	0.17	0.09	0.20	0.07	0.06	0.02	0.17	0.09	0.20
Dur PT =36	-0.09	0.08	-0.25	0.24	0.17	0.22	-0.09	0.08	-0.25	0.24	0.17	0.22
Dijt	0.00	0.09	-0.41	0.26	0.30	0.36	–	–	–	–	–	–
Dijt*Edad < 30	–	–	–	–	–	–	-0.08	0.09	-0.43	0.26	0.22	0.37
Dijt*Edad 30-45	–	–	–	–	–	–	0.06	0.09	-0.40	0.27	0.40	0.37
Dijt*Edad > 45	–	–	–	–	–	–	0.12	0.10	-0.24	0.31	0.27	0.39
Dij	0.01	0.02	-0.07	0.07	-0.23	0.09	0.01	0.02	-0.07	0.07	-0.23	0.09
Djt	-0.04	0.09	0.30	0.26	-0.17	0.37	-0.01	0.09	0.31	0.26	-0.15	0.37
Dj	–	–	–	–	–	–	–	–	–	–	–	–
Edad	0.08	0.01	0.06	0.02	0.15	0.02	0.08	0.01	0.06	0.02	0.15	0.02
Edad2	0.00	0.00	0.00	0.00	0.00	0.00	0.00	0.00	0.00	0.00	0.00	0.00
Tasa de paro	-0.04	0.00	-0.04	0.02	-0.01	0.02	-0.04	0.00	-0.04	0.02	-0.01	0.02
TC del PIB	-0.03	0.02	-0.03	0.07	0.01	0.07	-0.03	0.02	-0.03	0.07	0.01	0.07
Tiempo parcial	0.28	0.02	0.25	0.05	0.14	0.06	0.29	0.02	0.25	0.05	0.14	0.06
G.Tarf. alta	-0.65	0.03	-1.08	0.10	-0.77	0.10	-0.63	0.03	-1.09	0.10	-0.72	0.10
G.Tarf. med-alta	-0.42	0.02	-0.60	0.06	-0.48	0.07	-0.42	0.02	-0.60	0.06	-0.47	0.07
G.Tarf. med-baja	-0.18	0.02	-0.30	0.05	-0.18	0.06	-0.18	0.02	-0.30	0.05	-0.18	0.06
Inmigrante	0.39	0.04	0.44	0.10	0.31	0.14	0.39	0.04	0.44	0.10	0.30	0.14
Despido	1.63	0.02	0.92	0.05	0.76	0.05	1.63	0.02	0.93	0.05	0.76	0.05
Emp. grande	-0.19	0.02	-0.27	0.06	-0.42	0.07	-0.19	0.02	-0.27	0.06	-0.40	0.07
Emp. nueva	0.15	0.01	0.18	0.04	0.20	0.05	0.15	0.01	0.18	0.04	0.18	0.05
Edad <30	–	–	–	–	–	–	1.59	0.09	1.77	0.33	1.82	0.33
Edad 30-45	–	–	–	–	–	–	0.48	0.09	0.62	0.33	0.57	0.33
TC PIB*Edad < 30	–	–	–	–	–	–	-0.06	0.02	0.05	0.07	-0.02	0.07
TC PIB*Edad 30-45	–	–	–	–	–	–	-0.03	0.02	-0.02	0.08	-0.17	0.08
TC Paro*Edad < 30	–	–	–	–	–	–	0.01	0.00	0.01	0.02	-0.02	0.02
TC Paro*Edad 30-45	–	–	–	–	–	–	0.02	0.01	0.03	0.02	0.02	0.02
Constante	-5.96	0.15	-6.88	0.46	-9.72	0.54	1.29	0.02	0.03	0.08	2.06	0.06

U = desempleado; CT = contrato temoral; CP = contrato permanente

Cuadro XIII

Principales resultados (salida de un contrato permanente)

			U	T. C.	C. P.
Mujeres	Todas	Coef.	0.000	-0.406	0.296
		D.E.	0.09	0.26	0.36
		T-Student	0.00	-1.57	0.81
		Odd Ratio	0.03%	-33.39%	34.46%
	Edad <30	Coef.	-0.078	-0.433	0.222
		D.E.	0.09	0.26	0.37
		T-Student	-0.86	-1.67	0.60
		Odd Ratio	-7.53%	-35.18%	24.91%
	Edad 30-45	Coef.	0.057	-0.403	0.400
		D.E.	0.09	0.27	0.37
		T-Student	0.63	-1.51	1.08
		Odd Ratio	5.86%	-33.17%	49.21%
	Edad >45	Coef.	0.123	-0.240	0.271
		D.E.	0.10	0.31	0.39
		T-Student	1.24	-0.78	0.69
		Odd Ratio	13.05%	-21.34%	31.11%
Hombres	Todos	Coef.	-0.022	-0.208	-0.151
		D.E.	0.04	0.09	0.12
		T-Student	-0.56	-2.33	-1.30
		Odd Ratio	-2.17%	-18.75%	-14.00%
	Edad <30	Coef.	-0.029	-0.292	-0.187
		D.E.	0.04	0.10	0.12
		T-Student	-0.69	-3.06	-1.51
		Odd Ratio	-2.84%	-25.35%	-17.03%
	Edad 30-45	Coef.	-0.024	-0.133	-0.104
		D.E.	0.04	0.10	0.13
		T-Student	-0.54	-1.34	-0.80
		Odd Ratio	-2.35%	-12.49%	-9.83%
	Edad >45	Coef.	0.023	-0.019	-0.149
		D.E.	0.06	0.14	0.19
		T-Student	0.40	-0.14	-0.79
		Odd Ratio	2.35%	-1.89%	-13.85%

El Odd Ratio o Ratio de probabilidades mide el comportamiento de la probabilidad de salir del contrato permanente en relación al resto de alternativas.

IX Heterogeneidad del rendimiento de la educación y decisión secuencial de niveles educativos

Gema Zamarro
University of Tilburg

IX.1 Introducción y motivación

La educación juega un papel primordial en los estudios de economía laboral. En particular, el rendimiento económico de distintos niveles educativos es un parámetro fundamental, de gran interés en distintas áreas de economía, así como para la evaluación de políticas públicas.

A pesar de que existen distintas maneras de definir el rendimiento educativo, la mayor parte de la literatura se ha centrado en el rendimiento en términos de los salarios que los individuos pueden obtener. El método tradicionalmente utilizado para estimar este rendimiento consiste en realizar un análisis de regresión del logaritmo de los salarios observados sobre una variable que refleje el nivel educativo (ej.: años de estudio o una variable cualitativa para un determinado nivel de educación), incluyendo en la ecuación todas aquellas variables exógenas que puedan afectar a los salarios. La principal preocupación, al obtener estimaciones de este modo, es la posible endogeneidad de las variables educativas. Esto es, resulta difícil saber si individuos, con un mayor nivel educativo, reciben mayores salarios por su nivel de educación o, si individuos con la habilidad para obtener salarios mayores también alcanzan niveles educativos más altos. Es decir, existe la posibilidad de tener un problema de selección en la muestra.

La solución tradicional a los problemas de selección consiste en asumir que los rendimientos son constantes para distintos individuos y utilizar variables instrumentales para las variables de educación. Variables relacionadas con la oferta educativa surgen, en este contexto, como buenos candidatos para ser instrumentos. Un ejemplo de este tipo de variables son medidas de la distancia a la universidad. La distancia a la universidad es un buen candidato para ser instrumento porque estará correlacionada con las decisiones educativas, al ser una buena medida del coste de adquirir estudios superiores. Por otro lado, se puede pensar que la distancia a la universidad no estará correlacionada con los determinantes inobservables de las ecuaciones de salarios. Card (1999, 2001) recopila esta literatura con especial énfasis en los métodos de variables instrumentales.

Sin embargo, es natural pensar que distintos individuos puedan obtener distintos rendimientos de un mismo nivel de educación. En este caso, no existe un único rendimiento educativo sino una distribución de rendimientos, y los supuestos que validaban las estimaciones usando variables instrumentales desaparecen. Los estimadores de variables instrumentales, bajo determinados supuestos, nos darán el rendimiento educativo medio para aquellos individuos que cambian sus decisiones educativas según distintos valores del instrumento utilizado[1]. Por ejemplo, si conocemos la distancia a la universidad podemos definir una variable ficticia que toma el valor uno si la distancia es menor que un número *r* de kilómetros. Entonces, bajo determinados supuestos, podemos identificar el rendimiento medio para aquellos individuos que van a la universidad si viven a menos de *r* kilómetros, y que no van en caso contrario. Este rendimiento medio no será en general informativo para resolver cuestiones de política pública. Además, las estimaciones pueden variar significativamente cuando usamos diferentes instrumentos válidos.

Por ello, surgen dos problemas a la hora de analizar la distribución de rendimientos. El primero, es encontrar las medidas de posición de la distribución que resulten informativas para evaluar políticas públicas y el segundo, es obtener estimaciones de dichas medidas. Éste es precisamente el objetivo de la literatura moderna en rendimientos a la educación. Para resolver la primera cuestión, será de utilidad obtener estimaciones del rendimiento medio para aquellos individuos con mayor probabilidad de verse afectados por distintas políticas. Esta medida de posición se denomina efecto marginal del tratamiento (MTE) y fue introducida, por primera vez, en este contexto, por Heckman (1997). Con respecto a la segunda cuestión, el método tradicionalmente considerado consiste en especificar un modelo estructural para los salarios y las decisiones de educación, junto con supuestos distribu-

[1] Ver Imbens y Angrist (1994).

cionales para los inobservables del modelo.[2] Sin embargo, a pesar de su popularidad, este método ha sido criticado ya que las estimaciones obtenidas dependen de los supuestos distribucionales realizados. Por otro lado, se plantea directamente la identificación y estimación de los parámetros relevantes para la evaluación de políticas. Éste es el enfoque considerado en este artículo. Este método se ha centrado en la transición desde bachiller a la universidad y busca obtener distintas medidas de posición sin realizar supuestos distribucionales. Un ejemplo de esta literatura lo encontramos en Carneiro, Heckman y Vytlacil (2003) quienes presentan un contraste semiparamétrico para la homogeneidad de los rendimientos de estudios universitarios, centrándose en la transición de bachiller a la universidad. En la aplicación empírica de su contraste, encuentran que la selección en los rendimientos es un fenómeno importante considerando distintas bases de datos para los Estados Unidos. Asimismo, muestran que en este caso, diferentes estimadores e instrumentos dan lugar a distintas medidas de posición de la distribución de rendimientos pero que, en general, no ayudan a responder posibles cuestiones económicas que podamos tener en mente. Finalmente, utilizan el MTE para construir estimaciones de distintas medidas de posición, y para interpretar las estimaciones por métodos de variables instrumentales.

Si los rendimientos a la educación son heterogéneos y los individuos deciden sus niveles educativos teniendo en cuenta dichos rendimientos, no será suficiente centrar el análisis en la transición de bachiller a la universidad. Esto es así porque, aquellos individuos que lleguen a bachiller constituirán una muestra seleccionada de la población. Por ello, si lo que nos interesa es obtener conclusiones que sean válidas para toda la población, será muy importante tener en cuenta la dinámica y el momento en el que se toman las decisiones de educación. Esto es algo a lo que no se ha prestado gran atención, en la literatura, a la hora de estimar rendimientos educativos. Una excepción es Carneiro, Hansen y Heckman (2003), quienes identifican toda la distribución de rendimientos considerando un modelo estructural de factores y una versión generalizada de un modelo ordenado para las decisiones de educación. Sin embargo, la aplicación de un modelo de decisión ordenado elimina la posibilidad de tener un valor de la opción de seguir estudiando que afecte a las decisiones. Esto es, de acuerdo con este modelo, no es posible que los individuos decidan seguir estudiando por el simple hecho de alcanzar niveles educativos superiores con mayores salarios. A este respecto, Taber (2001) desarrolla y estima un modelo dinámico estructural que permite la existencia del valor de la opción de seguir estudiando. Heckman, Lochner y Todd (2003) también consideran un modelo que permite la existencia de este tipo de opcio-

[2] Ver, e.g., Willis y Rosen (1977), Heckman (1990).

nes y analizan, empíricamente, cuál es su papel en los rendimientos educativos. Concluyen que es necesario seguir investigando la importancia que tienen dichas opciones.

En mi artículo *Accounting for Heterogeneous Returns in Sequential Schooling Decisions* también analizo el problema de estimar rendimientos educativos heterogéneos, pero desde una perspectiva distinta. Extiendo los métodos existentes para estimar rendimientos heterogéneos a la universidad, considerando múltiples niveles educativos, y que las decisiones se toman de manera secuencial. Un modelo secuencial es interesante porque considera de manera implícita que las decisiones de los individuos son resultado de sus decisiones anteriores. Por ello, si en un momento dado, hay un cambio en los beneficios o costes de un determinado nivel educativo esto afectará a la proporción de individuos en cada uno de los niveles que le preceden. De esta manera, se encuentra que la variación en el tiempo del valor de variables instrumentales surge como una fuente de identificación de los parámetros de interés. Además, la noción del valor de la opción de seguir estudiando surge, en este contexto, de manera natural. Por ello, los rendimientos estimados tendrán en cuenta la selección en niveles educativos previos de manera más general que si se considera un modelo ordenado para las decisiones. La heterogeneidad de los rendimientos se contrasta aplicando métodos recientemente desarrollados en la literatura estadística no paramétrica.

Asimismo, este artículo tiene una contribución empírica. Se obtienen estimaciones de los rendimientos y se contrasta su heterogeneidad, bajo distintos supuestos, y usando una muestra de corte transversal de una encuesta muy interesante de datos españoles (*Encuesta de Conciencia y Biografía de Clase* (ECBC) (1991)). España ha experimentado un rápido crecimiento de los niveles de educación de la población a la vez que ha sufrido profundas transformaciones de su sistema educativo. Por ello, variables relativas a la oferta educativa surgen en el caso de España como buenos candidatos para ser instrumentos. En particular, la variación de la distancia a la universidad debida a la creación de nuevas universidades que tuvo lugar en España surgirá como una fuente de identificación de los parámetros de interés. La ECBC es una muestra con gran cantidad de información acerca de los precedentes familiares de los encuestados, incluyendo el lugar de residencia a la hora de tomar las decisiones educativas. Sin embargo, esta encuesta está estratificada por niveles educativos. Esto es algo útil porque nos permite disponer de una mayor información sobre grupos de individuos que habitualmente tienen una escasa representación en muestras aleatorias. Sin embargo, debe tenerse en cuenta a la hora de obtener estimaciones del modelo. Los estimadores que no lo tengan en cuenta no serán consistentes. Para resolver este problema se obtienen estimadores ponderados donde las categorías sobre representadas reciben un menor peso y a la inversa.

El resto de este resumen esta organizado de la siguiente manera: La sección 2 describe algunos hechos básicos sobre la educación en España. La sección 3 muestra estimaciones de los rendimientos educativos asumiendo que son constantes para distintos individuos, un contraste de heterogeneidad de los rendimientos, así como estimaciones de los rendimientos cuando éstos varían entre individuos y las decisiones se toman de manera secuencial. Además, esta metodología se usa para analizar posibles efectos de la reforma del sistema educativo de 1970. Finalmente, en la sección 5 se presentan las principales conclusiones.

IX. 2 Hechos básicos

España es uno de los países de la OCDE que, en los últimos años, ha experimentado una de las mayores transformaciones en cuanto a lo que educación se refiere. El nivel de analfabetismo en la población ha bajado drásticamente, mientras que la proporción de individuos con estudios universitarios pasó de un 5.68 %, para aquellos nacidos entre 1918 y 1922, a un 16.14 %, para los nacidos entre 1953 y 1957.[3]

Con respecto al lado de la oferta, el número de universidades ha crecido enormemente, especialmente entre 1970 y 1990. Antes de 1970 había 19 universidades. Este número aumenta a 33 durante los 70 y a 38 en los años 80. Por último, el número de universidades creció hasta 68 en los años 90. Se debe destacar, sin embargo, que la mayoría de estas nuevas universidades se situaron en lugares dónde ya se impartían algunos cursos de diplomatura. Por ello, esta creación de universidades afectó principalmente a la decisión de adquirir estudios de licenciatura.

Además, a diferencia de otros países, en España no se dispone de un ranking oficial comparativo de universidades y los alumnos asisten a la universidad más cercana a su lugar de residencia. De hecho, estaban obligados a ello por ley. Esto no cambió hasta 1991 cuando el gobierno, intentando aumentar la calidad de la enseñanza universitaria, permitió que los alumnos asistieran a cualquiera de las universidades de su región de residencia.

[3] Estas cifras se basan en datos de las encuestas: EPF 1980, EPF 1990 y Encuesta Contínua de Presupuestos Familiares 1998.

IX.3 Aplicación empírica

En esta sección presento estimaciones de los rendimientos a distintos niveles educativos.[4] La muestra considerada en estas estimaciones es una muestra de corte transversal de individuos, de entre 19 y 65 años, que declararon haber terminado de estudiar. Para la estimación de los rendimientos educativos se considera sólo a aquellos que están trabajando en el momento de la encuesta. Los distintos niveles educativos son clasificados en las siguientes categorías representativas del sistema educativo español:

- Nivel bajo. En esta categoría se incluyen aquellos individuos analfabetos, sin estudios o que abandonaron los estudios en primaria ("*EGB*", "*Graduado Escolar*", "*Primaria*", "*Bachiller Elemental*") (a la edad de 14 años como máximo).

- Nivel Medio. Los individuos en esta categoría han completado al menos un año de educación post-obligatoria *(FPI, FPII, Bachiller Superior, BUP, COU, Diplomado)*.[5]

- Nivel alto. Los individuos en esta categoría completaron al menos un año de cursos de educación universitaria superior *(Licenciado)*.

En primer lugar, considero que los rendimientos son homogéneos entre distintos individuos dentro de un mismo nivel educativo o, lo que resulta equivalente, que son heterogéneos pero que los individuos no consideran los rendimientos cuando toman sus decisiones. Bajo este supuesto, estimaciones por el método de mínimos cuadrados ordinarios muestran que: Alcanzar el nivel medio de educación incrementa los salarios un 18% en comparación con el nivel bajo, y alcanzar el nivel alto los aumenta un 47% también en comparación con el nivel bajo. Usando métodos de variables instrumentales los coeficientes estimados son mayores: Alcanzar el nivel medio aumenta los salarios un 65%, y alcanzar el nivel alto los aumenta un 83%, ambos en comparación con el nivel bajo. Es de destacar que, bajo el supuesto de homogeneidad de los rendimientos, concluiríamos que los individuos se beneficiarían de políticas que los incentivaran a alcanzar niveles educativos superiores.

[4] Para más detalle véase Zamarro (2006).

[5] Dada la similitud entre los estudios de diplomatura de las universidades españolas y lo que son considerados estudios de formación profesional en muchos otros países, decidí incluir estos estudios en el nivel educativo medio. Esto hace que los resultados de este trabajo sean comparables a los de trabajos similares realizados para otros países.

En segundo lugar, aplico métodos recientemente desarrollados en la literatura estadística no parámetrica (Stute (1997) y Stute, González Manteiga y Presedo Quindimil (1998)) para contrastar el supuesto de homogeneidad. El contraste utilizado se basa en el siguiente resultado: Bajo homogeneidad el valor esperado del logaritmo de los salarios observados, condicional a las variables exógenas que afectan a los salarios y a las probabilidades de alcanzar cada uno de los niveles educativos, resulta ser una función lineal de estas probabilidades. En el contraste realizado se analiza la dependencia con respecto a estas probabilidades utilizando funciones índice y se consideran los estadísticos de Kolmogorov-Smirnov y Crámer-Von Mises para contrastar la hipótesis de linealidad. Para obtener la distribución de estos estadísticos se usaron 500 replicaciones de *wild bootstrap*. La hipótesis de linealidad es rechazada a un nivel de confianza del 95% usando el estadístico de Crámer Von-Mises y a un nivel de confianza del 90% usando el estadístico de Kolmogorov. Dado este resultado, no podemos rechazar que los rendimientos educativos son heterogéneos y que los individuos deciden adquirir distintos niveles educativos con algún conocimento sobre ellos.

IX.4 Efectos marginales del tratamiento

A partir de las estimaciones anteriores, podemos concluir que la existencia de sesgo de selección es relevante en la muestra considerada. Dado este resultado, considero los rendimientos de continuar estudiando a partir de cada nivel educativo (bajo, medio). Defino las siguientes probabilidades: La probabilidad de seguir estudiando desde el nivel educativo bajo ($\pi_0(z)$) y la probabilidad de seguir estudiando desde el nivel educativo medio para aquellos que al menos alcanzaron este nivel ($\pi_1(z')$). Tras estimar estas probabilidades, a partir de un modelo de decisión secuencial, obtengo estimaciones semiparamétricas de los siguientes MTE_s: MTE_0 (π_0, π_1) que representa el rendimiento medio de continuar estudiando, desde el nivel educativo bajo, para aquellos que están en el margen de indiferencia entre continuar o no; MTE_1 (π_0, π_1) el rendimiento medio de alcanzar el nivel educativo alto, para aquellos que alcanzaron como mínimo el nivel educativo medio, que están indiferentes ante la decisión de seguir estudiando a partir de este nivel.

Para la identificación de los MTE_s anteriores resulta necesario tener variación independiente de $\pi_0(z)$ y $\pi_1(z')$. Una manera de garantizar esta variación es imponiendo restricciones de exclusión. Por ello, se incluyen variables sobre la renta familiar, en el momento en el que el individuo tomaba sus decisiones de educación, en $\pi_0(z)$ pero no en $\pi_1(z')$. Por otro lado, las variables sobre el nivel de empleo regional, en el momento de tomar la decisión, se incluyen en las estimaciones de $\pi_1(z')$ pero no en las de $\pi_0(z)$. Estas variables se excluyen en estas probabilidades porque resultaron no ser significativas. Una posible justificación económica de esta restricción descansa en que, variables relativas a la situación familiar pueden resultar más importantes para la decisión de seguir estudiando desde niveles educativos bajos, mientras que las variables relativas a la situación del mercado de trabajo ganan importancia a medida que el individuo se acerca a las edades en las que puede trabajar. Por otro lado, una segunda fuente de variación viene de la naturaleza secuencial de las decisiones educativas. Puede ser que, en un segundo momento del tiempo, cambie algo que altere $\pi_1(z')$ sin que cambie $\pi_0(z)$. Para el periodo de la muestra considerada, el incremento en el número de cursos de licenciatura que eran ofrecidos en universidades ya existentes, que tuvo lugar a finales de los años 60 y principio de los 70, resulta una fuente de este tipo de variación. Sin embargo, no se pudo considerar en el análisis la gran creación de nuevas universidades que tuvo lugar en España durante los años 80 y 90. Esto se debe a que no se dispone de encuestas, más recientes, que incluyan toda la información necesaria.

En particular, se usan dos variables acerca de la distancia a universidades. La primera es una medida de la distancia a aquellas universidades que tradicionalmente han ofrecido un gran número de cursos de licenciatura. Madrid, Barcelona, Salamanca, Valladolid, y Granada son las provincias consideradas en este grupo para los que nacieron antes de 1961. El grupo de provincias aumenta, considerando también Sevilla, Zaragoza, A Coruña, Asturias y Valencia para aquellos que nacieron después de 1961. Esta variable se usa como variable explicativa en las estimaciones de $\pi_1(z')$. Dentro de las variables explicativas en $\pi_0(z)$ considero una variable ficticia que toma el valor uno si el individuo vivía lejos de una de las universidades tradicionales. En este caso, Madrid, Barcelona, Salamanca, Valladolid y Granada son las provincias consideradas en este grupo, para aquellos que nacieron antes de 1966. Este grupo se aumenta considerando también Sevilla, Zaragoza, A Coruña, Asturias y Valencia, para aquellos que nacieron después de 1966. Con esta definición de las variables, se considera que aquellos que nacieron entre 1961 y 1966 son los que experimentaron el aumento en el número de licenciaturas ofrecidas en el período de tiempo entre las dos decisiones educativas.

En las estimaciones de $\pi_0(z)$ usando un modelo probit, se encuentra que aquellos individuos que vivieron en una región con mayor renta familiar, que estudiaron antes de la reforma de 1970, tienen una mayor probabilidad de continuar estudiando desde el nivel educativo bajo. En cuanto a las estimaciones de $\pi_1(z')$ usando un modelo probit, esta probabilidad disminuye con el nivel de empleo de la región de residencia, para aquellos que estudiaron después de 1970. Ambas probabilidades son menores si el cabeza de familia, cuando el individuo era pequeño, tenía un nivel educativo bajo o trabajaba en el sector de la agricultura o manufacturas. Ser mujer tiene un efecto negativo, especialmente para aquellos que estudiaron antes de la reforma de 1970. Finalmente, vivir en una provincia cercana a una de las universidades tradicionales tiene un efecto positivo en estas probabilidades. El signo de los coeficientes estimados es el esperado para todas las variables excepto para el coeficiente de edad, para aquellos que estudiaron después de la reforma de 1970, en la estimación de $\pi_1(z')$. La edad tiene un efecto positivo y significativo en este caso. Esto puede deberse al hecho de que aquellos más jóvenes, que alcanzaron el nivel educativo alto, pueden estar aún estudiando en el momento en el que se realizó la encuesta.

Con estos resultados obtengo estimaciones de los *MTEs* usando métodos de estimación semiparamétricos. Las Figuras 1 y 2 muestran las estimaciones de MTE_0 como una función de π_0 y de MTE_1 como una función de π_1. Es de destacar que, si no se hacen supuestos adicionales sobre la distribución de los residuos del modelo, sólo es posible obtener estimaciones puntuales de los *MTEs* para los valores, en los datos, del soporte de estas probabilidades. En la muestra considerada, el soporte de $\pi_0(z)$ es casi completo, mientras que está concentrado en valores pequeños de la probabilidad para $\pi_1(z')$. Esto hace difícil estimar algunos parámetros que están definidos sobre todo el soporte de estas probabilidades. Sin embargo, todavía se pueden obtener estimaciones de parámetros interesantes evaluando en un gran rango de valores; los valores representativos para la muestra que se está considerando. Una cosa a destacar en estos gráficos es que existen individuos para los cuales los *MTEs* estimados son negativos. Si este es el caso, estos individuos no se beneficiarían de políticas que los obliguen a continuar estudiando. Esto es algo a tener en cuenta, a la hora de evaluar este tipo de políticas, que no se puede inferir de las estimaciones que tradicionalmente se han obtenido en la literatura.

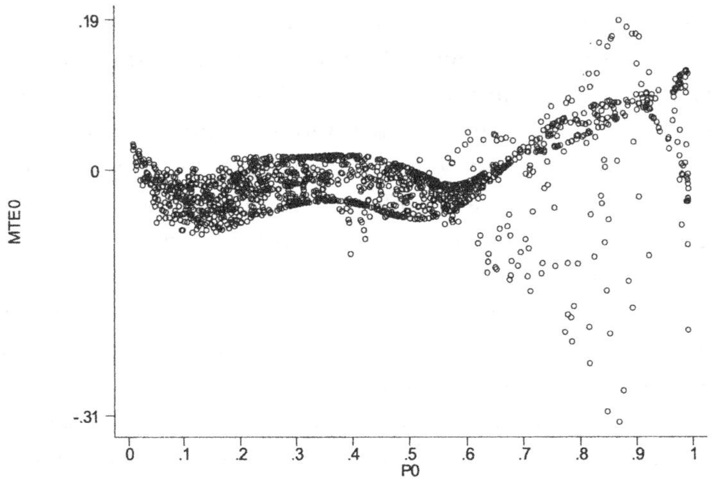

Figura 1. MTE_0 como función de la probabilidad de seguir estudiando desde el nivel bajo (π_0)

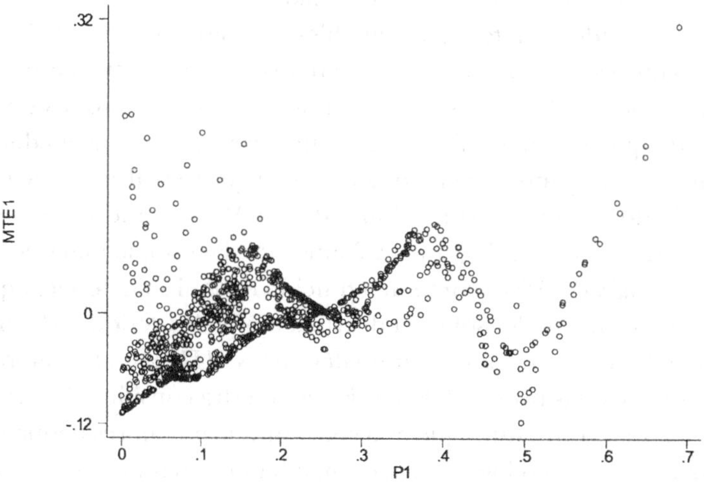

Figura 2. MTE_1 como función de la probabilidad de seguir estudiando desde el nivel medio (π_1)

IX.5 La reforma de 1970

La reforma del sistema educativo que tuvo lugar en España en 1970 aumentó la edad de escolarización obligatoria hasta los 14 años de edad. Esto es, todos los individuos en la muestra, que estudiaron después de la reforma, fueron obligados a completar el nivel bajo de educación. Entonces, aquellos individuos con costes de la educación tan altos que hubieran decidido no completar este nivel educativo fueron obligados a hacerlo. Por otro lado, es natural pensar que los costes de la educación pueden ser endógenos. En este caso, los costes de aquellos individuos que se vieron obligados a completar el nivel educativo bajo pudieron verse reducidos gracias a la reforma. En la muestra considerada, 63% de los individuos estudiaron antes de la reforma. Además, la proporción de individuos que decidió seguir estudiando tras el nivel educativo bajo aumentó de 59% para aquellos que estudiaron antes de la reforma, hasta 72% para aquellos que estudiaron después. Una cuestión natural que surge en este contexto es si aquellos que estudiaron antes de la reforma se hubieran beneficiado, en términos de salarios, de ésta. Para ello, obtengo el rendimiento esperado para aquellos individuos que hubieran cambiado su decisión gracias a la reforma, dados $\pi_0(z)$, $\pi_1(z')$ y un determinado cambio en $\pi_0(z)$ inducido por la reforma. El Cuadro I muestra las estimaciones de este parámetro para distintos valores de $\pi_0(z)$ y diferentes incrementos en la probabilidad ($\Delta\pi_0$). Como vemos en este cuadro, aquellos individuos que se hubieran beneficiado son aquellos con valores mayores de $\pi_0(z)$ y que experimentan cambios menores en esta probabilidad. Estos individuos tienen también valores mayores de la probabilidad, *a priori,* de seguir estudiando desde el nivel educativo medio $\pi_1(z')$

Cuadro I
Efectos del tratamiento para la ampliación de la reforma de 1970

$\Delta\pi_0$	**Bajo** π_0 (0.08)	**Medio** π_0 (0.30)	**Alto** π_0 (0.80)
1.2	−0.031 (π_1^{min}=0.03, π_1^{max}=0.10)	−0.021 (π_1^{min}=0.06, π_1^{max}=0.27)	−0.083 (π_1^{min}=0.21, π_1^{max}=0.54)
1.5	−0.036 (π_1^{min}=0.03, π_1^{max}=0.14)	−0.089 (π_1^{min}=0.21, π_1^{max}=0.62)	−0.089 (π_1^{min}=0.21, π_1^{max}=0.62)
2.0	−0.039 (π_1^{min}=0.03, π_1^{max}=0.19)	−0.032 (π_1^{min}=0.05, π_1^{max}=0.38)	–
4	−0.032 (π_1^{min}=0.03, π_1^{max}=0.38)	–	–

IX.6 Conclusiones

En mi artículo *Accounting for Heterogeneous Returns in Sequential Schooling Decisions* presento un método para estimar rendimientos a la educación, permitiendo que distintos individuos tengan distintos rendimientos, y teniendo en cuenta el carácter secuencial de las decisiones educativas. La homogeneidad de los rendimientos se contrasta usando métodos recientemente desarrollados el la literatura estadística no paramétrica. Por último, estimo los rendimientos y realizo el contraste de homogeneidad usando datos españoles. La base de datos utilizada contiene una gran cantidad de información sobre los presentes familiares de los individuos, así como otra información relevante para la construcción de variables instrumentales utilizadas en el análisis. Sin embargo, la muestra se encuentra estratificada por niveles educativos. Por ello, utilizo estimadores ponderados con el objetivo de obtener estimaciones consistentes de los parámetros.

En primer lugar, asumo que los rendimientos son homogéneos y obtengo estimaciones de éstos usando métodos de variables instrumentales. Estas estimaciones sugieren que los individuos se beneficiarían de políticas que redujeran el coste de seguir estudiando a niveles mayores.

Sin embargo, los contrastes de homogeneidad realizados sugieren que existe una distribución de rendimientos en la población, y que los individuos toman sus decisiones de educación teniendo en cuenta estos rendimientos. En este caso, diferentes instrumentos, así como diferentes parámetros de evaluación de tratamientos, nos darán distintas medidas de posición de la distribución. Es en este contexto donde el rendimiento medio para los individuos que están en el margen de indiferencia (efecto marginal del tratamiento (MTE)) gana en importancia. En este artículo obtengo estimaciones de MTEs, para la decisión de continuar estudiando desde distintos niveles educativos, usando métodos de estimación semiparamétricos. Se encuentra que puede haber grupos de la población para los cuales los MTEs son negativos. En este caso, estos individuos no se beneficiarán, en términos de salarios, de un aumento en sus niveles educativos. Esto es algo que se debe tener en cuenta a la hora de evaluar políticas que obligan a los individuos a adquirir un determinado nivel de educación. Una aplicación al análisis de la reforma educativa, que tuvo lugar en España en 1970, sugiere que aquellos individuos que estudiaron antes de la reforma, y que tienen una mayor probabilidad *a priori* de seguir estudiando a partir del nivel educativo bajo (a partir de los 14 años), se hubieran beneficiado, en términos de salarios obtenidos, de esta reforma.

X Efectos a largo plazo de la formación subvencionada por el sector público: un análisis comparativo entre Alemania del Este y del Oeste[1]

Michael Lechner
Ruth Miquel
Conny Wunsch
Universidad St. Gallen

X. 1 Introducción

Desde 1991 Alemania ha gastado entre 20 y 25 miles de millones de Euros o aproximadamente un uno por ciento del PIB en Políticas Laborales Activas (PLA). Con un tercio de este gasto, la formación es con mucho el instrumento más importante. En el Oeste de Alemania, la Formación Subvencionada por el Gobierno (FSG) tiene el objetivo de actualizar e incrementar el capital humano de los trabajadores que han salido del proceso productivo y caen al desempleo mientras que en el Este de Alemania se ha usado en gran medida para ajustar las habilidades de la fuerza laboral a los requerimientos de una economía moderna de mercado tras la unificación. Pero, a pesar del uso extensivo de la FSG en Alemania se sabe muy poco de su efectividad. En particular y principalmente debido a la falta de datos apropiados, ninguno de los estudios llevados a cabo para Alemania ha analizado los

[1] El primer autor pertenece a CEPR, Londres, ZEW, Mannheim, IZA, Bonn, y PSI, Londres. Los autores agradecen la ayuda financiera proporcionada por el Institut für Arbeismarkt und Berufsforschung (IAB), Nuremberg, Alemania (proyecto 6-531A). Los datos se obtuvieron en un esfuerzo conjunto con Stefan Bender, Annette Bergermann, Bernd Fitzenberger y Stefan Speckesser para obtener varias bases de datos administrativos para su uso en investigación econométrica. Las disculpas usuales se aplican.

efectos a largo plazo de la FSG más allá de tres años después del programa aunque períodos considerablemente más largos son cruciales para entender sus efectos diferenciales, y ningún estudio ha tenido en cuenta apropiadamente la heterogeneidad de los programas.

Basado en una versión previa menos informativa de nuestra base de datos, Klose y Bender (2000) analizan los efectos de la FSG para una cohorte de participantes de Alemania del Oeste que acabaron la formación en 1986. Construyen un grupo de control basado en la elegibilidad y una aproximación de emparejamiento jerárquico (hierarchical matching) y entonces estiman modelos de tasa de salida (hazard rate models). Encuentran resultados ambiguos referidos al efecto sobre el empleo de la FSG. Speckesser (2004) Y Fitzenberger y Speckesser (2005) obtienen sus datos de los mismos registros administrativos que nosotros. Restringen su análisis a un tipo especial de FSG y observan resultados sólo tres años después del comienzo del programa. Basados en Puntuación de Propensión de Emparejamiento (Propensity Score Matching), encuentran efectos cerrojo negativos en los primeros meses después del comienzo del programa para el este y oeste de Alemania. Speckesser (2004) que se fija en la formación llevada a cabo en el período 1993-1994 no encuentra efectos significativos después, principalmente debido a la reducción del tamaño muestral hacia el final de su período de observación. Fitzenberger y Speckesser (2005), que cubren un período mayor de participación en el programa (1990-1997), obtienen efectos positivos de entre 5-10 % sobre 20 meses después del comienzo del programa para Alemania del Este y entre 10-20% sobre 10 meses después del comienzo del programa para Alemania del Oeste. Para Alemania del Este, Hujer, Thomsen y Zeiss (2004) estiman un modelo de tasa de salida proporcional multivariante mixto (proporcional hazard rate multivariate mixed) para analizar los efectos de la formación patrocinada por el gobierno en el período 2000-2002 sobre la tasa de transición al empleo regular. Debido al corto horizonte temporal para observar los resultados, los efectos cerrojo negativos conducen sus resultados[2].

Nosotros estimamos los efectos a corto, medio y largo plazo de diferentes tipos de FSG sobre el empleo, desempleo e ingresos de los participantes en Alemania

[2] Hay numerosos estudios anteriores para el este de Alemania basados en encuestas que están, sin embargo, limitados enormemente por el período de observación y la disponibilidad de suficiente información detallada para la selección y la heterogeneidad de los programas. La mayoría de estos estudios usan modelos paramétricos y encuentran efectos a corto y medio plazo sobre el empleo negativos o insignificantes (e.g. Pannenberg, 1995; Hübler, 1998; Hujer y Wellner, 2000); pero hay también estudios que obtienen efectos positivos (e.g. Pannenberg y Herlberger, 1997; Prey, 1999). La falta de robustez se debe a la sensibilidad de los resultados a los supuestos de los modelos paramétricos, pequeños tamaños muestrales y la imposibilidad de medir efectos a largo plazo. Ver los resúmenes de la literatura de Hujer y Caliendo (2001) o Wunsh (2005).

del Este y el Oeste. Por un lado, Alemania es uno de los pocos países que ofrece un rango de programas de formación para los parados que difiere considerablemente tanto en la forma como en la intensidad de la inversión en capital humano así como en sus duraciones respectivas (abarcando de pocas semanas a más de dos años). Por otro lado, nuestros datos administrativos contienen tanto información suficientemente detallada como muestras suficientemente grandes basadas en información mensual para capturar importantes efectos de esta heterogeneidad, y podemos medir importantes resultados mensuales para un período de ocho años después de que la persona entró en el programa. Además, disponemos de historias de empleo e ingresos previos al programa así como un rico conjunto de información personal, regional y de empleadores que nos permiten corregir por la selección mediante métodos microeconométricos de emparejamiento (matching methods).

Para una muestra de desempleados del este y oeste de Alemania que entraron en programas de formación en 1993 y 1994 encontramos que todos los tipos de formación que evaluamos tienen efectos negativos a corto plazo sobre el empleo cuya magnitud y duración están directamente relacionadas a la duración del programa (llamados *efecto cerrojo* – lock-in effects- en la terminología de Van Ours, 2004). Estos efectos cerrojo son mayores para los programas del este de Alemania. Sin embargo, a largo plazo todos los tipos de programa parecen incrementar las tasas de empleo en aproximadamente 10 puntos porcentuales. Los efectos positivos de programas de formación más cortos aparecen antes mientras que para los que para los programas más largos e intensos se necesitan hasta tres años desde el comienzo del programa para que aparezcan los efectos positivos. Pero, para ambos tipos de programas, estos efectos positivos se mantienen en el largo plazo. Sin embargo, para los programas más intensos el coste de obtener este gran efecto positivo en términos de de los efectos cerrojo iniciales y pagos de seguros de desempleo parecen ser grandes. Acumulando los efectos en los 8 años (sólo para el Oeste de Alemania) el programa más largo no consigue generar un efecto positivo en meses de empleo. Los programas más cortos, por el contrario, muestran una significativa ganancia en el empleo de nueve meses sobre la ventana de ocho años.

Para Alemania del Este encontramos un efecto considerable de la heterogeneidad entre los participantes así como de los programas. En particular, no encontramos efectos o incluso los encontramos negativos de los programas más largos para los hombres pero estos efectos son positivos para las mujeres. Estas diferencias por sexos ocurren porque hombres y mujeres fueron formados para diferentes ocupaciones. Desafortunadamente, muchos asistentes sociales subestimaron la demanda futura de habilidades; la mayoría de participantes masculinos fueron formados para trabajos en el sector de la construcción (cerca del 70% de los hombres participantes en el programa más largo). La construcción experimentó un boom a comienzos de los 90 (cuando los asistentes tomaron su decisión) pero cayó cuando los cursos fueron completados. Así, la bendición de haber obtenido fondos para formación vocacional se convirtió en una losa para los participantes.

El resto del artículo está organizado como sigue. La siguiente sección proporciona información sobre el uso de las PLA y en particular la formación en el Este y Oeste de Alemania y describe los diferentes tipos de formación que evaluamos. La sección 3 muestra los datos y la definición de nuestra muestra y proporciona algunos estadísticos descriptivos. En la sección 4 discutimos nuestra estrategia de identificación y estimación. Nuestros resultados se muestran en la sección 5. La última sección concluye.

X. 2 Políticas laborales en Alemania

X. 2.1 El uso de las políticas laborales en Alemania

Desde 1991 Alemania gasta entre 20 y 25 miles de millones de euros o cerca de un uno por ciento del PIB en las PLA. Con más de un tercio de este gasto, la formación es con mucho el instrumento más importante. El Cuadro I muestra el gasto en diferentes medidas políticas activas y pasivas en el Este y Oeste de Alemania para los años 1991 hasta 2003. En línea con el desarrollo de la tasa de desempleo, una creciente y ahora sustancial proporción del gasto se dedica al pago de subsidios durante el desempleo (subsidios de desempleo, asistencia al desempleo).

Unificando los muy distintos desarrollos económicos en el Este y Oeste de Alemania, hay grandes diferencias en el uso de las PLA. La rápida contracción de la economía del Este después de la unificación llevó a grandes reducciones de la demanda de trabajo. Para afrontar los fuertes efectos adversos de esta reducción, el trabajo de corta duración (una reducción de horas de trabajo combinadas con un subsidio del seguro de desempleo para compensar la pérdida de ingresos) y esquemas de retiro anticipado jugaron un papel decisivo. En Alemania del Este, especialmente en 1991, el principal objetivo del trabajo d corta duración fue retrasar la transición al desempleo para prevenir que la tasa oficial de desempleo alcanzase enormes proporciones. En ese año, más de 1,6 millones de personas fueron directamente absorbidas por el empleo de corta duración. Además, la formación se uso en gran medida para ajustar las habilidades de la fuerza de trabajo de Alemania del Este a los requerimientos de de una economía moderna de mercado. El empleo subvencionado que comprende subsidios salariales temporales para compensar la

Cuadro I

Gasto en políticas laborales activas y pasivas en miles de millones de euros 1991-2003

	1991		1993		1995		1997		1999		2001		2003	
	Este	Oeste	Este	Oeste	Este	Oeste	Este	Oeste	Este	Oeste	Este	Oeste	Este	Oeste
Gasto total	15,4	25,0	27,7	35,4	21,2	39,3	24,1	42,8	25,4	41,9	24,6	40,7	25,8	47,6
Formación	14	13	19	10	17	10	12	8	13	11	14	12	10	8
Programas de empleo	10	6	17	4	20	4	15	3	17	3	12	2	7	1
Subsidios salariales temporales	35	5	3	7	2	2	1	1	2	3	3	3	4	3
Otras medidas	11	17	28	11	10	8	5	7	7	8	11	11	12	12
Subsidios desempleo	26	33	24	43	31	46	42	47	33	39	33	40	31	44
Asistencia desempleo	1	14	7	15	14	19	18	23	21	24	21	18	28	19
Otros gastos	3	13	4	11	6	10	7	10	6	11	5	12	6	12
Tasa desempleo %	10,2	6,2	15,4	8,0	14,8	9,1	19,1	10,8	18,7	9,6	18,8	8,0	20,1	9,3

Fuente: BA (1992-2004)

Nota: Los subsidios temporales salariales incluyen trabajos de poca duración. Los esquemas de prejubilaciones están incluidos en otras medidas de PLA.

reducción de productividad durante la fase de adaptación inicial de habilidad al nuevo empleo, y llamados por tanto programas de empleo que proporcionan empleos subvencionados temporales fuera del mercado laboral regular también proporciona un importante papel para mejorar el empleo y la unión al mercado laboral de los participantes. En Alemania del Oeste, el empleo subvencionado sólo juega un papel minoritario. Aquí, la formación es con mucho el instrumento más importante y tiene como objetivo actualizar e incrementar el capital humano de aquellos trabajadores que salen fuera del proceso productivo y caen al desempleo.

X. 2.2 La Formación como parte de las PLA en Alemania

En Alemania, la formación en el merado de trabajo consiste en instrumentos muy heterogéneos que difieren enormemente en la forma y la intensidad de la inversión en capital humano así como en su respectiva duración. Tradicionalmente, los cursos de formación tienen el objetivo de asesorar, mantener o mejorar el conocimiento en las ocupaciones y las habilidades de los participantes, de ajustar las habilidades a los cambios tecnológicos, de facilitar mejoras en la carrera profesional, o de proporcionar un primer grado profesional. En el proceso de transición de Alemania del Este, sin embargo, el uso de las dos últimas categorías fue inexistente ya que el principal objetivo de los programas de formación fue ajustar las habilidades de la fuerza laboral del Este a los requerimientos de una economía moderna de mercado. Normalmente, los participantes en estos programas de formación reciben un pago que es de la misma cuantía que el subsidio de desempleo[3]. Además, el servicio público de empleo soporta el coste directo del programa, y puede cubrir parte de gastos adicionales de cuidado de hijos, transporte y alojamiento.

Para nuestro análisis, agregamos los diferentes programas en grupos de acuerdo a su homogeneidad respecto a la selección de participantes, organización y contenido en educación, así como el tamaño muestral y la información disponible para distinguir entre distintos tipos de programas. El Cuadro II muestra los grupos resultantes de programas de formación además de una categoría residual. Ignorando los tipos de programas para los cuales el número de observaciones demasiado pequeño, restringimos nuestro análisis a las demás formaciones profesionales y programas de mejora de la formación.

[3] Llamados, por tanto, pagos de mantenimiento (Maintenance Allowance). Antes de 1994, la tasa de reemplazo fue algo mayor que la de los subsidios de desempleo.

Cuadro II
Definición de programas

Programa	Descripción
Formación Corta	Formación en la profesión poseída con una duración planificada inferior a 6 meses
Formación Larga	Formación en la profesión poseída con una duración planificada superior a 6 meses
Mejora de formación	Formación para obtener un nuevo título profesional en otro campo distinto de la profesión poseída
Otros programas	Prácticas en empresas: Formación que simula un trabajo en un campo específico o profesión
	Mejora de la carrera: Formación para obtener un título profesional superior, Ej. master, técnico, o un título (no universitario) de administración de empresas
	Categoría residual: Varios programas muy pequeños y heterogéneos

La mejora de la formación comprende cursos que proveen de un ajuste general de las habilidades o una cualificación adicional en la profesión que posee el individuo, así como cursos que proporcionan un primer título profesional. Las duraciones planeadas abarcan desde un mes hasta cerca de dos años (Figura 1). Dado que la mejora de la formación es con mucho un grupo grande y heterogéneo, lo dividimos en dos subgrupos basándonos en la duración planeada de un curso individual. Como caracterización del programa y no de los participantes en él, la duración *planeada* en lugar de la *real* tiene la ventaja de que no depende del comportamiento del individuo durante la participación (por ejemplo una duración real corta podría estar asociada a un curso largo o a un curso largo que el individuo abandona antes de su finalización).

La mejora de la formación permite trabajar en una profesión diferente de la poseída por el individuo proporcionando un nuevo título profesional. Las duraciones planeadas son mayores (hasta tres años, 20 meses en media). Las habilidades adquiridas son equivalentes a un aprendizaje en el sistema de aprendizaje alemán. Así, la inversión en capital humano es bastante sustancial. Casi dos tercios de los participantes en nuestra muestra fueron formados para una profesión en el sector servicios y la mayoría restante ha ocupado profesiones en el sector de las manufacturas.

Nótese que, generalmente los programas alemanes son largos en comparación con otros de países de la OCDE (por ejemplo, OCDE, 1996a, b). Además, la mayoría de los cursos de formación son cursos a tiempo completo y además de la formación en las aulas, un curso puede incluir formación en el puesto de trabajo que es frecuentemente el caso en los cursos que dan un título profesional.

Figura 1: Distribución de la duración planeada de los programas de Alemania del Este

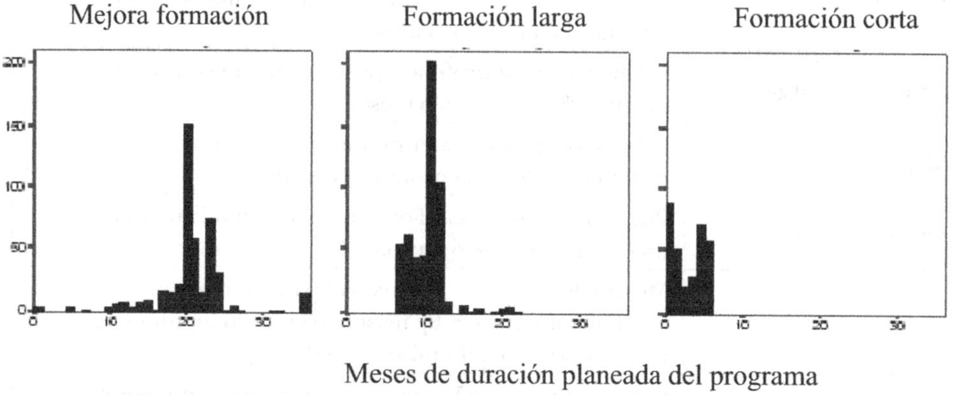

Nota: Esta es la duración planeada de un programa determinada antes de que el programa empiece. Para Alemania del Oeste, donde sólo la duración corta, larga y la mejora de formación se evalúan, las distribuciones son muy similares.

X. 3 Datos y definición de la muestra de evaluación

X. 3.1 Datos

Usamos la misma base administrativa que Lechner, Miquel y Wunsch (2004, 2005) y referimos al lector a esos artículos para más detalles. La base de datos combina tres fuentes diferentes: la IAB submuestra de empleo, el registro de pago de subsidios y los datos de participantes en formación[4]. Para el este de Alemania, cubre el período 1990-2002 y para el oeste de Alemania 1976-2002. Esta base de datos es la más completa en Alemania respecto a la formación llevada a cabo antes de 1998. Contiene información detallada personal, regional, del empleador y de ingresos. Así, nos permite controlar por muchos, sino la mayoría, de los factores que determinan la selección en los programas (ver la discusión detallada en la sección 4.1) así como una medida precisa de interesantes variables de resultado (por ejemplo

[4] Las abreviaturas comunes en alemán para estas fuentes de datos son IABS, LED y FuU, respectivamente. Una descripción detallada de la IABS y la LED se proporciona en Bender et al. (1996) y Bender, Haas y Klose (2000). Para la FuU véase Miquel, Wunsch y Lechner (2002). Véase también Bender et al. (2005) para saber cómo se ha preparado la base de datos para propósitos de evaluación.

situación en el empleo, ingresos) mensuales hasta ocho años tras el comienzo del programa. Además, podemos distinguir diferentes tipos de programa y tenemos suficiente número de observaciones para la mayoría de grupos de programas para tener en cuenta la heterogeneidad del programa.

Por supuesto, también hay numerosos problemas. Los siguientes pueden ser importantes: primero, los datos no cubren receptores de programas de asistencia social que no trabajan porque no reciben subsidios de la Seguridad Social sino de las autoridades locales. Segundo, el empleo que no está sujeto a cotizaciones de seguridad social no se observa. Por un lado, esto incluye autoempleo y trabajo como funcionario ("Beamter"). Por otro lado, esto incluye empleo por debajo de la frontera de ingresos relevantes. Tercero, es imposible distinguir entre empleo subvencionado (como en programas de creación de empleo) y empleo regular en el mercado de trabajo. Cuarto, es posible distinguir entre empleo subvencionado y empleo regular sólo a partir del año 2000. Este problema es particularmente grave para Alemania del Este, porque una parte importante del empleo en los 90 fue en empleo subvencionado (ver Cuadro I). Quinto, la información sobre la formación en Alemania del Este antes de 1993 es incompleta y no está debidamente recogida. Sexto, el proceso de unificación tuvo un impacto directo en el proceso de recogida de datos. La recogida de datos, que depende en gran parte de la información de los empleadores, fue recogida tras la unificación. Algunos empleadores proporcionan información desde 1991 mientras que en la mayoría de los casos hasta 1992 todos los empleadores no estaban registrados por las autoridades. Así, condicionamos a haber observado un período de empleo previo al período de desempleo que lleva a la participación. El séptimo problema es que la información sobre historias de empleo de largo plazo no está disponible para Alemania del Este. Sin embargo, dado que en la República Democrática Alemana el desempleo (oficialmente) no existía y la participación en el mercado de trabajo era muy alta, la heterogeneidad inobservada adicional resultante debería ser muy pequeña, en particular ya que la unificación per se descontó el valor del capital humano y la experiencia obtenidas bajo el antiguo sistema económico de planificación centralizada.

A pesar de estos inconvenientes, comparado con los datos que han sido usados en estudios de evaluación para Alemania hasta ahora, esta base de datos supone una mejora sustancial en varios aspectos, como el tamaño muestral, la selección y la información de resultados, así como la heterogeneidad observable de programas. Además, relativo a las bases de datos disponibles en otros países, la nuestra es única en lo que se refiere a la cantidad de información de las historias de empleo tras el tratamiento (8 años después de la entrada en el programa).

X. 3.2 Definición de la participación en el programa, la población y nuestra muestra

En esta sección definimos la "participación en el programa" y nuestra población de interés. Consideramos la participación en el programa entre 1993 y 1994. Eligiendo este período, podemos fijarnos en los programas más recientes que todavía permiten un período suficientemente largo para detectar efectos de largo plazo[5]. En segundo lugar, una persona se incluye en nuestra población de interés si comenzó un período de desempleo entre 1993 y 1994 (llamado el período de desempleo "definitorio"). El grupo de participantes en la formación consiste en todas aquellas personas que entran en un programa entre el período de desempleo "definitorio" y final de 1994. Si existen múltiples participaciones en este período, entonces sólo la primera está incluida en el análisis. Los no participantes son todas aquellas personas que no entraron en un programa en este período.

Cuando elegimos el grupo de población apropiado de nuestra muestra de flujos hacia el desempleo, pretendemos tener un grupo homogéneo de gente que cubra a la población del oeste Alemania de menores edades que es elegible para la participación en la formación. Por tanto, requerimos que todos los individuos estuvieran empleados[6] al menos una vez antes de participar en el programa y que hayan recibido subsidio de desempleo (UB) o asistencial (UA) en el mes previo al comienzo del programa (así como en el mes en que el programa empieza para no participantes)[7]. Esto, sin embargo, requiere el uso de variables medidas relativamente al comienzo del programa[8]. En este artículo, seguimos una de las propuestas sugeridas por Lechner (1999). Simulamos fechas de comienzo para los no participantes de la distribución empírica de participantes. Excluimos a no participantes para los cuales esta fecha cae antes del comienzo del período de desempleo "definitorio", o después de 1994, o después de que el último período observado en los datos acabara antes de 1995.

[5] Además, dado que observamos sólo períodos de formación después de que el participante dejó la formación y algunos cursos duran más de dos años, y no hay información de formación después de 1997, concentrándonos en los años 1993 y 1994 no lleva a una selección donde los períodos de formación largos están subrepresentados.

[6] "Empleados" significa que observamos a la persona al menos una vez cotizando en el empleo en la IABS (para la mayoría de nuestros individuos, la primera observación en os datos es un período de empleo).

[7] De hecho, ser receptores de UB o UA directamente antes de entrar el un programa no es completamente suficiente para asegurar la elegibilidad. Los individuos deben tener también un título profesional formal y tres años de experiencia laboral (desde 1994, cero años) o, alternativamente, al menos seis años (desde 1994, tres años) de experiencia laboral. Así, requiriendo que los individuos hayan estado empleados al menos una vez antes del programa, el grupo restante de participantes y no participantes es más probable que sea elegible.

[8] Además, todas las variables que potencialmente pueden influir tanto la selección como el resultado son medidas -relativamente al comienzo del programa.

Para evitar la mayoría de influencias que vienen de la jubilación, la jubilación anticipada y la educación primaria, imponemos también una restricción en la edad (20-55 años para el Oeste de Alemania, 20-53 para el Este de Alemania) en el año del (hipotético) comienzo del programa. Concentrándonos en la mayoría de la fuerza laboral activa, excluimos desempleados que estaban en prácticas, amas de casa, aprendices o sin empleo previo o aquéllos para los que su último empleo antes del período de desempleo "definitorio" fue de menos de la mitad de horas que las habituales para el empleo a tiempo completo. Además, dado que el grupo de extranjeros es extremadamente heterogéneo en Alemania del Este (no hay distinción entre "estables" y trabajadores visitantes, como en Alemania del Oeste), los excluimos de esta parte del estudio. Este procedimiento nos deja una muestra de aproximadamente 9.200 (Oeste) y 4.600 (Este) no participantes y entre 300 y 600 participantes en los diferentes grupos de programas que consideramos en el análisis econométrico (ver Cuadro III).

X.3.3 Estadísticos Descriptivos

El Cuadro III muestra los estadísticos descriptivos para algunas de las variables para diferentes submuestras definidas por el tratamiento para el Este y Oeste de Alemania. Para ambas partes de Alemania encontramos que los participantes en *mejora de formación* son mucho más jóvenes (aproximadamente 5 años de media) que otros desempleados, lo que está en línea con la idea de que las inversiones en capital humano son más beneficiosas si el período productivo del nuevo capital humano es más largo. Además, tienen menos educación y habilidades que el resto. Por el contrario, los participantes en *formación larga* parecen estar más favorecidos en términos de educación, situación laboral anterior e ingresos. El subsidio de desempleo a que se tiene derecho antes de la formación no muestra mucha variación entre estados.

Cuando comparamos el Este y Oeste de Alemania, encontramos que la proporción de mujeres entre los desempleados es mucho mayor en el Este que en el Oeste, lo que se refleja en la alta proporción entre no participantes y participantes en formación larga y corta, pero no en la proporción observada en mejora de formación que muestra un "sesgo masculino". Además, los salarios son considerablemente menores en el Este aunque la educación media y la proporción de trabajadores sin formación es mucho menor. Esto es debido, por un lado, a que la política educativa en la República Democrática Alemana (RDA) procuraba proveer una educación profesional a todo el mundo. Por otro lado, los salarios en 1990 eran sustancialmente menores que el Oeste de Alemania y se acordó su subida a los niveles del Oeste gradualmente en un período de 5 a 8 años.

Cuadro III
Estadísticos descriptivos seleccionados

	Nº participantes		Formación Corta		Formación Larga		*Mejora Formación*	
	Este	Oeste	Este	Oeste	Este	Oeste	Este	Oeste
Nº Observaciones	4.604	9.197	321	572	538	329	445	413
Características personales								
Mujeres	63	41	65	37	65	39	43	38
Edad++ *	37	37	36	35	38	35	32	31
Nacionalidad: Alemanes	100	81	100	91	100	92	100	89
Sin título profesional	12	26	7	16	4	11	14	25
Título FP o universitario	4	6	3	6	15	14	3	3
Situación laboral en el último empleo								
Asalariado	6	28	30	38	54	57	21	23
Sin formación	2	40	25	31	13	19	28	53
Ingresos último mes								
Salario en *	47	1.680	1.053	1.773	1.204	1.889	1.144	1.640
Derecho a subsidio desempleo en meses								
Directamente antes del comienzo del programa	2	8	2	8	2	7	2	5
Al comienzo del período de desempleo antes del programa	6	13	5	12	6	11	6	9
Duración prevista del programa en meses								
Duración prevista programa*	–	–	3	4	10	10	20	20

Tasa desempleo local								
Tasa UE++ ≤ 5% / 15% **	35	1	33	2	37	0	34	1
5% / 15% < Tasa UE ≤ 10%/20%	58	64	58	70	56	62	56	61
Tasa UE > 10%/20%	7	35	9	28	7	38	10	38
Tasa desempleo en enero								
1992	60,0	69,1	69,2	70,0	73,7	73,3	75,2	68,5
1993	50,2	60,9	53,9	60,5	61,9	64,7	59,0	57,8
1994	21,9	24,1	20,9	22,7	16,0	22,5	16,0	20,3
1995	26,2	17,9	28,4	29,9	14,1	19,8	4,3	9,4
1997	34,4	30,1	48,6	49,3	51,5	52,6	40,2	46,3
1999	39,1	33,5	52,3	49,5	51,7	51,4	54,6	56,7
2001	37,3	36,2	49,5	53,2	49,3	55,0	52,6	60,0

Nota: * Números marcados con asterisco son medias (en lugar de proporciones). ++ Medidos en el año del comienzo del programa. ** El primer número se refiere a el Oeste de Alemania, el segundo al Este. La muestra usada para el Cuadro es aquélla tras todos los pasos de selección descritos en la Sección 3, pero antes de imponer condiciones de admisión.

El Cuadro III también muestra tasa de empleo en el tiempo. Por construcción de nuestra muestra (todo el mundo tenía que estar desempleado antes de que el programa real o simulado empezara) las tasas de empleo muestran el conocido bache de Ashenfelter* (Ashenfelter, 1978). Después del comienzo del programa las tasas de recuperan rápidamente, dependiendo la velocidad de la duración del programa y alcanzando los participantes un nivel sustancialmente mayor tras 7 u 8 años que los no participantes. Nótese que la caída del empleo es algo mayor para los participantes de Alemania del Este y que las tasas de empleo se recuperan a un nivel mayor para los participantes del Oeste de Alemania.

X. 4 Identificación y Estimación

X. 4.1 Independencia Condicional

Basamos nuestro análisis en el modelo de múltiples tratamientos de la literatura de de evaluación microeconométrica: Un individuo elige entre múltiples estados, como participación en un programa específico o no participar en dicho programa. El participante potencial en un programa se asigna a un resultado hipotético $\{Y^0, \ldots, Y^M\}$, por ejemplo empleo, en cada estado $S \in \{0, \ldots, M\}$. Esta notación nos permite, bajo los supuestos habituales (ver Rubin, 1974), definir nuestros parámetros de interés – el efecto de los tratamientos medios sobre los tratados (ATETs) para comparaciones por pares de los efectos de diferentes estados (Lechner, 2001, 2002a, b):

$$\theta_0^{m,1} := E(Y^m - Y^l \mid S = m) = E(Y^m \mid S = m) - E(Y^l \mid S = m); \quad m \neq l; m, l \in \{0, \ldots, M\}$$

ATET ($\theta_0^{m,l}$) es el efecto esperado para un individuo extraído aleatoriamente de la población de participantes solo en el tratamiento *m*. Sin más supuestos, las ATETs no se pueden identificar de los datos. Pero, si podemos observar todos los factores que conjuntamente afectan a los resultados y a la decisión de participación, entonces –condicional a estos factores (digamos X)– la decisión de participación y los resultados son independientes. Esta propiedad se explota por el supuesto de independencia condicional (IC). La plausibilidad de la IC requiere que la mayoría de factores que determinan conjuntamente la participación y los resultados se observen en los datos. Así, podríamos identificar estas variables y mostrar que están disponibles en nuestros datos. Esto requiere la comprensión de los factores que subyacen a la decisión de participación. La selección en los programas está determinada por tres factores principales

* N. del T. Ashenfelter's dip

que se discuten a continuación: Elegibilidad, la selección por los asistentes sociales y la autoselección de participantes potenciales.

En Alemania, la elegibilidad requiere que el participante potencial tenga derecho a o reciba pagos de subsidio de desempleo. Además, debe tener un título profesional del sistema de aprendizaje alemán o del sistema de educación superior o una mínima cantidad de experiencia laboral en alguna profesión. Controlamos por estos factores por el uso de variables de educación, los historiales de empleo individuales y las entradas en el registro de pago de subsidios.

Habitualmente, es el asistente social, pero puede ser también el propio desempleado quien propone participar en formación para mejorar sus expectativas de empleo. En cualquier caso, el desempleado debe solicitar la participación antes del comienzo del programa. El asistente social decide si será admitido o no. No hay una legislación al respecto y los asistentes sociales tienen una considerable capacidad de decisión. Habitualmente, el asistente social decide consultando con el participante potencial si participa o no y si, en caso afirmativo, que clase de programa de formación sería apropiado basándose en la valoración de las expectativas de empleo y la necesidad de cualificación específica del desempleado. De acuerdo a la legislación alemana, los asistentes sociales tienen que tener en cuenta las posibilidades del desempleado de completar con éxito un programa específico y la situación del mercado laboral local. Las variables que capturan información sobre las expectativas de empleo y posibilidades de completar con éxito el programa incluyen la edad, la educación alcanzada, el estado civil e historial laboral incluyendo información sobre los empleadores anteriores, ingresos, puesto de trabajo, ocupación específica e industria. Además, nuestros datos contienen información detallada regional que nos permite controlar por las condiciones de los mercados laborales locales mediante el uso de variables ficticias regionales y tasas locales de empleo. Además, dado que el desempleo crece durante 1993 y 1994 y la participación muestra un patrón variante, condicionamos en el mes de comienzo del programa para eliminar efectos estacionales o de ciclo.

Desde el punto de vista de los desempleados, su decisión de participar o no en un programa está guiada por consideraciones muy similares a las del asistente social. Hay, sin embargo, razones adicionales para entrar o no en un programa. Si, por ejemplo, el desempleado no ve posibilidades de encontrar un empleo en cualquier caso, con o sin programa, puede preferir no entrar en un programa que reduce su tiempo de ocio. Esto de nuevo requiere controlar por todos los factores que determinan las expectativas de empleo individual y las condiciones del mercado laboral. Además, la legislación proporciona incentivos bastante fuertes para participar en formación patrocinada por el gobierno. Por un lado, los desempleados que renuncian a participar en un curso de formación se arriesgan a perder sus subsidios. Por otro lado, los períodos en que los desempleados reciben subsidios mientras participan en un programa de formación cuentan para la adquisición de derechos a cobrar el subsidio. Por tanto, hemos construido variables que indican el derecho a percibir UB al comienzo y al final de un período.

Aunque esta es mucha más información de la que habitualmente está disponible en estudios que se basan en la IC (Ej. Heckman and Smith, 1999; Brodaty, Crépon and Fougère, 2001; Larsson, 2003; Dorsett, 2005), hay algunos factores potencialmente importantes de los que carecemos. A diferencia de Gerlin y Lechner (2002) o Sianesi (2004), no hay información directa sobre la valoración del asistente social sobre las características y expectativas del desempleado, por ejemplo respecto a la motivación y habilidades. Además no observamos cosas como estancias en la cárcel e historial médico. Para estas variables, tenemos que basarnos en sus efectos indirectos, por ejemplo en sus efectos sobre el empleo e historial de ingresos que se han materializado en el pasado. Dado que con nuestros datos podemos observar hasta 20 años del empleo previo al tratamiento e historiales de ingresos de las personas de nuestra muestra de evaluación, confiamos en que capturaremos estos efectos suficientemente bien.

X.4.2 Emparejamiento

Todos los posibles estimadores paramétricos, semi y no paramétricos de efectos de tratamientos están implícitamente o explícitamente construidos sobre el principio de que para cualquier comparación de dos programas, para cualquier participante en uno de esos programas necesitamos una observación de comparación en el otro programa con las mismas características en relación a todos los factores que influyen conjuntamente en la selección y el resultado (Ver la sección 4.1 para estas variables). Aquí, usamos puntuación de propensión al emparejamiento (propensity score matching) para múltiples tratamientos para producir estas comparaciones. Una clara ventaja de estos estimadores es que son esencialmente no paramétricos y que permiten el efecto de heterogeneidad individual arbitraria (ver Heckman, LaLonde y Smith, 1999, para emparejamiento con tratamiento binario, e Imbens, 2000 y Lechner, 2001, para múltiples tratamientos; Imbens, 2004, proporciona un excelente resumen de la literatura sobre recientes avances en este campo). Cerfin y Lechner (2002) y Larsson (2003) han usado este estimador, entre otros muchos.

Corregimos por la selección en los diferentes grupos de tratamiento basados en un modelo multinomial probit que se estima por máxima verosimilitud simulada. Usamos las estimaciones de las probabilidades de elección condicionadas en X (los llamados propensity scores) para formar nuestros grupos de comparación. Además de los propensity scores, incluimos como variables de emparejamiento el sexo y la fecha de comienzo del programa así como tres variables ficticias que indican si se observa al participante empleado en 12, 24 y 36 (Este) / 48 (Oeste) meses antes del programa para asegurar que emparejamos correctamente en estas importantes variables. Sin embargo, excluyendo todas las variables de emparejamiento excepto el sexo, o añadiendo la duración transcurrida del desempleo antes del programa no cambia los resultados cualitativos que obtenemos del resultado de la formación.

Para permitir mayor precisión cuando muchas "buenas" observaciones de comparación están disponibles incorporamos la idea de calliper o emparejamiento por radio (radius matching) (Ej. Dehejia y Wahba, 2002) en el algoritmo estándar. Además, incrementamos la probabilidad de emparejamiento explotando el hecho de que las regresiones ponderadas apropiadas que usan las ponderaciones muestrales del emparejamiento tienen la llamada propiedad de doble robustez. Esta propiedad implica que el estimador continua siendo consistente si tanto el paso de emparejamiento está basado en una selección del modelo correctamente especificada, o que el modelo de regresión está correctamente especificado (Ej. Rubin, 1979; Joffe, Ten Have, Feldman y Kimmel, 2004). Además, este procedimiento debería reducir los sesgos de muestra pequeña así como el sesgo asintótico de estimadores de emparejamiento (véase Abadie e Imbens, 2006) y por tanto, incrementar la robustez del estimador en esta dimensión también.

X. 5 Resultados

X.5.1 Medida de resultados en el mercado laboral

De acuerdo con la legislación alemana uno de los objetivos de las políticas activas del mercado laboral es incrementar las posibilidades de reentrada en el empleo y reducir las probabilidades de mantenerse en el desempleo. Por tanto, unas variables de resultado importantes son aquéllas relativas a la situación laboral, como el desempleo registrado y varios tipos de empleo[9]. Algunos tipos de empleo requieren cierta calidad, aproximada por ejemplo por la duración del empleo y los ingresos comparados al trabajo anterior. Además, los ingresos brutos se consideran una medida bruta de la productividad individual.

Todos los efectos están medidos al comienzo del mes en que el programa comienza (con fechas simuladas para no participantes). Fijándonos en el comienzo en lugar del final se descarta que programas parezcan exitosos simplemente porque mantienen ocupados a sus participantes haciéndolos permanecer en el programa.

[9] Aquí, "desempleo registrado" se refiere a todos los individuos que reciben UB o UA o participan en un programa de formación.

Consideramos que un programa es principalmente exitoso si todo el mundo lo dejaría por un "buen" empleo inmediatamente después de comenzar la participación. En cualquier momento que una persona participa en un programa es considerada como un desempleado registrado (y no empleado).

X.5.2 Efectos medios para el Este y Oeste de Alemania

La figura 2 muestra estimaciones mensuales de los efectos de diferentes programas (comparados con otros estados) para los participantes en el programa correspondiente (ATET) para el *empleo.* Una línea por debajo de cero indica que el programa tiene efecto positivo relativo al estado asociado con esa línea particular. En otras palabras, una línea por debajo de cero son buenas noticias para la aparición del programa en la cabecera del gráfico respectivo y malas noticias para el asociado con la línea particular. Sólo se muestran los efectos significativos al 5%.

Los gráficos sugieren que todos los programas tienen algún efecto cerrojo negativo (lock-in eftect en la terminología de Van Ours, 2004) debido a la reducida búsqueda de empleo o recepción de ofertas de empleo durante la participación en el programa. La magnitud y permanencia de la ocurrencia de este efecto negativo depende mucho de la duración del programa, siendo de aproximadamente 2-3 años para *mejora de la formación,* 8-18 meses para *formación larga* y 3-6 meses para *formación corta.* Sin embargo estos efectos cerrojo son mayores y duran más para participantes del Este que del Oeste. Pero nótese que dado que no podemos distinguir entre empleo subvencionado y no subvencionado a corto plazo y que el empleo subvencionado es sustancial en Alemania del Este, los efectos cerrojo que están presentes en las figuras de Alemania del Este pueden deberse a que los no participantes y los participantes en formación corta se mueven a programas después del (hipotético) comienzo del programa.

A pesar de los mayores efectos cerrojo, la formación larga y la mejora de formación más pronunciada muestran efectos positivos en el empleo comparados con la no participación de aproximadamente el mismo la misma magnitud, 5-10%, en el medio y largo plazo. Para la formación corta también encontramos efectos positivos sobre el empleo que son incluso mayores para los participantes de Alemania del Este (10-20 puntos %) que para los de Alemania del Oeste. Las comparaciones entre programas muestran que la mejora de la formación domina a todos los demás programas en Alemania del Oeste y no sólo para participantes en mejora de la formación, sino también en otros programas. En Alemania del Este, la mejora de la formación también habría sido más beneficiosa para participantes en formación larga.

Figura 2: Diferencias en las tasas de empleo (puntos %) para los 36 meses tras el comienzo del programa.

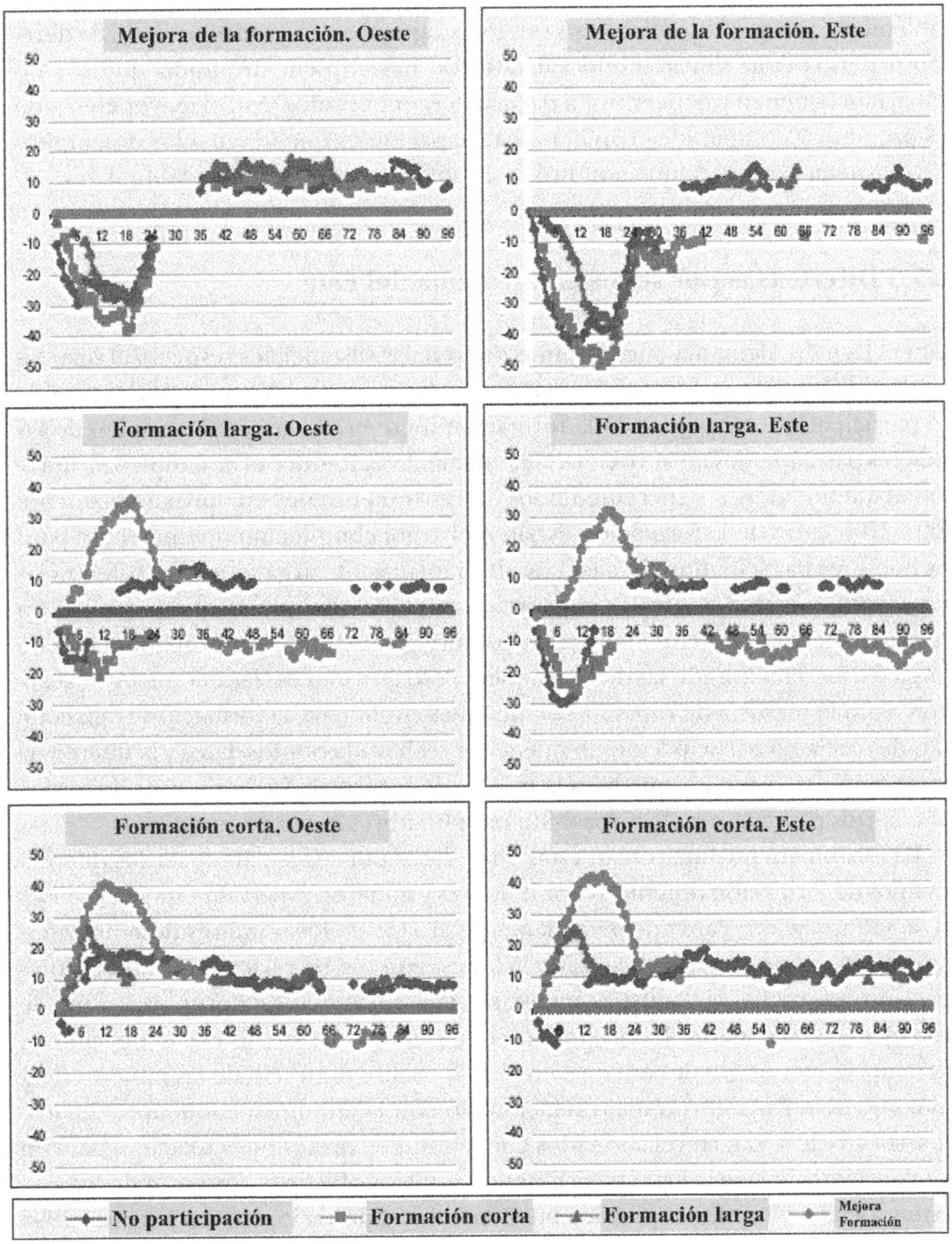

Nota: Sólo aparecen los efectos que son significativos al 5%.

Al menos desde el punto de vista del sistema de seguro de desempleo, considerando la variable resultado registrada, el desempleo es irrelevante. Encontramos que ninguno de los programas domina a la no participación sistemáticamente, probablemente porque la participación en los programas aumenta el período de derecho a percepción del máximo subsidio de desempleo, de modo que los no trabajadores tienen un incentivo a permanecer registrados. Así, el mayor efecto de los programas comparados con la no participación es que llevan a los desempleados de vuelta al empleo que, en otro caso, abandonarían la fuerza laboral.

X.5.3 Diferencias por sexos en Alemania del Este

Para el Este de Alemania encontramos diferencias sustanciales respecto al sexo y a los dos programas de formación más largos (ver Cuadro IV). Comparada con la no participación, la mejora de la formación incrementa la tasa de empleo de las mujeres participantes en aproximadamente un 25%. Reduce el desempleo en aproximadamente un 8% e incrementa los ingresos mensuales en aproximadamente 400 . La mejora de la formación es, sin embargo, completamente inefectiva para los hombres participantes. Los efectos de la formación larga muestran diferencias por sexos también. Los efectos negativos para el mes 96 indican que participar en formación larga realmente daña a los hombres reduciendo sus probabilidades de empleo e incrementando las de desempleo. Pero este mes es claramente una excepción. Para la mayoría de otros meses, un efecto nulo para la formación larga comparada con la no participación no puede ser rechazada por los datos y la diferencia hombre-mujer es menor que para la mejora de la formación. Los cursos de formación cortos parecen ser efectivos tanto para hombres como para mujeres.

La razón para que aparezcan estas diferencias por sexos parece ser los diferentes tipos de formación obtenidos por hombres y mujeres, especialmente en la mejora de la formación. Para aproximadamente el 71% de los hombres desempleados la profesión objetivo en la mejora de la formación estaba relacionada con la construcción (en particular, trabajos manuales), mientras que esta proporción fue de sólo el 5% para mujeres. La proporción de hombres en este tipo de ocupación en las ocupaciones originales era de sólo el 11%. Sobre un tercio de las mujeres tenían como objetivo algún trabajo relacionado con la administración, aproximadamente otro 20% estaba relacionados con la salud, y profesiones relacionadas con la educación y sociales. Estas elecciones de trabajos objetivos por parte de los asistentes sociales y los desempleados pueden haber sido racionales en los años 1993 y 1994 cuando la mayoría de destinos para hombres y mujeres mostraban tasas de desempleo en la media o por debajo de ésta. Sin embargo, la predicción a largo pla-

Cuadro IV

Efectos ocho años después del comienzo del programa por sexos

Tratados	Obs.		Comparación	Obs.		Empleo No subsidiado		Desempleo		Ingresos	
	M	W		M	W	M	W	M	W	M	W
Formación corta	98	160	No participantes	1.252	1.888	**20,7***	**11,7**	-9,2	2,6	**355***	**190**
Formación larga	159	292	No participantes			**-11,2**	**11,0***	**16,7***	1,7	-96	**228***
Mejora formación	232	161	No participantes			0,8	**25,5***	2,3	*-8,3*	4	**386***
Formación corta	98	160	Formación larga	159	292	13,7	-2,8	-11,1	4,2	142	-79
Formación corta			Mejora formación	232	161	-0,8	**-17,5**	0,1	3,5	-84	-275
Formación larga	159	292	Mejora formación			1,5	**-19,5***	12,4	8,4	227	*-199*
Formación larga			Formación corta	98	160	0,7	3,2	7,2	-9	16	136
Mejora formación	232	161	Formación corta			-11,1	13,7	5,6	**-23,3***	-154	198
Mejora formación			Formación larga	159	292	7,9	3,4	-5,7	**-10,9**	80	-16

Nota: Los números en negrita indican significatividad al 5%, los números en *cursiva* indican significatividad al 10%. Las celdas en gris indican que la diferencia entre los dos efectos estimados es significativa al 5%. M:men (hombres). W: women (mujeres). Los resultados están basados en estimaciones en las diferentes submuestras (incluyendo la estimación MNP, Multinomial Probit) para hombres y mujeres. Dado que los efectos para hombres y mujeres basados en la estimación común del modelo MNP muestran un efecto de la heterogeneidad considerable, parece posible que se requiera mayor flexibilidad cuando se estima la decisión de participar en un programa. Por tanto, estimamos modelos MNP para hombres y mujeres separadamente, pero no encontramos diferencias significativas en los efectos comparados con el modelo de un MNP común.

zo para los hombres ha pasado a ser muy mala debido a la caída en el sector de la construcción en la segunda mitad de los 90 –justo en el momento en que la mayoría de los formados completaron su programa. En 2002, las tasas de desempleo en las profesiones relacionadas con la construcción fueron de aproximadamente el 30% comparadas con la aún alta tasa de alrededor del 22% en Alemania del Este. Por el contrario, las mujeres fueron más afortunadas. Las tasas de desempleo en la mayoría de sus profesiones objetivo estaban aún por debajo de la media en 2002.

X.5.4 Efectos Netos para Alemania del Oeste

La Figura 2 muestra que hay costes indirectos de los programas en términos de los efectos iniciales negativos que se deben principalmente a un cerrojo, esto es, una probabilidad baja de encontrar empleo durante la participación en un programa. Un primer paso de un análisis coste beneficio es comparar los efectos negativos iniciales con los efectos positivos que pueden ocurrir después. Para hacer esto acumulamos los efectos en el tiempo, empezando por el primer mes del programa[9]. El Cuadro V muestra los resultados. Encontramos que, desde esta perspectiva, la *formación corta* es el programa más atractivo. Los programas cortos tienen sólo un pequeño efecto cerrojo, y así sus efectos positivos se acumulan mucho más tiempo, sugiriendo una ganancia de aproximadamente 9 meses de empleo sobre los ocho años siguientes al comienzo del programa comparado con la *no participación* y una ganancia correspondiente de casi seis meses comparado con *mejora de la formación.* Un patrón similar se da para *formación larga* comparada con *no participación,* pero los niveles de los efectos son en cierto modo diferentes. Para la mejora de la formación, ocho años no son suficientes para recuperar completamente el efecto cerrojo inicial y crear un efecto positivo significativo (comparado con todos los programas y no participación). Suponiendo una tendencia continua, parece probable que los efectos positivos aparezcan tras diez años aproximadamente, pero por supuesto esta proyección es una especulación. En cualquier caso, tras diez años para participantes en mejora de formación es imposible concluir cuál de los esquemas disponibles sería más efectivo para ellos. Para los ingresos acumulados, que muestran un patrón similar al empleo acumulado, hay, sin embargo, una ganancia positiva y significativa de aproximadamente 10000 € para la mejora de la formación comparado con la no participación (son descontar). Para la formación corta y larga la ganancia es de aproximadamente 20000 € y 15000 € respectivamente.

[10] Dado que antes del año 2000 no podemos distinguir entre empleo subvencionado y no subvencionado y dado que el empleo subvencionado es sustancial en el Este de Alemania, hacemos este análisis para el Oeste de Alemania sólo.

Cuadro V
Efectos acumulados estimados ocho años después del comienzo del programa

Tratados	Obs.	Comparación	Obs.	Empleo	Desempleo	Ingresos
Formación corta	503	No participación	6.964	**9,3***	-0,3	**21.604***
Formación larga	267	No participación	6.964	*4,9*	2,5	14.817
Mejora formación	386	No participación	6.964	0,4	**9,4***	*9.918*
Formación corta	503	Formación larga	267	**7,8**	-3	11.189
Formación corta	503	Mejora formación	386	**5,5**	**-9,4***	8.891
Formación larga	267	Formación corta	503	-4	3,7	-2.278
Formación larga	267	Mejora formación	386	1,2	**-5,8***	198
Mejora formación	386	Formación corta	503	-1,4	**6,2***	810
Mejora formación	386	Formación larga	267	2,7	1	-4,452

Nota: Los números en **negrita** indican significatividad al 5%, los números en *cursiva* se refieren a la significatividad al 10% y * al 1%.

Respecto al desempleo registrado, incluso después de ocho años todos los programas excepto la formación corta incrementan la duración de la recepción de subsidios comparado con la no participación. El incremento debido a la mejora de la formación es de aproximadamente nueve meses y tres meses (aunque no significativo) para la formación larga. Estos números señalan el hecho de que el efecto del empleo positivo y sostenible (y los ingresos) de la mejora de la formación vienen a un coste considerable.

X.6 Conclusión

Para una muestra de parados de Alemania del Este y del Oeste que entran en formación patrocinada por el gobierno en 1993 y 1994 estimamos los efectos a corto, medio y largo plazo de diferentes tipos de formación sobre el empleo, el desempleo e ingresos sobre sus participantes. Estos programas difieren considerablemente tanto en la forma y la intensidad de la inversión en capital humano así como en su respectiva duración. Los datos administrativos que usamos son particularmente ricos lo que nos permite corregir por la selección por métodos de emparejamiento que tienen en cuenta múltiples tratamientos y que miden interesantes variables de resultado en base mensual para un período de ocho años después de la entrada en el programa.

Similar a anteriores estudios (e-g. Fitzenberger y Speckesser, 2005; para Alemania; Lechner y Gerfin, 2002; para Suiza; Jespersen, Munch y Skipper, 2004, para Dinamarca), encontramos efectos negativos (cerrojo) sobre el empleo cuya magnitud y duración de ocurrencia están directamente relacionados a la duración de los programas para todos los tipos de programas tanto para el Este como el Oeste de Alemania. Para programas del Este de Alemania estos efectos cerrojo son, sin embargo, mayores y duran más tiempo. A largo plazo después de aproximadamente tres años todos los programas incrementan las tasas de empleo y los ingresos. La mejora de la formación, que envuelve la más sustancial inversión en capital humano domina a todos los otros programas así como a la no participación. La ganancia en la probabilidad de empleo sobre la no participación es de aproximadamente el 10% tanto en el Este como en el Oeste a pesar del efecto cerrojo mayor para los programas del Este de Alemania. Esto se mantiene no sólo para los participantes en mejora de la formación sino también para los participantes de otros programas si hubieran participado en la mejora de la formación. La formación larga domina a la no participación con una ganancia similar tras ocho años pero los efectos son menos pronunciados durante algunos meses. En Alemania del Oeste la formación corta muestra una ganancia similar en el empleo mientras que en el Este es algo mayor que para los otros programas (cerca de un 15%).

El resultado general de los efectos positivos en el empleo a largo plazo es sin embargo no del todo cierto para los hombres del Este de Alemania que participan en formación larga o mejora de la formación. Al menos parte de la explicación para estos efectos negativos es que los asistentes sociales en Alemania del Este malinterpretan seriamente las demandas futuras de habilidades para los hombres. Ellos tendían a mejorar la formación de los desempleados hombres hacia ocupaciones en el sector de la construcción (cerca de un 70% de los participantes en mejora de la formación) que experimentó un boom durante esos años. Desafortunadamente, pronto después de que los cursos terminaran, el boom se volvió una depresión y las bendiciones de haber obtenido fondos abundantes para la formación profesional larga se volvieron un problema para sus participantes. Estos resultados apuntan a la importancia de corregir los objetivos de la formación y otras medidas de Políticas Laborales Activas, lo que es, por supuesto, particularmente difícil en una economía que cambia rápidamente.

Fijándonos en el comportamiento total en el período de ocho años, esto es sumando los efectos positivos y negativos en el tiempo, los resultados cambian en cierto sentido, debido a que los diferentes programas muestran muy diferentes efectos cerrojo. En esta comparación, que sólo está disponible para el Oeste de Alemania, programas más cortos (hasta seis meses de duración) superan al resto. Comparados con la no participación, la ganancia tras ocho años debería ser de aproximadamente nueve meses de empleo adicional. Es de cerca de seis meses más para cursos de formación más largos que la mejora de formación. Para la mejora de formación el efecto inicial cerrojo es tan grande que un período de ocho años es demasiado corto para permitir efectos significativos detectables, aunque hay una clara tendencia hacia los efectos positivos totales. La mejora de la formación es también costosa en términos de pagos de seguro de desempleo dado que incrementa el desempleo en cerca de nueve meses en el período de ocho años.

XI Formación de nuevos hogares y el acceso al crédito.[1]

Nuno Martins
Universidade Catolica Portuguesa

Ernesto Villanueva
Banco de España

XI. 1 Introducción

La tasa de formación de nuevos hogares entre los países de la OCDE varía sustancialmente entre países. Mientras que en torno al 70% de los jóvenes españoles, italianos o portugueses entre 18 y 30 años vivían con sus padres en 1997, la cifra en Estados Unidos o en los países del Norte de Europa está por debajo del 50%.[2] Este retraso en la formación de nuevos hogares tiene consecuencias para la política

[1]Agradecemos los comentarios y sugerencias de los participantes en la Conferencia sobre Políticas Públicas en la Universidad Pablo de Olavide en diciembre de 2005. Todas las opiniones contenidas en este artículo representan meramente las de sus autores y no reflejan necesariamente las del Banco de España.

[2] Varios autores han estudiado las diferencias en la tasa de formación de nuevos hogares. Sin ánimo de ser exhaustivo, entre otros, Manacorda y Moretti (2006), Becker et al. (2005), Ermish y DI Salvo (1997), Martinez-Granado y Ruiz-Castillo (2002), Iavocou (2001), Billari et al. (2001), Jurado-Guerrero (1999) o Martins y Villanueva (2006c). Para Estados Unidos, hay muchos trabajos que examinan cómo depende la formación de un nuevo hogar de la renta del/la joven (Rosenzweig y Wolpin, 1993, 1994), Card y Lemieux (2000) o Aasve et al. (2002)

económica. En primer lugar, vivir con los padres restringe los mercados de trabajo a los que los jóvenes pueden acceder en las etapa de su vida en las que los individuos son más móviles en el mercado de trabajo - Neal (1999). En segundo lugar, España o Italia han experimentado una caída importante de las tasas de natalidad. Dado que en estos países la formación de un nuevo hogar por parte de los jóvenes, el matrimonio y la decisión de tener un/a hijo/a están fuertemente correlacionadas, entender los determinantes de forman un nuevo hogar ayuda a entender los determinantes de la fecundidad. En tercer lugar, hay mucha literatura sobre cómo miembros de una familia extendida se aseguran entre ellos frente choques de renta (Haider y McGarry, 2005). Si retrasar la formación de un nuevo hogar depende de variables como el coste del crédito, podemos entender cómo los hogares reaccionante el riesgo de caer en la pobreza. Finalmente, la cohabitación entre padres e hijas puede explicar variables como la tasa de ahorro de una economía (Alessie et al., 2005).

Este resumen describe los principales resultados de un artículo de Martins y Villanueva (2006a) en el que analizamos si las diferencias en la tasa de formación de nuevos hogares está relacionada con diferencias en el acceso al mercado de deuda. La razón de analizar el papel del mercado de deuda es que varios trabajos previos han documentado que los mercados de deuda hipotecaria en varios países del Sur de Europa están relativamente poco desarrollados.[3]

En este estudio utilizamos un caso de estudio en Portugal. En 1986, Portugal implementó un programa público llamado *Crédito Bonificado,* dirigido a facilitar el acceso a la vivienda de grupos con niveles de renta media y baja. El programa conllevaba una serie de subvenciones al coste del crédito hipotecario, que dependían inversamente de la renta de los hogares subvencionados. Como consecuencia de varias reformas entre 1998 y 2002, el coste de las hipotecas de los jóvenes que accedían al programa se elevó para grupos de la población fácilmente identificables. Una reforma en 1998 introdujo un tope (a nivel nacional) en el valor de la casa que se podía financiar utilizando el programa. Si el precio de la casa adquirida excedía el tope tan sólo en un escudo, el individuo dejaba de cualificar para el programa. En 2002, y como parte de una serie de medidas encaminadas a reducir el gasto público, se canceló el programa. Las reformas sugieren una estrategia de identificación: si la formación de un hogar depende del coste del crédito, la introducción de un tope en el coste de la vivienda afectará sobre todo a los jóvenes que quieran formar un hogar y vivan con sus padres en una zona donde el precio de la vivien-

[3] Chiuri y Jappelli (2006), Del Boca y Lusardi (2004), o Guiso y Jappelli han documentado evidencia similar. Otros trabajos que examinan el papel del coste de la vivienda en la formación de nuevos hogares son Haurin y Hendershott, Laferrére y LeBlanc o Martinez-Granado y Ruiz-Castillo.

da era muy alto antes de la reforma (por ejemplo, Lisboa). Por el contrario, la cancelación afectaría sobre todo a aquéllos jóvenes que viven en zonas *baratas*, menos afectados por la reforma de 1998. En Martins y Villanueva (2006a, 2006b), utilizamos varias encuestas de población e información de uso del crédito para contrastar si la formación de nuevos hogares entre 1997 y 2004 resultó afectada por la fluctuación en el coste del crédito ocasionada por las reformas del programa *Crédito Bonificado*. Este resumen repasa los resultados principales de la reforma de 1998.

Este resumen contiene 5 secciones. La sección 2 compara la probabilidad de formar un hogar y de adquirir una hipoteca en varios países de la Unión Europea. La sección 3 detalla las características del programa *Credito Bonificado* y cómo puede haber afectado a la decisión de endeudarse y de formar un nuevo hogar. La sección 4 describe los datos y la especificación empírica y la sección 5 muestra los resultados principales. La sección 6 discute la magnitud del coeficiente, y la sección 7 concluye.

XI. 2 La formación de un nuevo hogar en Europa

El Cuadro I muestra tabulaciones indicando la probabilidad de formar un hogar (columna 1), la forma de propiedad de quien forma el hogar (columnas 2, 4 y 5) y la probabilidad de adquirir la propiedad y endeudarse entre jóvenes entre 18 y 35 años que forman un nuevo hogar. Para confeccionar el Cuadro hemos utilizado una muestra de jóvenes nacidos entre 1958 y 1977 contenidos en el Panel de Hogares de la Unión Europea.

Consideramos que hay tres hechos estilizados que emergen del Cuadro I. En primer lugar, la columna 1 del Cuadro I documenta un hecho bien conocido: la probabilidad de formar un hogar es mucho más alta en los países del N. de Europa que en los del Sur. En segundo lugar, los jóvenes en el Sur de Europa tienen una mucha mayor probabilidad de formar un hogar como propietarios de la casa en la que viven que como arrendatarios. Finalmente, entre aquellos jóvenes que forman un nuevo hogar como propietarios, menos jóvenes lo hacen adquiriendo una hipoteca en el Sur de Europa que en el Norte. Por ejemplo, mientras que entre los jóvenes británicos que forman un nuevo hogar adquiriendo la casa en propiedad un 96% financia la compra con una hipoteca, la misma proporción en España o Portugal no llega a un 80% y es mucho más baja en Italia (en torno al 30%). Estos hechos estilizados sugieren que el mercado de crédito puede jugar un papel importante en la decisión de formar un hogar.

XI. 3 Un caso de estudio: el programa *Crédito Bonificado*

En 1986, el Gobierno portugués implementó un programa llamado *Crédito Bonificado* (CB), un programa diseñado para promover el acceso a la vivienda de jóvenes con rentas relativamente bajas en un momento en el que los tipos de interés eran muy elevados. Este programa consistía en una serie de reducciones directas de la carga financiera de la hipoteca para la persona que adquiría la hipoteca, ya que el Estado pagaba la cantidad subsidiada directamente al banco prestatario, sin necesidad de que se hiciera un pago previo. Sólo aquéllos jóvenes cuya renta antes de impuestos cayese bajo un nivel mínimo y no tuvieran una hipoteca pendiente podían solicitar una hipoteca subvencionada por el programa. La cantidad prestada no podía exceder el valor total de la casa, y una persona que adquiriese una casa subsidiada no podía venderla durante un periodo de 5 años (a no ser que la venta fuese motivada por necesidad de cambiar de empleo).

El subsidio se otorgaba directamente por el Ministerio Portugués de Finanzas a la institución prestataria y su monto dependía inversamente de la renta declarada (tras un ajuste por el tamaño de la familia del solicitante). Durante los primeros dos años de la vida del préstamo, si el/la solicitante tenía un nivel de renta que quedara bajo 3.25 veces el salario mínimo anualizado, el subsidio era de 44% de la parte de la carga financiera que reembolsaba el tipo de interés (el reembolso del principal no estaba subsidiado). Durante los tres años siguientes (del 3º al 5º), la cantidad subsidiada decaía en un 1% cada año: del 43% al 41%. Tras el 6º año, el subsidio caía a una tasa del 2% cada año hasta desaparecer. En Martins and Villanueva (2005) ponemos ejemplos que sugieren que una persona que hubiese obtenido el mayor subsidio, hubiese firmado una hipoteca de 25 años de duración a un tipo de interés del 8% pagaría 24% menos que una persona que hubiese firmado la misma hipoteca sin el subsidio. Una persona con el segundo subsidio más alto (si su renta estaba entre 3.25 y 3.5 veces el salario mínimo) experimentaría una caída del 16% en su corriente de pagos. Finalmente, los subsidios tipo III (entre 3.5 veces y 4 veces el salario mínimo) y IV (4 y 4.25 veces el salario mínimo) experimentarían caídas de el 8 y 4%, respectivamente.

En el último trimestre de 1998, el gobierno portugués implementó una reforma sustancial del programa, alegando dos razones fundamentales: los tipos de interés habían caído (el tipo nominal medio de una hipoteca había pasado de 20% a finales de los 80 a 8% en 1998), y el Gobierno necesitaba racionalizar el gasto público. Por ello, a partir de la entrada en vigor de la ley, las personas que solicitaran el programa debieran satisfacer el requerimiento de renta mínima y un nuevo requisito: el precio de la nueva casa no debiera exceder un tope nacional. El tope dependía de la renta del solicitante y pero no del lugar de residencia. Por ejemplo, una pareja recién casada cuya renta conjunta estuviese por debajo de 3.25 veces el salario mínimo anualizado podría sólo beneficiarse de la subvención si la casa adquirida costase (oficialmente) menos de 68,585 euro (euros de 1998, alrededor del percentil 60 de la distribución del precio de las casas que personas con niveles similares de renta tenían en 2002). Como se mencionó anteriormente, si la pareja hubiese optado por una casa de 68,586 euros, no hubiesen obtenido subsidio alguno. La reforma se hizo efectiva en marzo de 1999, y la denominamos a partir de ahora la reforma de 1999.

XI. 4 Datos

Utilizamos para el análisis una muestra que enlaza datos de Inquerito ao Emprego (IE, Encuesta de Empleo) y datos administrativos de deuda entre 1998 y 2001. Cada vez que una entidad autorizada otorga un préstamo a un hogar, la ley requiere que transfiera la información (incluyendo la evolución posterior del préstamo) a el Banco de Portugal. La base de datos resultante es la *Central de Risco de Credito* (CRC). El Banco de Portugal enlazó las respuestas a las encuestas entre 1998 y 2001 del IE con datos del CRC entre 1995 y 2002 utilizando variables como la región de residencia (NUTS-III), la fecha exacta de nacimiento y el sexo del individuo. Inferimos que hay un nuevo préstamo cuando la cantidad de deuda ha aumentado en 5,000 euros en cualquier trimestre entre 1997 y 1999 (para individuos entrevistados en el IE antes del 2000), o en cualquier trimestre entre 2000 y 2002 (individuos entrevistados en el IE después del 2000). La razón de escoger estos intervalos temporales es que firmar un nuevo préstamo es un evento que ocurre con probabilidad baja, de modo que necesitamos horizontes temporales amplios (de dos años antes o después de la reforma) para obtener probabilidades significativas de observar un nuevo préstamo. Dado que los trimestres de 1999 son dudosos (no sabemos bajo qué régimen se firmaron los préstamos), hemos evitado incluir los tres últimos trimestres de 1999 en el análisis.

Utilizamos una muestra de jóvenes que viven con sus padres en el IE. Inferimos que una persona vive con sus padres si es hijo/a, nieto/a del cabeza de familia, definido como la persona que aporta la mayor cantidad de renta al hogar (en la práctica, hemos encontrados pocos casos de jóvenes que sean los que mayor cantidad de renta aportan al hogar). Obtenemos información sobre si un nuevo hogar se ha formado explotando el hecho de que el IE tiene un componente de panel limitado. Por construcción de la encuesta, no podemos saber qué ocurre cada vez que una persona deja un hogar entrevistado por el IE (ya que el IE entrevista direcciones de domicilio, no hogares). Por lo tanto, inferimos "emancipaciones" del siguiente modo indirecto: examinamos para el subconjunto de hogares que permanecen dos trimestres consecutivos en la muestra, si cada joven que es miembro del hogar en el primer trimestre sigue siéndolo en el segundo. Cuando el hogar paterno está en dos periodos consecutivos, pero el/la joven no, inferimos que ha abandonado el hogar paterno para formar uno nuevo. Por lo demás, el IE tiene información útil para construir los determinantes de concesión de un préstamo subsidiado: renta laboral del joven, edad, estado marital y algunas otras características de interés, como la educación, empleo o tipo de trabajo. En concreto, utilizaremos una muestra de jóvenes empleados por cuenta ajena observados viviendo con sus padres en el primer trimestre en el que el IE visita al hogar.

Una variable clave en nuestro análisis es si los padres joven res viven en un área con precios bajos antes de la reforma. Idealmente, necesitamos información lo más aproximada posible. Utilizando el IE, hemos usado el "concelho", correspondiente a un nivel de desagregación territorial de NUTS-III (hasta 2001, el IE preguntó al cabeza de familia en qué "concelho" vivía el año anterior). Hay 311 "concelhos" en Portugal, con una extensión mediana de 501 kilómetros cuadrados. Para obtener información del precio medio en el "concelho" en 1998, hemos combinado medidas regionales de precios (a nivel de "Concelho") que la Instituto Nacional de Estadística Portugués recogió en 2001 y medidas de inflación en el precio de las casas en algunos concelhos recogidos por una agencia inmobiliaria entre 1995 y 2001 *(Confidencial Inmobiliario)*. El Cuadro II muestra las medias, desviaciones típicas, mínimos y máximos de la muestra. Como era de esperar, la probabilidad de firmar un préstamo en un periodo de dos años aumenta con la renta del individuo (3.8% entre los individuos que cualifican para el subsidio mayor y 9.79% entre los individuos con rentas mayores que 4.25 veces el salario mínimo anual, que no cualifican para el programa).

XI. 5 Metodología

El interés básico de este artículo es estimar la relación entre obtener una hipoteca y salir de casa de los padres. Para estimar dicha relación, usamos un Probit bivariante, que permite que ambas decisiones sean simultáneas. El modelo está identificado por dos formas. La primera es forma funcional. La segunda es lo que consideramos la clave de identificación y es la siguiente variable: una interacción triple entre las siguientes variables dicotómicas: cualificar para el programa, vivir en una zona cara y observación tras 1999. Usando la muestra enlazada entre el IE y el CRC entre 1998 y 2001 estimamos el siguiente modelo:

$$debt^*_{ict} = \alpha_0 + \alpha_1 ELIG_i * HIGHPRICE_c * POST99_t + \alpha_2 ELIG_i * HIGHPRICE_c$$
$$+\alpha_3 HIGHPRICE_c * POST99_t + \alpha_4 ELIG_i * post99_t +$$
$$+\alpha_5 HIGHPRICE_c + \alpha_6 ELIG_i + \alpha_7 POST99 + \alpha_8 X_{it} + \varepsilon^{cores}_{ict}$$

$$leave\_nest^*_{ict} = \beta_0 + \beta_1 debt_{ict} + \beta_2 ELIG_i * HIGHPRICE_c$$
$$+\beta_3 HIGHPRICE_c * POST99_t + \beta_4 ELIG_i * POST99_t + \beta_5 ELIG_i$$
$$+\beta_6 HIGHPRICE_c + \beta_7 POST99 + \beta_8 X_{it} + \varepsilon^{cores}_{ict}$$

donde $debt^*_{ict}$ y $leave\_nest^*_{ict}$ son variables latentes que miden la propensión a pedir prestado y a formar un nuevo hogar, respectivamente. $ELIG_i$ es una variable dicotómica que toma valor 1 si la persona cualifica para el programa. $debt_{ict}$ es una variable dicotómica que mide si $debt^*_{ict}$ es positiva. ε^{debt}_{ict} y $\varepsilon^{cores}_{ict}$ son variables inobservadas, distribuidas según una normal bivariante conjunta con varianza unitaria y correlación posiblemente distinta de cero. El sistema está identificado por el de que la triple interacción entre $ELIG_i$, $HIGHPRICE_c$ y $POST99_t$ sólo afecta a la formación de un nuevo hogar a través de la consecución de un préstamo. Esta estrategia atribuye a la reforma del programa *Crédito Bonificado* cualquier tendencia temporal en la probabilidad de endeudarse que haya afectado más a los elegibles en regiones de precio alto más que a los elegibles en regiones de precio bajo (y que no haya afectado de la misma manera a los jóvenes que no cualifiquen para el programa que vivan en zonas caras). Un supuesto identificador adicional es que esta tendencia diferenciadora no está correlacionada con ninguna otra variable que tenga un efecto directo en la formación de nuevos hogares y que sea distinta del programa.

El parámetro de interés es la diferencia media entre la probabilidad de dejar la casa de los padres si el joven obtiene un préstamo y si no lo hubiese obtenido. Estimamos este parámetro estimando para cada observación de la muestra la diferencia en la probabilidad de dejar el hogar y obtener un crédito (fijando $debt_{ict}$ en 1 en 1b) y la misma probabilidad a cero en 1b. La media muestral de esta diferencia es lo que llamamos el "efecto del tratamiento en los tratados" del impacto de conseguir una hipoteca en dejar el hogar.

Finalmente, y para obtener estimaciones más precisas incluimos variables adicionales X_{it}: renta y educación del hijo y renta y educación de los padres. Algunas especificaciones incluyen 14 indicadores de distrito para recoger el impacto de mercados de trabajos locales y del precio de la vivienda en el área local.[4]

[4] Los distritos incluimos son Aveiro, Beja, Braga, Evora, Faro, Vila Real, Coimbra, Leiria, Castelo Branco, Santarem, Lisboa, Porto, Portalegre, Setúbal y Viseu. No incluimos ni las islas, ni Guarda ni Bragança, con muy pocos créditos. El distrito de referencia es Lisboa.

XI. 6 Resultados

Esta subsección discute la evidencia en el Cuadro III, que contiene las especificaciones del modelo 1a y 1b. La columna 1 contiene la especificación básica, y las columnas adicionales introducen secuencialmente variables explicativas adicionales X. La columna 1 contiene un modelo en el que las únicas variables explicativas son, además de las interacciones saturadas de ser elegible, concelho de precio alto y post-99, un polinomio de segundo grado de la diferencia entre la edad del adulto y 25.

El estimador de la interacción entre $ELIG\_1_i$, $HIGHPRICE_c$ y $POST99$ en la ecuación de préstamos es –.617 (error estándar: .325). Para el grupo elegible para el segundo tipo de préstamos es –.841 (error estándar: .462). Rechazamos la hipótesis de que el primer (segundo) estimador sea significativamente igual a cero con nivel de confianza del 5.8 por ciento (6.9 por ciento). En la fila 1, columna 1 del Panel B del Cuadro III presentamos la estimación del impacto conseguir un préstamo sobre la probabilidad de formar un hogar. La estimación es de .824 (error estándar: .448), diferente de cero a un nivel de significación del 6.6 por ciento.

El efecto medio del tratamiento se muestra en el Cuadro III, Panel B, columna 1, fila 7, y es .089. Conseguir un préstamo aumenta la probabilidad de dejar el hogar en 8.9 puntos porcentuales por trimestre. Agregando a lo largo del año se obtiene el impacto de conseguir una hipoteca sobre la probabilidad de dejar el hogar en un año dado (fila 8, columna 1 del Panel B del Cuadro III). Un joven que consigue una hipoteca aumenta su probabilidad de formar un nuevo hogar por 33 puntos porcentuales.

En las columnas (2) - (5) incluimos secuencialmente la renta del joven adulto (tanto en la ecuación de conseguir un préstamo como en la de dejar el hogar) su nivel educativo, variables demográficas del padre e indicadores de lugar de residencia (14 indicadores de distrito). Las estimaciones son algo más precisas cuando incluimos variables adicionales, y los de nuestra especificación preferida se muestran en la columna 3 del Cuadro III, que sugiere que un joven con una hipoteca tiene una probabilidad de dejar el hogar 34.8 puntos porcentuales que uno que no la tenga (fila 8, Panel B, columna 3 del Cuadro III). En general, los jóvenes que tienen una hipoteca tienen una probabilidad de formar un nuevo hogar que excede entre 30 y 50 puntos porcentuales la de los jóvenes que no la tienen.

XI.7 La magnitud del coeficiente

Esta sección utiliza nuestra estimación para hacer un contrafactual: supongamos que la estimación del Cuadro III refleja la respuesta del evento "formar un nuevo hogar" al evento "conseguir una hipoteca" en cualquier hogar en Europa. En este caso, una manera de poner la estimación de 30 puntos porcentuales en perspectiva es: ¿Qué fracción de la varianza en la probabilidad de formar un hogar que queda documentada en el Cuadro I queda explicada por las diferencias en el acceso a las hipotecas?

Utilizamos para responder a esta pregunta el Panel de Datos de la Unión Europea. Usamos una muestra de jóvenes adultos de 10 países europeos, nacidos entre 1958 y 1986 y que vivían con sus padres en 1994. Seguimos a los/as jóvenes durante los años, y construimos indicadores de cuándo establecieron un nuevo hogar. Estimamos entonces un modelo lineal de probabilidad:

$$1(LEAVE=1|age,country)=\alpha_0+\sum_{i=1}^{i=9}\alpha_i COUNTRY_i$$
$$+\beta_1(age_i-25)+\beta_2(age_i-25)^2+u_{it}$$

α_1, ..., α_9 son indicadores del país en el que vive el joven, y miden la diferencia en las tasa media de probabilidad de formar un nuevo hogar entre jóvenes de 25 años (con respecto al caso de referencia de Bélgica) El siguiente modelo (3) incluye un indicador de pedir prestado $1(LOAN>0)$:

$$1(LEAVE=1|age,country)=\delta_0+\delta_1\,1(LOAN>0)+\sum_{i=1}^{i=9}\gamma_i\, COUNTRY_i$$
$$+\beta_1(age_i-25)+\beta_2(age_i-25)^2+u_{it}^1$$

donde restringimos δ_1 a tomar el valor que hemos estimado en la sección anterior. Para evaluar el papel de uso del mercado de crédito sobre la probabilidad de formar un nuevo hogar, comparamos la dispersión entre los indicadores de país en los modelos (2) y (3)., y atribuimos toda la diferencia en la distribución de los indicadores de país a diferencias en el acceso al mercado de crédito.

El Cuadro IV muestra los coeficientes de los parámetros de los modelos (2) y (3). La primera columna muestra el modelo (2) y la segunda el modelo (3) restringido a suponer que δ_1 es .34 (Cuadro III, Panel B, fila 8, columna 3). La dispersión en los indicadores de país disminuye de .0039 (Cuadro IV, Panel B, columna 1) a .00339 (Cuadro IV, Panel B, columna 2). La varianza de los indicadores de país es 16% menor cuando incluimos el indicador de endeudamiento que cuando no lo hacemos $(.16=1-\frac{.00339}{.0039})*100$. Usando la estimación de .51 – Cuadro III, Panel B, fila 7, columna 4 sugiere un mayor papel de los mercados de crédito: la varianza cae en un 20% $(.2=1-\frac{.00312}{.0039})*100$.

Por supuesto, estas estimaciones deben tomarse con cuidado, ya que los supuestos que hemos hecho para computarlas son fuertes. En primer lugar, suponemos que las estimaciones de la sección anterior aplican a todos los portugueses, mientras que el parámetro que hemos estimado aplica sólo a los tratados en el caso de los modelos lineales. En segundo lugar, hemos supuesto que los parámetros pueden extrapolarse a cualquier país de la Unión Europea, un supuesto que puede ser erróneo si la relación entre formación de un nuevo hogar y acceso al mercado de crédito depende de características específicas de cada país. Finalmente, el Panel Europeo contiene datos de hipotecas, y la muestra enlazada IE-CRC contiene datos de cualquier tipo de préstamo. No obstante, también cabe decir que la evidencia dedicada a estimar la dispersión en la varianza de tasas de formación de nuevos hogares utilizando regresiones agregadas a nivel de país sufre de otros sesgos no menos importantes. Con estas matizaciones en mente, nuestros resultados sugieren que la diferencia en el acceso al crédito tiene un papel importante a la hora de explicar las diferencias en la tasa de formación de hogares.

XI. 8 Conclusiones

Este artículo utiliza una muestra que enlaza datos de una encuesta de empleo con datos administrativos de deuda de los hogares para estimar el impacto causal de acceso al mercado de crédito sobre la formación de nuevos hogares entre los jóvenes. Para identificar cambios exógenos en el acceso al crédito utilizamos una reforma en un programa portugués que proporcionaba subsidios directos al endeudamiento de jóvenes con rentas medias y medias-bajas.

Encontramos dos resultados principales. Acceso al mercado de crédito aumenta la probabilidad de formar un hogar entre 31 y 54 puntos porcentuales. Combinando nuestra estimación-base con un panel de hogares internacional, encontramos que las diferencias en el acceso al crédito pueden explicar en torno al 20% de la variación en tasas de salida del hogar. Nuestros resultados también sugieren que los/as jóvenes se aseguran contra variaciones en el coste del crédito extendiendo la estancia en el hogar paterno.

Querríamos indicar tres líneas de investigación futura. La primera es explotar la relativamente rápida expansión de los mercados de crédito en los países de Sur- y Centro- Europa para estimar el impacto del acceso al endeudamiento sobre la probabilidad de contraer matrimonio, tener un hijo y la calidad del trabajo encontrado. La segunda línea de investigación consiste en analizar qué tipos de limitaciones en el mercado de crédito en Sur- y Centro Europa han frenado su desarrollo. La tercera línea consiste en investigar las razones que llevan a los jóvenes en el Sur de Europa a formar sus hogares mayoritariamente comprando una casa.

APENDICE: Cuadros

Cuadro I

Probabilidad de formación de un nuevo hogar

	Probabilidad de formar un nuevo hogar	Probabilidad de formar hogar y ser entrevistado por la ECHP	Régimen de tenencia en hogar de destino				Número de emancipaciones entrevistadas
			Propiedad	Propiedad y endeudado	Alquiler	Alquiler gratuito	
	(1)	(2)	(3)	(4)	(5)	(6)	(6)
Alemania	.110	.085	.12	83%	.81	.07	619
Dinamarca	.219	.161	.22	88%	.77	.01	180
Holanda	.164	.081	.25	96%	.73	.02	246
Bélgica	.112	.080	.18	93%	.75	.07	286
Francia	.136	.094	.12	82%	.81	.07	701
Reino Unido	.154	.115	.48	96%	.51	.01	427
Irlanda	.114	.041	.46	87%	.46	.07	396
Italia	.051	.045	.54	30%	.28	.18	1,066
Grecia	.07	.0388	.44	11%	.42	.12	381
España	.081	.044	.60	78%	.26	.13	861
Portugal	.065	.050	.52	69%	.246	.26	625

1. Fuente: Martins y Villanueva (2006a), datos del Panel de Hogares de la Unión Europea o ECHP
2. Adultos entre 18 y 35 años que viven con sus padres en 1994
3. Cada individuo contribuye una observación cada año mientras vive con sus padres.

Forman un hogar los jóvenes que transitan de un hogar en el que viven con sus padres a otro en el que no están presentes

5. Columnas (3), (5) y (6) son proporciones de la muestra de formadores de nuevo hogar que son entrevistados y suman 1.

Cuadro II

Estadísticos descriptivos, muestra enlazada IE_CRC (1998-2001)

	Total	Elegibles 1	Elegibles 2	Elegibles 3rd	No-elegibles + IV
Joven forma un hogar en el siguiente trimestre	.022 (.147)	.021 (.143)	.027 (.162)	.025 (.156)	.0261 (.159)
Joven adquiere un préstamo	.048 (.21)	.038 (.191)	.071 (.257)	.097 (.297)	.0979 (.297)
Cantidad endeudada inicial, si es positiva	35,614 (35,197)	36,556 (36,046)	39,665 (33,580)	44,408 (34,620)	36,947 (33,951)
Mujer	.437 (.49)	.436 (.49)	.37 (.48)	.43 (.50)	.49 (.50)
Edad	25.31 (4.76)	24.76 (4.75)	26.79 (3.99)	27.31 (4.09)	28.01 (4.20)
Ingresos anuales brutos	9290 (6297)	7263. (2,061)	12390 (1768)	14508 (2208)	21696 (12721)
No sabe leer	.016 (.126)	.019 (.134)	.014 (.12)	.002 (.045)	.001 (.035)
Completó estudios hasta sexto grado	.429 (.495)	.493 (.50)	.25 (.433)	.22 (.416)	.108 (.304)
Completó estudios primarios	.22 (.414)	.244 (.43)	.194 (.39)	.118 (.322)	.082 (.27)
Completó al menos educación secundaria	.335 (.472)	.244 (.43)	.542 (.498)	.66 (.47)	.809 (.393)
Edad del cabeza de familia, hogar inicial.	55.39 (8.66)	54.83 (8.80)	58 (7.63)	57.74 (7.35)	58.82 (7.69)
Tamaño de la familia en el hogar inicial	4.17 (1.40)	4.24 (1.43)	3.90 (1.27)	4.05 (1.42)	384 (1.11)

Renta laboral cabeza de familia (incluyendo 0)	7294 (10,895)	6507 (8733)	8668 (14326)	9955 (14325)	13,467 (20,553)
Vive en un concelho con precio encima mediana	.471 (.50)	.437 (.496)	.553 (.50)	.597 (.49)	.634 (.481)
Precio por metro cuadrado en el concelho	872 (198)	856 (190)	926 (221)	920 (220)	961 (222)
Número de observaciones	24,135	19,238	1,691	837	2369

1. Muestra de 5,385 adultos entre 18 y 37 años, viviendo con sus padres en la primera encuesta. Un individuo forma un hogar si el hogar está en la muestra en los trimestres q y q+1 y el/la joven no está en q+1.
Magnitudes monetarias en euros corrientes.
ELEGIBLES 1(2, 3) toma valor 1 si el joven cualifica para el subsidio tipo I (II, III).
Fuente: Martins y Villanueva (2006a)

Cuadro III

El impacto de la probabilidad de conseguir un préstamo sobre formar un nuevo hogar

Panel A: Ecuación de préstamo	(1)	(2)	(3)	(4)	(5)
1. ELIG 1*HIGHPRICE*POST99	-0.617 (0.325)*	-0.650 (0.328)**	-0.649 (0.327)**	-0.633 (0.324)*	-0.637 (0.325)**
2. ELIG 2*HIGHPRICE*POST99	-0.841 (0.462)*	-0.870 (0.464)*	-0.841 (0.462)*	-0.867 (0.460)*	-0.881 (0.459)*
3. ELIG 3*HIGHPRICE*POST99	-0.516 (0.542)	-0.537 (0.543)	-0.516 (0.542)	-0.504 (0.551)	-0.542 (0.557)
Logaritmo de la renta del joven adulto		sí	sí	sí	sí
Edad del padre			sí	sí	sí
Variables ficticias, educación				sí	sí
Renta del padre				sí	sí
Variables ficticias, distrito.					sí
Panel B: Ecuación de formación del hogar					
1. Obtener un préstamo	0.824 (0.448)*	0.900 (0.426)**	0.848 (0.402)**	1.047 (0.408)**	0.796 (0.382)**
2. Logaritmo de la renta	–	.0076 (.070)	0.008 (0.071)	0.031 (0.072)	0.063 (0.075)
3. Educación <=6 años	–	–	–	0.100 (0.050)**	0.092 (0.050)*
4. Educación >=12 años	–	–	–	0.010 (0.054)	0.004 (0.054)
5. Renta del padre				sí	sí
6. Variables ficticias, distrito					sí
7. ATE (trimestre)	.089	.1039	.093	.136	.0838
8. ATE (año)	0,333	0,389	0,348	0,509	0,314
Correlación entre términos de error	-.233 (.19)	-.27 (.18)	-0.24 (0.18)	-0.34 (0.18)	-0.22 (0.169)
Tamaño muestral	24135	24135	24135	24135	24135

Muestra enlazada IE-CRC. Cada unidad es una observación de un joven en un trimestre. Errores estándar (en paréntesis) corregidos por heteroscedasticidad y correlación entre observaciones de la misma persona.

Todos los coeficientes son del probit estructural. *,** denotan que el coeficiente es significativamente distinto de cero al 10, 5 y 1%.

Fuente: Martins y Villanueva (2006a)

Cuadro IV

Diferencias internacionales en acceso al crédito y en formación de hogares

Método de Estimación	OLS (1)	Restringido OLS, δ_1=.34 (2)	Restringido OLS, δ_1=.54 (3)
(Edad - 25)/10	.077 (.0033)	.0656 (.003)	.058 (.0029)
(Edad -25)/10 al cuadrado	-.082 (.0034)	-.071 (.00314)	-.064 (.003)
Tamaño del hogar del padre	.0045 (.00075)	.0043 (.0007)	.004 (.0007)
Indicador de país			
Alemania	-0.002 (0.008)	0.000 (0.007)	0.001 (0.007)
Dinamarca	0.151 (0.018)	0.139 (0.017)	0.136 (0.017)
Holanda	0.030 (0.010)	0.024 (0.010)	0.023 (0.010)
Reino Unido	0.053 (0.010)	0.034 (0.009)	0.032 (0.009)
Francia	0.021 (0.008)	0.023 (0.007)	0.023 (0.007)
Irlanda	-0.051 (0.007)	-0.053 (0.007)	-0.053 (0.006)
Italia	-0.062 (0.006)	-0.057 (0.006)	-0.057 (0.006)
España	-0.058 (0.007)	-0.060 (0.006)	-0.060 (0.006)
Portugal	-0.052 (0.007)	-0.052 (0.006)	-0.052 (0.006)
Indicador de año	Sí	Sí	Sí
Constante	.131 (.0068)	.119 (.0063)	.126 (.007)
Tamaño muestral	68,728	68,728	68,728

Panel B: varianza de los indicadores de país			
Modelo:	(1)	(2)	(3)
Varianza	.0039	.00339	.00312
(error estándar)	(.00052)	(.000457)	(.000426)

Fuente: Martins y Villanueva (2006a)

1. Muestra descrita en Cuadro I.

2. Errores estándar corregidos por heteroscedasticidad y autocorrelación entre observaciones del mismo individuo

Referencias

Aasve, A., Burgess, S., Chesher, A., y Propper, C. (2002) "Transition from Home to Marriage of Young Americans" *Journal of Applied Econometrics* (17), 1-23.

Abadie, A. (2003) "Semiparametric Instrumental Variable Estimation of Treatment Response Models", *Journal of Econometrics* 113, 231-263.

Abadie, A. (2005) "Semiparametric Difference-in-Differences Estimators", *Review of Economic Studies*, vol. 72, 1-19.

Agodini, R., M. Dynarski, M. Honey, and D. Levin (2003) "The Effectiveness of Educational Technology: Issues and Recommendations for the National Study." Report submitted to U.S. Department of Education, Institute of Education Sciences. Princeton, NJ: Mathematica Policy Research, Inc.

Abadie, A. and G. W. Imbens (2006) "Large Sample Properties of Matching Estimators for Average Treatment Effects", *Econometrica*, 74(1), 235-267.

Abadie, A, J. Angrist and G. Imbens (2002) "Instrumental Variables Estimates of the Effect of Subsidized Training on the Quantiles of Trainee Earnings" *Econometrica*, vol. 70(1), 91-117.

Alcaide, I (2003) *Evolución Económica de las Regiones y Provincias Españolas en el Siglo XX*, in Fundación BBVA, eds.

Alessie, R., A. Brugiavini, y G. Weber (2005) "Saving and Cohabitation: The Economic Consequences of Living with One's Parents in Italy and the Netherlands" NBER Working paper no. 11079.

Amuedo-Dorantes, C., Malo, M.A. y Muñoz-Bullón, F. (2006). "The Role of Temporary Help Agencies in Facilitating Temp-to-Perm Transitions", IZA Discussion Paper no. 2177.

Angrist, J.D. (1990) "Lifetime Earnings and the Vietnam Era Draft Lottery: Evidence from Social Security Administrative Records", *American Economic Review* 80, 313-336.

Angrist, J.D., G.W. Imbens y D.B. Rubin (1996) "Identification of Causal Effects Using Intrumental Variables" *Journal of the American Statistical Association* 91, 444-472.

Angrist, J.D. y A.B. Krueger (1991) "Does Compulsory School Attendance Affect Schooling and Earnings?", *Quarterly Journal of Economics* 106, 979-1014.

Angrist, J. y A. Krueger (1992). "The Effect of Age at School Entry on Educational Attainment: An Application of Instrumental Variables with Moments from Two Samples", *Journal of the American Statistical Association*, Vol. 87, No. 418, pp. 328-336

Angrist, J. y A. Krueger (1995). "Split-Sample Instrumental Variables Estimates of the Return to Schooling", *Journal of Business and Economic Statistics.* Vol. 13(2), pp. 225-235.

Angrist, J.D. y A.B. Krueger (1999) "Empirical Strategies in Labor Economics" en A. Ashenfelter y D. Card (comp.) *Handbook of Labor Economics,* vol. 3. New York: Elsevier Science. Secciones 1 y 2.

Angrist, J., y V. Lavy (1999) "Using Maimonides' Rule to Estimate the Effect of Class Size on Children's Academic Achievement" *Quarterly Journal of Economics* 114, 533-575.

Aquilanti, T. M. y J. Leroux (1999) "An integrated model of outplacement counselling" *Journal of Employment Counseling,* 36, 177-192.

Arellano, A. (2005) "Evaluating the effects of labour market reforms "at the margin" on unemployment and employment stability: the Spanish case, Working Paper 05-12, Febrero 2005, Universidad Carlos III de Madrid.

Ashenfelter, O. (1978) "Estimating the effect of training programs on earnings" *Review of Economic Studies,* 60, 47-57.

Ashenfelter, O. y D. Card (1985) "Using the Longitudinal Structure of Earnings to Estimate the Effects of Training Programs" *Review of Economics and Statistics* 67, 648-660.

Arellano, M. y C. Meguir (1992) "*Review of Economic Studies*", 59, 537-559.

Baj, J., C. Trott, and D. Stevens (1991) "A Feasibility Study of the Use of Unemployment Insurance Wage-Record Data as an Evaluation Tool for JTPA: Report on Project Phase I Activities". Chicago: National Commission on Employment Policy.

Benus, and Rodríguez-Planas (2006) "Evaluating the Effectiveness of Active Labor Market Programs in Romania" Working Paper.

Becker, S. Bentolila, B., Fernandes, A. e Ichino, A. (2004) "Job Insecurity and Children's Emancipation" mimeograph, CEMFI.

Becker, S. O. y A. Ichino (2002) "Estimation of average treatment effects based on propensity scores" *The Stata Journal*, 2, 358-377.

Bender, S., A. Bergemann, B. Fitzenberger, M. Lechner, R. Miquel, S. Speckesser, and C. Wunsch (2005) „Die Wirksamkeit von FuU-Maßnahmen: Ein Evaluationsversuch mit prozessproduzierten Daten aus dem IAB", *Beiträge zur Arbeitsmarkt- und Berufsforschung*, 289.

Bender, S., Haas, A. and C. Klose (2000) "The IAB employment subsample 1975-1995", Schmollers Jahrbuch, *Zeitschrift für Wirtschafts- und Sozialwissenschaften*, 120/4, 649-662.

Bender, S., J. Hilzendegen, G. Rohwer, and H. Rudolph (1996): "Die IAB-Beschäftigtenstichprobe 1975-1990", *Beiträge zur Arbeitsmarkt- und Berufsforschung*, 197.

Besley, T. y Case, A. (2000): "Unnatural Experiment? Estimating the Incidence of Endogenous Policies" *The Economic Journal*, 110, 672-694.

Blakemore, A., P. Burgess, S. Low, and R. St. Louis (1996) "Employer Tax Evasion in the Unemployment Insurance Program." *Journal of Labor Economics*, vol. 14, 210-230.

Blundell, R. y M. Costa-Dias (2002) "Alternative approaches to evaluation in empirical microeconomics" *Portuguese Economic Journal*, 1, 91-116.

Briefel, R. C. Hanson, M.K. Fox, T. Novak, and P. Ziegler (2006) "Feeding Infants and Toddlers Study: Do Vitamin and Mineral Supplements Contribute to Nutrient Adequacy or Excess Among U.S. Infants and Toddlers?" *Journal of American Dietetic Association*, vol. 106, S52-S65.

Brodaty T., B. Crépon and D. Fougère (2001) "Using Kernel Matching Estimators to Evaluate Alternative Youth Employment Programs: Evidence from France, 1986-1988", in M. Lechner and F. Pfeiffer (eds.): Econometric Evaluations of Labour Market Policies, Heidelberg: Physica Verlag, 85-124.

Billari, F.C., Philipov, D. y Baizán, P., (2001), Leaving Home in Europe: the Experience of Cohorts Born Around 1960 *International Journal of Population Geography* 7(5), 339-356.

Bloom, H.S., L.L. Orr, S.H. Bell, G. Cave, F. Doolittle, W. Lin y J.M. Bos (1997), "The Benefits and Costs of JTPA Title II-A Programs" *Journal of Human Resources*, 32, 549-576.

Bover, O. (2005) "La Situación Patrimonial de las Familias Españolas: Una Comparación Microeconómica con Estados Unidos, Italia y el Reino Unido" Bank of Spain Economic Bulletin no 113. April.

Bundesanstalt für Arbeit (BA, 1992-2004) „Arbeitsstatistik - Jahreszahlen", *Amtliche Nachrichten der Bundesanstalt für Arbeit*, 40-52, Special Issue, Nuremberg.

Burtless, G. (1985): "Are targeted wage subsidies harmful? Evidence from a wage voucher experiment." *Industrial and Labor Relations Review*, vol. 39, nº 1 (octubre), 105-114.

Burtless, G. y J.A. Hausman (1978) "The Effect of Taxation on Labor Supply: Evaluating the Gary Negative Income Tax Experiment" *Journal of Political Economy* 86, 1103-1130.

Calmfors, L. (1994) "Active labor market policies and unemployment: a framework for the analysis of crucial design features", OECD Economic Studies, 22, pp. 7-49.

Card, D. (1990) "The Impact of the Mariel Boatlift on the Miami Labor Market", *Industrial and Labor Relations Review*, vol. 44, 245-257.

Card, David (1992) "Do Minimum Wages Reduce Employment? A Case Study of California, 1987-1989." *Industrial and Labor Relations Review*, volume 46: 38-54.

Card, D. (1993) "Using Geographic Variation in College Proximity to Estimate the Return to Schooling", National Bureau of Economic Research, Working Paper nº 4483.

Card, D. (1999) "The Causal Effect of Education on Earnings", in O. Ashenfelter and D. Card, eds., *Handbook of Labor Economics*, vol. 3A, cap. 30, Amsterdam, North-Holland.

Card, D. (2001) "Estimating the Return to Schooling: Progress on Some Persistent Econometric Problems" *Econometrica* 69, no. 5, 1127-1160.

Card, D. y A.B. Krueger (1994) "Minimum Wages and Employment: A Case Study of the Fast-Food Industry in New Jersey and Pennsylvania" *American Economic Review*, vol. 84, 772-793.

Card, D.; y Lemieux T. (2000) "Adapting to Circumstances: The Evolution of Work, School, and Living Arrangements Among North American Youth" en *Youth Employment and Joblessness in Advanced Countries*, editado por Richard Freeman y David Blanchflower. Chicago: University of Chicago Press.

Carneiro, P, Hansen, K. and J. Heckman (2003) "Estimating Distributions of Treatment Effects with an Application to the Returns to Schooling and Measurement of the Effects of Uncertainty on College Choice" *International Economic Review* 44, no. 2, 361-422.

Carneiro, P., Heckman, J. and E. Vytlacil (2003) "Understanding What Instrumental Variables Estimate-Estimating Marginal and Average Returns to Education", unpublished.

Carriquiry, A. "Estimation of Usual Intake Distributions of Nutrients and Foods." *Journal of Nutrition*, vol. 133, 2003, pp. 601-608.

Chiuri M., y Jappelli, T. (2003) "Financial Market Imperfections and Homeownership: a Comparative Study" *European Economic Review*, vol. 47, 857-875.

Corson, Walter, y Walter Nicholson (1981) "Trade Adjustment Assistance for Workers: Results of a Survey of Recipients Under the Trade Act f 1974." In Research in Labor Economics, vol. 4., edited by Ronald Ehrenberg. Greenwich CT: JAI Press, Inc.

Corson, Walter, Paul Decker, Phillip Gleason, y Walter Nicholson (1993) "International Trade and Worker Dislocation: Evaluation of the Trade Adjustment Assistance Program" Princeton, NJ: Mathematica Policy Research, Inc.

Corson, W., P. Decker, S. Dunstan, and S. Kerachsky (1992) "Pennsylvania Reemployment Bonus Demonstration" Unemployment Insurance Occasional Paper 92-1. Washington, DC: U.S. Department of Labor, Employment and Training Administration.

Corson, W., S. Dunstan, P. Decker, and A. Gordon (1989) "The New Jersey Unemployment Insurance Reemployment Demonstration Project: Impact and Benefit-Cost Report" Unemployment Insurance Occasional Paper 89-3. Washington, DC: U.S. Department of Labor, Employment and Training Administration, 1989.

Couch, K.A. (1992) "New Evidence on the Long-Term Effects of Employment Training Programs" *Journal of Labor Economics* 10, 380-388.

Cowden, P. (1992) "Outplacement services assessment", *HRMagazine*, 37, 69-70.

Curtin, R., S. Presser, and E. Singer (2005) "Changes in Telephone Survey Nonresponse Over the Past Quarter Century." *Public Opinion Quarterly*, vol. 69, pp. 87-98.

De Ramos, M. F. y C. Hernández (1999) "Outplacement: Principios de éxito y reorientación laboral" Griker.

De Ramos, M. F. y C. Hernández (2000) "Tipología y metodología de los programas de outplacement" *Capital Humano*, 133, Suplemento de Empleo, 40-44, Mayo 2000.

Decker, P. (1989) "Systematic Bias in Earnings Data Derived From Unemployment Insurance Wage Records and Implications for Evaluating the Impact of Unemployment Insurance Policy on Earnings." Unpublished manuscript. Princeton, NJ: Mathematica Policy Research, Inc.

Decker, P., J. Deke, A. Johnson, D. Mayer, J. Mullens, and P. Schochet (2005) "The Evaluation of Teacher Preparation Models: Design Report." Report submitted to the U.S. Department of Education, Institute of Education Sciences. Princeton, NJ: Mathematica Policy Research, Inc.

Dehejia, R.H. y S. Wahba (1999) "Causal Effects in Non-Experimental Studies: Re-Evaluating the Evaluation of Training Programs" *Journal of the American Statistical Association* 94, 1053-1062.

Dehejia, R.H. y S. Wahba (2002) "Propensity Score-Matching Methods for Nonexperimental Causal Studies", *Review of Economics and Statistics.*

Del Boca, D. y Lusardi, A. (2003) "Credit Market Constraints and Labor Market Decisions" *Labour Economics* 10: 681-703.

Devaney, B., L. Kalb, R. Briefel, T. Zavitsky, T. Novak, N. Clusen, and P. Ziegler (2004) "FITS: Feeding Infants and Toddlers Study, Overview of the Study Design." *Journal of American Dietetic Association*, vol. 104, supplement 1, S8-S13.

Dorsett, R. (2005) "The New Deal for Young People: Effect on the Labour Market Status of Young Men" *Labour Economics*, forthcoming.

Duncan, G. and Pearson, R. (1991). "Enhancing Access to Data While Protecting Confidentiality". *Statistical Science*, 6, 217-239.

Earle, J. and C. Pauna (1998) "Long-term unemployment, social assistance and labour market policies in Romania" *Empirical Economics*, 23, 203-235.

Edin, P.-A., P. Fredrikson and O. Å slund (2003) "Ethnic Enclaves and the Economic Success of Immigrants - Evidence from a Natural Experiment" *Quarterly Journal of Economics* 118, 329-357.

Ehrenberg, R. and R. Oaxaca (1976) "Unemployment Insurance, Duration of Unemployment, and Subsequent Wage Growth." *American Economic Review*, vol. 66, 754-766.

Ermish J., y Di Salvo, P. (1997) "The Economic Determinants of Household Formation" *Economica*

Fay, R.G. (1996) "Enhancing the Effectiveness of Active Labor Market Policies: Evidence from Programme Evaluations in OECD countries", Labor Market and Social Policy Occasional Papers, No. 18, Paris.

Finn, J., and C. Achilles (1999) "Tennessee's Class Size Study: Findings, Implications, Misconceptions." *Educational Evaluation and Policy Analysis*, vol. 21, 91-110.

Fitzenberger, B. and S. Speckesser (2005) "Employment Effects of the Provision of Specific Professional Skills and Techniques in Germany" Department of Economics, Goethe-University, Frankfurt am Main.

Fogli, A. (2004) "Endogenous Labor Market Rigidities and Family Ties mimeograph" New York University.

Fay, Robert G. (1996) "Enhancing the Effectiveness of Active Labour Market Policies: Evidence from Programme Evaluations in OECD countries" Labour Market and Social Policy Occasional Papers, 18, OECD.

Freedman, A. (1985): "Speech to the American Productivity Center". Daily Labor Report, Bureau of National Affairs, A4-A6 (Julio).

García-Pérez, J.I. y Muñoz-Bullón, F. (2005a) "Are temporary help agencies changing mobility patterns in the Spanish labour market?" *Spanish Economic Review,* 7 (1), 43-65

García-Pérez, J.I. y Muñoz-Bullón, F. (2005b) "Temporary Help Agencies and Occupational Mobility" *Oxford Bulletin of Economics and Statistics,* 67, 163-180.

García Pérez, J.I y Rebollo, Y. (2007) "The use of permanent contracts across Spanish regions: Do regional wage subsidies work?" *FEDEA Working Paper No 2007-08.*

Gerfin, M., and M. Lechner (2002) "Microeconometric Evaluation of the Active Labour Market Policy in Switzerland" *Economic Journal,* 112, 854-893.

Giuliano, P. (2004) "On the determinants of Living Arrangements in Western Europe: Does Cultural Origin Matter?" mimeograph, IMF.

Glazerman, S., P. Decker, and D. Mayer (2006) "Alternative Routes to Teaching: The Impacts of Teach For America on Student Achievement and Other Outcomes." *Journal of Policy Analysis and Management,* vol. 25, no. 1, 75-96.

Glazerman, Steve, Dan Levy, y David Myers (2002). "Nonexperimental Replications of Social Experiments: A Systematic Review." Princeton, NJ: Mathematica Policy Research, Inc.

Glazerman, S., S. Senesky, N. Seftor, and A. Johnson (2006) "Design of an Impact Evaluation of Teacher Induction Programs." Report submitted to the U.S. Department of Education, Institute for Education Sciences. Washington, DC: Mathematica Policy Research, Inc.

Güell, M. (2000) "Fixed Term Contracts and Unemployment: an Efficiency Wage Analysis". Princenton University, IRS, Working Paper N 433.

Guiso, L. y Jappelli, T. (2002) "Private Transfers, Borrowing Constraints and the Time of Home Ownership" *Journal of Money, Credit and Banking* vol. 34, 315-39.

Gowan, M. A. y S. C. Nassar-McMillan (2001) "Examination of individual differences in participation in outplacement program activities after a job loss" *Journal of Employment Counseling,* 38, 185-196.

Grupo MOA (2000) "El outplacement: La perspectiva de los candidatos y las empresas contratantes" *Capital Humano,* 133, Suplemento de Empleo, 46-50.

Ham, J. C. y R. J. LaLonde (1996) "The Effect of Sample Selection and Initial Conditions in Duration Models: Evidence from Experimental Data on Training" *Econometrica* 64, 175-205.

Hahn, J., P. Todd y W. van der Klaauw (2001) "Identification and Estimation of Treatment Effects with a Regression Discontinuity Design" *Econometrica* 69, 201-209.

Haurin, R., Hendershott, P. and Kim, D. (1993) "The Impact of Real Wages and Rents on Household Formation" *Review of Economics and Statistics* 75(2): 284-293.

Heckman, J. (1979) "Sample selection bias as a specification error", *Econometrica,* vol. 7, no. 1: 153–161.

Heckman, J. (1997) "Instrumental Variables: A Study of Implicit Behavioral Assumptions Used in Making Program Evaluations, *The Journal of Human Resources* 32, no. 3, 441-462.

Heckman, J. (1990) "Varieties of Selection Bias" *The American Economic Review* 80, no. 2, Papers and Proceedings of the Hundred and Second Annual Meeting of the American Economic Association, 313-318.

Heckman J.J. y J. Hotz, (1989). Choosing Among Alternative Nonexperimental Methods for Estimating the Impact of Social Programs: The Case of Manpower Training," (with J. Heckman), *Journal of the American Statistical Association,* Vol. 84, No. 408, December 1989, 862-880 (with discussion).

Heckman, J. J., H. Ichimura y P. Todd (1997) "Matching as an econometric evaluation estimator: evidence from evaluating a job training program" *Review of Economic Studies,* 64, 605-654.

Heckman, J. J., R. J. Lalonde y J. A. Smith (1999) "The Economics and Econometrics of Active Labor Market Programs" en Ashenfelter A. y D. Card (eds.) *Handbook of Labor Economics,* Volumen 3, Elsevier, Amsterdam.

Heckman, J., Lochner, L. and P. Todd (2003), Fifty Years of Mincer Earnings Regressions, *National Bureau of Economic Research* Working Paper 9732.

Heckman, J.J. y Singer, B. (1984) "The identifiably of the proportional hazard model", *Review of Economic Studies,* 51, 231-241.

Heckman, J. and J. Smith (1999) "The Pre-Program Earnings Dip and the Determinants of Participation in a Social Program: Implications for Simple Program Evaluation Strategies" *Economic Journal,* 109, 313-348.

Heckman, J.J., H. Ichimura y P.E. Todd (1997), ``Matching as an Econometric Evaluation Estimator: Evidence from Evaluating a Job Training Programme", *Review of Economic Studies* 64, 605-654.

Heckman, J.J., Ichimura, H. y Todd, P. (1998): "Matching as an econometric evaluation estimator." *Review of Economic Studies,* vol. 65, 261-294.

Heckman, J. J. and E. Vytlacil (2005) "Structural Equations, Treatment Effects, and Econometric Policy Evaluation" *Econometrica* 73, 669-738.

Holland, P.W. (1986), ``Statistics and Causal Inference", *Journal of the American Statistical Association* 81, 945-970.

Hortal, J. P. (1999) "Pero... ¿qué es y en qué consiste el Outplacement?", *Revista Infor25,* Arcocreadc, Febrero, 1999.

Hotz, J., C. Mullins y S. Sanders (1997) "Bounding Causal Effects Using Data from a Contaminated Natural Experiment: Analyzing the Effects of Teenage Childbearing", *Review of Economic Studies* 64, 575-603.

Hotz, Joseph, and John Karl Scholz (2001) "Measuring Employment and Income for Low-Income Populations with Administrative and Survey Data." In *Studies of Welfare Populations: Data Collection and Research Issues*, ed. by M. Ver Ploeg, R. Moffitt, and C. Citro, Washington, DC: National Academy Press.

Hujer, R., S. Thomsen and C. Zeiss (2004) "The Effects of Vocational Training Programmes on the Duration of Unemployment in Eastern Germany" IZA Discussion Paper 1117.

Hujer, R. and Caliendo, M. (2001) "Evaluation of Active Labour Market Policy - Methodological Concepts and Empirical Estimates", in: I. Becker, N. Ott and G. Rolf (eds.): Soziale Sicherung in einer dynamischen Gesellschaft, Campus-Verlag, Frankfurt, 583-617.

Iacovou, M. (2001) "Leaving Home in the European Union" ISER Working Papers number 2001-18.

Ichino, A., F. Mealli y Nannicini, T. (2004) "Temporary Work Agencies in Italy: A Springboard Toward Permanent Employment?" Paper presented at the 2004 CEA Annual Meeting, Florence: European University Institute.

ILO (1998): "World Employment Report 1998-1999 – Employability in the Global Economy: How Training Matters". ILO, Geneva.

Imbens, G. W. (2000) "The Role of the Propensity Score in Estimating Dose-Response Functions", *Biometrika*, 87, 706-710.

Imbens, G. W. (2004): "Nonparametric Estimation of Average Treatment Effects under Exogeneity: A Review", *Review of Economics and Statistics*, 86(1), 4-29.

Imbens, G. and J. Angrist (1994) "Identification and Estimation of Local Average Treatment Effects", *Econometrica* 62, no. 2, 467-475.

Imbens, G. W. and D. B. Rubin (1997) "Estimating Outcome Distributions for Compliers in Instrumental Variable Models", *Review of Economic Studies* 64, 555-574.

Jenkins, S. (1995) "Easy estimation methods for discrete-time duration models" *Oxford Bulletin of Economics and Statistics*, 57, 120-138.

Jespersen, S., J.R. Munch and L. Skipper (2004) "Costs and Benefits of Danish Active Labour Market Programmes", Danish Economic Council, Working Paper 2004:1.

Jimeno, J. F., A. Kugler y V. Hernanz (2002) "Employment consequences of restrictive permanent contracts: evidence from Spanish labor market reforms" *IZA Discussion Paper*, 657.

Joffe, M. M., T. R. Ten Have, H. I. Feldman, and St. Kimmel (2004) "Model Selection, Confounder Control, and Marginal Structural Models", *The American Statistician*, November, 58-4, 272-279.

Jurado-Guerrero, T. (1999) "Youth in Transition: Housing, Employment, Social Policies and Families in France and Spain" Thesis read at European University Institute.

Koenker, R. and G. Bassett (1978) "Regression Quantiles" *Econometrica* 46, 33-50.

Katz, L., and B. Meyer (1990) "Unemployment Insurance, Recall Expectations, and Unemployment Outcomes." *Quarterly Journal of Economics*, vol. 105, pp. 973-1002.

King, C., D. Schroeder, and K. Hollenbeck (2004) "Estimating WIA Net Impacts for Adults and Dislocated Workers: Updated and Revised Evaluation Design." Report submitted to U.S. Department of Labor, Employment and Training Administration. Kalamazoo, MI: Upjohn Institute for Employment Research.

Klose, C. and S. Bender (2000) „Berufliche Weiterbildung für Arbeitslose - Ein Weg zurück in Beschäftigung? Analyse einer Abgängerkohorte des Jahres 1986 aus Massnahmen zur Fortbildung und Umschulung mit einer ergänzten IAB-Beschäftigtenstichprobe 1975-1990" *Mitteilungen aus der Arbeitsmarkt- und Berufsforschung*, 33/3, 421-444.

Kugler, A. Jimeno, J.F. y Hernanz, V. (2003) "Employment Consequences of Restrictive Employment Policies: Evidence from Spanish Labor Market Reforms", *FEDEA*, working paper, 2003-14.

Kluve, J. and C. Schmidt (2002) "Can training and employment subsidies combat European unemployment?" *Economic Policy*, 35, 411-448.

Kornfeld, R., and H. Bloom (1999) "Measuring Program Impacts on Earnings and Employment: Do Unemployment Insurance Wage Reports From Employers Agree with Surveys of Individuals?" *Journal of Labor Economics*, vol. 17, January 1999, 168-197.

Krueger, A. (1999) "Experimental Estimates of Education Production Functions" *Quarterly Journal of Economics*, vol. 114, 497-532.

Laferrére, A. y le Blanc, D. (2004) "Gone With The Windfall: How Do Housing Allowances Affect Student Co-residence?" CESifo Economic Studies, Vol. 50 3, 451-477.

LaLonde, RE. (1986) "Evaluating the Econometric Evaluation of Training Programs with Experimental Data" *American Economic Review* 76, 604-620.

Larsson L. (2003) "Evaluation of Swedish Youth Labor Market Programs," 2003. *The Journal of Human Resources*, 38:4, 891-927.

Larsson, L. (2003) "Evaluation of Swedish Youth Labor Market Programs", *Journal of Human Resources*, 38(4).

Latack, J. C. y J. B. Dozier (1986) "After the ax falls: Job loss as a career transition" *Academy of Management Review*, 11, 375-392.

Lechner, M. (1999) "Earnings and Employment Effects of Continuous Off-the-job Training in East Germany after Unification", *Journal of Business Economics and Statistics,* 17, 74-90.

Lechner, M. (2001) "Identification and Estimation of Causal Effects of Multiple Treatments under the Conditional Independence Assumption", in: M. Lechner and F. Pfeiffer (eds.), Econometric Evaluation of Active Labour Market Policies, 43-58, Heidelberg: Physica.

Lechner, M. (2002a) "Programme Heterogeneity and Propensity Score Matching: An Application to the Evaluation of Active Labour Market Policies" *Review of Economics and Statistics,* 84, 205-220.

Lechner, M. (2002b) "Some Practical Issues in the Evaluation of Heterogeneous Labour Market Programmes by Matching Methods" *Journal of the Royal Statistical Society - Series A,* 165, 59-82.

Lechner, M., R. Miquel and C. Wunsch (2004) "Long-run effects of Public Sector Sponsored Training in West Germany" Discussion Paper 2004-19, Department of Economics, University of St. Gallen.

Lechner, M., R. Miquel and C. Wunsch (2005) "The Curse and Blessing of Training the Unemployed in a Changing Economy: The Case of East Germany after Unification" Discussion Paper 2005-15, Department of Economics, University of St. Gallen.

Love, J., E Kisker, C. Ross, H. Raikes, J. Constantine, K. Boller, J. Brooks-Gunn, R. Chazan-Cohen, L.B. Tarullo, P.Z. Schochet, C. Brady-Smith, A.S. Fuligni, D. Paulsell, and C. Vogel (2005) "The Effectiveness of Early Head Start for 3-Year-Old Children and Their Parents: Lessons for Policy and Programs." *Developmental Psychology,* vol. 41, 885-901.

Malo, M.A. and Muñoz-Bullón, F. (2002) "Temporary Help Agencies and the Labour Market Biography: a Sequence-Oriented Approach", Working Paper EEE-132, Fundación de Estudios de Economía Aplicada

Manacorda. M, y Moretti E. (forthcoming) "Intergenerational Transfers and Family Structure: Why Do Most Italian Youths Live With Their Parents?" *Journal of the European Economic Association.*

Manski, C. (1995) Identification Problems in the Social Sciences. Cambridge: Harvard University Press. Chapter 2.

Martin, J. P. and D. Grubb (2001) "What Works and for Whom: A Review of OECD Countries' experiences with active labour market policies" *Swedish Economic Policy Review,* 8(2), 9-56.

Martínez-Granado, M. and Ruiz-Castillo, J. (2002) "The Decisions of Spanish Youth: a Cross-Section Study" *Journal of Population Economics* 15, 305-330.

Martins, N. y Villanueva, E. (2006a) "Does Limited Access to Mortgage Debt Explain Why Young Adults Live With Their Parents?" Banco de España, documento de trabajo número 628.

Martins, N, y Villanueva, E. (2006b) "The Impact of Interest-Rate Subsidies on Long-term Household Debt" *Journal of Public Economics.* 90, (8-9) 1601-1623.

Martins, N, y Villanueva, E. (2006c) "Credit Constraints and Family Formation" en *Labour Market Adjustment in Europe,* Messina, Michelacci, Turunen and Zoega, edds.

Mc Garry, K., y S. Haider (2005) "Recent Trends in Resource Sharing Among the Poor" National Bureau Economic Research, No. 11612.

McConnell, S., E. Stuart, K. Fortson, P. Decker, I. Perez_johnso, B. Harris, and J. Salzman (2006) "The ITA Experiment: What We Learned About Providing Customer Choice." Report submitted to the U.S. Department of Labor, Employment and Training Administration. Washington, DC: Mathematica Policy Research, Inc.

Mendels, P. (2001), "The best of times for outplacement firms", *Business Week,* 8 Mayo 2001.

Meyer, J. L. y C. C. Shadle (1994) "The changing outplacement process" Quorum Books, Westport.

Meyer, B. (1990) "Unemployment Insurance and Unemployment Spells." *Econometrica,* vol. 58, 757-782.

Meyer, B. (1995) "Lessons from the U.S. Unemployment Insurance Experiments." *Journal of Economic Literature,* vol 33, 91-131.

Meyer, B., K. Viscusi and D. Durbin (1995) "Workers' Compensation and Injury Duration: Evidence from a Natural Experiment" *American Economic Review,* 85, 322-340.

Meyer, B. (1995) "Natural and Quasi-Natural Experiments in Economics" *Journal of Business and Economic Studies",* XXII, 151-162.

Miquel, R., C. Wunsch and M. Lechner (2002) „Die FuU-Teilnehmer-Datei 1976-1997", Graues Papier des Instituts für Arbeitsmarkt- und Berufsforschung, Nuremberg.

Moffitt, R.A. (1979) "The Labor Supply Response in the Gary Experiment" *Journal of Human Resources* 14, 477-487.

Moffitt, R. (1985) "Unemployment Insurance and the Distribution of Unemployment Spells." *Journal of Econometrics,* vol. 28, 85-101.

Mortensen, D.T. and Pissarides, C.A. (2001) "Taxes, Subsidies and Equilibrium in Labor Market Outcomes", CEPR Discussion Paper 2989.

Muñoz–Bullón, F. y Rodes, E. (2004) "Temporalidad y señalización en el mercado de trabajo: el papel de las empresas de trabajo temporal" *Cuadernos de Economía y Dirección de la Empresa,* Vol. 18, 35–67.

Myers, D., R. Olsen, N. Seftor, C. Tuttle, and J. Young (2004) "The Impacts of Regular Upward Bound: Results from the Third Follow-Up Data Collection." Washington, DC: Mathematica Policy Research, Inc.

Neal, D. (1999) "The Complexity of Job Mobility Among Young Men" *Journal of Labor Economics*, vol. 17, 237-261.

OECD (1996a) "Lessons from Labour Market Policies in the Transition Countries" OECD, Paris.

OECD (1996b) "The Public Employment Service: Austria, Germany, Sweden" OECD, Paris.

Rebollo, Y. (2006) "The role of job interruptions, temporary contracts and multi-firm experiences in the temporality trap in Spain" Universidad Pablo de Olavide, Economics Department Working Paper Serie 06-32.

Robins, P.K. (1985) "A Comparison of the Labor Supply Findings from the Four Negative Income Tax Experiments", *Journal of Human Resources* 20, 567-582.

Rosenbaum, P. R. y D. R. Rubin (1983), "The central role of the propensity score in observational studies for causal effects", *Biometrika*, 70, 41-55

Rosenbaum, P.R. y D.B. Rubin (1983) "The Central Role of the Propensity Score in Observational Studies of Causal Effects", *Biometrika* 70, 41-55.

Rosembaum R. (1995) "Quantiles in Nonrandom Samples and Observational Studies" *Journal of the American Statistical Association*, Vol. 90.

Rosenbaum, P.R. y D.B. Rubin (1983) "The central role of the propensity score in observational studies for causal effects", *Biometrika*, 70 (1), 41-55.

Rosenzweig, M. y K. Wolpin (1993) "Intergenerational Support and the Life-Cycle Incomes of Young Men and Their Parents: Human Capital Investments, Coresidence, and Intergenerational Financial Transfers" *Journal of Labor Economics*, Vol. 11 (1), Part 1: 84-112.

Rosenzweig, M. y K. Wolpin, (1994) "Parental and Public Transfers to Young Women and Their Children" *The American Economic Review*. Vol. 84(5):1195-1212.

Roy, A. D. (1951) "Some thoughts on the distribution of earnings" *Oxford Economic Papers*, 3, 135-146.

Rubin, D. B. (1980) "Comment on 'Randomization analysis of experimental data: the Fisher randomization test" by D. Basu, *Journal of American Statistical Association*, 75, 591-593.

Rubin, D. B. (1974) "Estimating causal effects of treatments in randomized and non-randomized studies", *Journal of Educational Psychology*, 66, 688-701.

Rubin, D.B. (1973) "Matching to remove Bias in Observational Studies", *Biometrics*, vol. 29, 159-183.

Rubin, D. B. (1979): "Using Multivariate Matched Sampling and Regression Adjustment to Control Bias in Observational Studies", *Journal of the American Statistical Association*, 74, 318-328.

Rubin, D. B. (2001) "Use of Propensity Scores for Tobacco Litigation." mimeo.

Sáenz, M. T. (2000) "Outplacement: Una renovación para el futuro que consolida el presente", *Capital Humano*, 133, Suplemento de Empleo, 28-38, Mayo 2000.

Schochet, P., S. McConnell, y S. Glazerman (2001) "National Job Corps Study: The Impacts of Job Corps on Participants' Employment and Related Outcomes." Princeton, NJ: Mathematica Policy Research, Inc..

Schirm, A., M. Maxfield, N. Rodríguez-Planas y C. Tuttle (2003) "The Quantum Opportunity Program Demonstration: Short-term Impacts." Washington DC: Mathematica Policy Research, Inc.

Schochet, P. (2006) "Do Survey or Tax Data Provide a Better Source for Measuring Earnings Levels and Impacts for Disadvantaged Youths?" Unpublished manuscript. Princeton, NJ: Mathematica Policy Research, Inc.

Schochet, P. (2003) "National Job Corps Study: Finding Using Administrative Earnings Records Data," Report submitted to the U.S. Department of Labor, Employment and Training Administration. Princeton, NJ: Mathematica Policy Research, Inc.

Sianesi, B. (2004): "An evaluation of the Swedish system of active labour market programmes in the 1990s", *Review of Economics and Statistics*, 86(1), 133-155.

Smith, J. (2000) "A critical survey of empirical methods for evaluating active labour market policies" *Swiss Journal of Economics and Statistics*, 136(3), 1-22.

Social Security Administration (2001) Social Security Bulletin: Annual Statistical Supplement 2001. Washington, DC: Office of Research, Evaluation, and Statistics.

Speckesser, S. (2004) "Using Social Insurance Data for the Evaluation of Active Labour Market Policy: Employment Effects of Further Training for the Unemployed in Germany" University of Mannheim, Unpublished Manuscript.

Spiegelman, R., C. O'Leary, and K. Kline. (1992) "The Washington Reemployment Bonus Experiment: Final Report." Unemployment Insurance Occasional Paper 92-6. Washington, DC: U.S. Department of Labor, Employment and Training Administration, 1992.

Stute, W. (1997) "Nonparametric Model Checks for Regression" *The Annals of Statistics* 25, no. 2, 613-641.

Stute, W., González Manteiga, W. and M. Presedo Quindimil. (1998) "Bootstrap Approximations in Model Checks for Regression" *Journal of the American Statistical Association* 93, no. 441, 141-149.

Taber, C. (2001) "The Rising College Premium in the Eighties: Return to College or Return to Unobserved Ability" *The Review of Economic Studies* 68, no. 3, 665-691.

Thornton, C., and P. Decker (1996) "Effective Employment Services for Persons with Mental Retardation." *Journal of Vocational Rehabilitation*, vol. 7, 29-40.

U.S. General Accounting Office (2000) *Unemployment Insurance: Role as Safety net of Low-Wage Workers is Limited.* Washington, DC.

Van Ours, J. (2004) "The Locking-in Effect of Subsidized Jobs" *Journal of Comparative Economics*, 32, 37-52.

Van der Klaauw, W. (2002) "Estimating the Effect of Financial Aid Offers on College Enrolment: A Regression-Discontinuity Approach" *International Economic Review* 43, 1249-1287.

Westaby, J. D. (2004) "The impact of outplacement programs on reemployment criteria: a longitudinal study of displaced managers and executives" *Journal of Employment Counseling*, 41, 19-28.

Willis, R. and S. Rosen (1979) "Education and Self-Selection" *Journal of Political Economy* 87, no. 5, 7-36.

Wolfer, K. y R. G. Wong (1988) "The outplacement solution: getting the right job after mergers, takeovers, layoffs, and other corporate chaos" John Wiley & Sons, Nueva York.

Woodbury, S., and R. Spiegelman (1987) "Bonuses to Workers and Employers to Reduce Unemployment: Randomized Trials in Illinois." *American Economic Review*, vol. 77, 513-530.

Wunsch, C. (2005) "Labour Market Policy in Germany: Institutions, Instruments and Reforms since Unification" Discussion Paper 2005-06, Department of Economics, University of St. Gallen.

Zamarro, G. (2006) "Accounting for Heterogeneous Returns in Sequential Schooling Decisions", CentER Discussion Paper No.2006-21

[illegible]

[illegible]

[illegible]

[illegible]

[illegible]

[illegible]

[illegible]

[illegible]

[illegible]

[illegible]

[illegible]

[illegible]

Otros títulos

El conocimiento y la riqueza de las naciones
David Warsh

Experimentos con los principios económicos, 2a. ed.
Theodore C. Bergstrom y John H. Miller

Políticas para la competitividad
Una experiencia de gobierno
Antoni Gurguí i Ferrer y Antoni Subirà i Claus

Concesiones en infraestructura
J. Luis Guasch

La empresa moderna
John Roberts

El dominio de la información
Una guía estratégica para la economía de la Red
Hal R. Varian y Carl Shapiro

Pensar estratégicamente
Un arma decisiva para los negocios, la política y la vida diaria
Avinash Dixit y Barry J. Nalebuff

El misterio del crecimiento económico
Elhanan Helpman

La economía del sector público, 3a. ed.
Joseph E. Stiglitz

J. Ignacio García Pérez es profesor titular en la Universidad Pablo de Olavide de Sevilla.